AF464092

La galvanoplastie, par E. BOUANT. 1 v. in-16. 34 fig.. 3 fr. 50

La navigation aérienne et les ballons dirigeables, par H. DE GRAFFIGNY. 1 vol. in-16, avec 43 fig.......... 3 fr. 50

AGRICULTURE

La truffe, par le Dr FERRY DE LA BELLONNE. 1 vol. in-16, avec 20 fig. et une eau-forte.......................... 3 fr. 50

Les abeilles, par Maurice GIRARD. 1 v. in-16, avec 80 fig. 3 fr. 50

L'alcool, au point de vue chimique, agricole et économique, par A. LARBALÉTRIER. 1 vol. in-16, avec 62 figures..... 3 fr. 50

La vigne et le raisin, par le Dr HERPIN. 1 vol. in-16. 3 fr. 50

MINÉRALOGIE ET GÉOLOGIE

Les tremblements de terre, par FOUQUÉ, membre de l'Institut. 1 vol. in-16, avec 16 figures................ 3 fr. 50

Les minéraux utiles et l'exploitation des mines, par Louis KNAB. 1 vol. in-16, avec 74 figures........... 3 fr. 50

Les Vosges, le sol et les habitants, par BLEICHER. 1 vol. in-16, avec 50 figures.............................. 3 fr. 50

PALÉONTOLOGIE

Les ancêtres de nos animaux, par Alb. GAUDRY, membre de l'Institut. 1 vol. in-16, avec 49 figures.......... 3 fr. 50

Les plantes fossiles, par B. RENAULT, aide-naturaliste au Muséum. 1 vol. in-16, avec 52 figures............. 3 fr. 50

Origine paléontologique des arbres cultivés, par G. DE SAPORTA, correspondant de l'Institut. 1 v. in-16, 44 fig. 3 fr. 50

ANTHROPOLOGIE ET ARCHÉOLOGIE

Le préhistorique en Europe, congrès, musée, excursions par G. COTTEAU. 1 vol. in-16, avec 150 figures..... 3 fr. 50

Les pygmées, par A. DE QUATREFAGES (de l'Institut), professeur au Muséum. 1 vol. in-16, avec 31 figures.......... 3 fr. 50

Archéologie préhistorique, par le baron J. DE BAYE. 1 vol. in-16, avec 51 fig........................... 3 fr. 50

L'homme avant l'histoire, par Ch. DEBIERRE, professeur à la Faculté de Lille. 1 vol. in-16, avec 84 fig........ 3 fr. 50

L'Égypte au temps des Pharaons, la vie, la science et l'art, par V. LORET. 1 vol. in-16 avec figures....... 3 fr. 50

BOTANIQUE

La biologie végétale, par P. VUILLEMIN, chef des travaux à la Faculté de Nancy. 1 vol. in-16, avec 83 fig......... 3 fr. 50

ZOOLOGIE

La géographie zoologique, par le Dr E.-L. TROUESSART. 1 vol. in-16, avec 50 fig.............................. 3 fr. 50

Les facultés mentales des animaux, par le Dr FOVEAU DE COURMELLES. 1 vol. in-16, avec fig................ 3 fr. 50

La vie au sein des mers, par L. DOLLO. 1 v. in-16. 3 fr. 50

Sous les mers. Campagnes d'explorations sous-marines, par le marquis de FOLIN. 1 vol. in-16, avec 44 fig..... 3 fr. 50

ENVOI FRANCO CONTRE UN MANDAT POSTALE.

L'huître et les mollusques comestibles, par A. NOULD LOCARD. 1 vol. in-16, avec 50 fig.................. 3 fr. 50
Les sociétés chez les animaux, par Paul GIROD. 1 vol. in-16, avec 53 fig.............................. 3 fr. 50
Les industries des animaux, par Fréd. HOUSSAY, professeur à l'École normale. 1 vol. in-16, avec 50 fig......... 3 fr. 50
La lutte pour l'existence chez les animaux marins, par Léon FRÉDÉRICQ, de Liége. 1 vol. in-16, avec 50 fig. 3 fr. 50
Le transformisme, par Edmond PÉRIER, professeur au Muséum. 1 vol. in-16, avec 87 fig.................. 3 fr. 50
Les végétaux et les animaux lumineux, par H. GADEAU DE KERVILLE. 1 vol. in-16. avec 50 fig............. 3 fr. 50
Les sens chez les animaux inférieurs, par E. JOURDAN. de Marseille. 1 vol. in-16, avec 50 fig.............. 3 fr. 50
Les sciences naturelles et les problèmes qu'elles font surgir, par Th. HUXLEY. 1 vol. in-16 .... 3 fr. 50
Les parasites de l'homme, par L.-R. MONIEZ, professeur à la Faculté de Lille. 1 vol. in-16, avec fig......... 3 fr. 50
La vie des oiseaux, scènes d'après nature, par le baron d'HAMONVILLE. 1 vol. in-16, avec 20 pl............... 3 fr. 50

PHYSIOLOGIE

Les poisons de l'air, empoisonnements et asphyxies, par N. GRÉHANT. 1 vol. in-16, avec 21 fig............ 3 fr. 50
La science expérimentale, par CLAUDE BERNARD, de l'Institut. 1 vol. in-16, avec 19 fig.................... 3 fr. 50
Technique microscopique et histologique, par Mathias DUVAL, prof. à la Faculté de méd. 1 vol. in-16, avec fig. 3 fr. 50
La vie et ses attributs, par E. BOUCHUT,. 1 v. in-16 3 fr. 50
L'Évolution du système nerveux, par le Dr H. BEAUNIS. 1 vol. in-16, avec 200 fig.......................... 3 fr. 50

PSYCHOLOGIE PHYSIOLOGIQUE

Magnétisme et hypnotisme, par le Dr A. CULLERRE. 1 vol. in-16, avec 28 fig................................. 3 fr. 50
Les émotions chez les hypnotiques, par J. LUYS, de l'Acad. de méd. 1 vol. in-16, avec 28 pl............ 3 fr. 50
Hypnotisme, double conscience et altérations de la personnalité, par le Dr AZAM. 1 vol. in-16, avec fig. 3 fr. 50
Les variations de la personnalité, par les docteurs BOURRU et BUROT. 1 vol. in-16, avec 15 fig .... 3 fr. 50
La suggestion mentale et l'action à distance des substances toxiques et médicamenteuses, par les docteurs BOURRU et BUROT. 1 vol. in-16, avec 40 fig..... 3 fr. 50
Le somnambulisme provoqué, par H. BEAUNIS, professeur à la Faculté de Nancy. 1 vol. in-16, avec fig........ 3 fr. 50
Le cerveau et l'activité cérébrale, par Al. HERZEN, professeur à l'Académie de Lausanne. 1 vol. in-16..... 3 fr. 50
Le monde des rêves, par Max SIMON, 1 vol. in-16. 3 fr. 50
Le génie. la raison, la folie, par L.-F. LELUT, 1 v. in-16 3 fr. 50
Fous et bouffons, par P. MOREAU (de Tours). 1 vol. in-16 3 fr. 50

BIBLIOTHÈQUE DES CONNAISSANCES UTILES

LA PLUME DES OISEAUX

LIBRAIRIE J.-B. BAILLIÈRE ET FILS

BIBLIOTHÈQUE DES CONNAISSANCES UTILES

NOUVELLE COLLECTION

De volumes in-16 comprenant 400 pages, illustrés de figures intercalées dans le texte

à 4 francs le volume cartonné

ARTS ET MÉTIERS

INDUSTRIE MANUFACTURIÈRE, ART DE L'INGÉNIEUR, CHIMIE, ÉLECTRICITÉ

BEAUVISAGE. Les matières grasses. caractères, falsifications et essai des huiles, beurres, graisses, suifs et cires
BREVANS (DE). La fabrication des liqueurs et des conserves.
GRAFFIGNY (H. DE). Les industries d'amateurs, le papier et la toile, — la terre, la cire, le verre et la porcelaine, — le bois, — les métaux.
HÉRAUD. Les secrets de la science et de l'industrie, recettes, formules et procédés d'une utilité générale et d'une application journalière.
LACROIX-DANLIARD. La plume des oiseaux.
LEFÈVRE (J.). L'électricité à la maison.
LEVERRIER. La Métallurgie.
PIESSE (S.). Histoire des parfums et hygiène de la toilette.
—— Chimie des parfums et fabrication des savons.
RICHE (A.). L'art de l'essayeur.
—— Monnaie, médailles et bijoux, essai et contrôle des ouvrages d'or et d'argent.
SCHŒLLER. Les Chemins de fer.
TASSART. Les matières textiles. les matières colorantes et la teinture.
—— L'industrie de la teinture.
VIGNON (L.). La soie, au point de vue scientifique et industriel.
WITZ (AIMÉ). La machine à vapeur.

ÉCONOMIE RURALE

AGRICULTURE, HORTICULTURE, ÉLEVAGE

BEL (J.). Les maladies de la vigne, et les meilleurs cépages français et américains.
BELLAIR (G.). Les arbres fruitiers.
BOIS (D.). Le petit jardin.
—— Plantes d'appartement et plantes de fenêtres.
BUCHARD. Les machines agricoles.
—— Constructions agricoles et architecture rurale.
FERVILLE. L'industrie laitière, le lait, le beurre et le fromage.
GOBIN (A.). La pisciculture en eaux douces.
GOBIN (A.). La pisciculture en eaux salées.
GUYOT. Les animaux de la ferme.
LARBALETRIER Les engrais et leurs applications à la fertilisationdu sol.
MONTILLOT. L'amateur d'insectes, caractères et mœurs des insectes, chasse, préparation et conservation des collections. Introduction par le professeur LABOULBÈNE, ancien président de la Société entomologique.
—— Les insectes nuisibles.
RÉLIER. Guide pratique de l'élevage du cheval.

ÉCONOMIE DOMESTIQUE

HYGIÈNE ET MÉDECINE USUELLES

DALTON (C.). Physiologie et hygiène des écoles, des collèges et des familles.
DONNÉ. Conseils aux mères sur la manière d'élever les enfants nouveau-nés.
FERRAND (E.) et DELPECH (A.). Premiers secours en cas d'accidents et d'indispositions subites.
HÉRAUD. Les secrets de l'alimentation.
HÉRAUD. Les secrets de l'économie domestique, à la ville et à la campagne, recettes, formules et procédés d'une utilité générale et d'une application journalière.
LEBLOND et BOUVIER. La gymnastique et les excercices physiques.
SAINT-VINCENT (A.-C. DE). Nouvelle médecine des familles, à la ville et à la campagne.

LYON. — IMPRIMERIE PITRAT AINÉ, 4, RUE GENTIL

LACROIX-DANLIARD

LA PLUME DES OISEAUX

HISTOIRE NATURELLE ET INDUSTRIE

AVEC FIGURES INTERCALÉES DANS LE TEXTE

HISTOIRE NATURELLE
CHASSE ET DOMESTICATION
USAGES GUERRIERS
JOUETS
PARURE ET HABILLEMENT
USAGES DOMESTIQUES
LA PLUME A ÉCRIRE

PARIS
LIBRAIRIE J.-B. BAILLIÈRE ET FILS
Rue Hautefeuille, 19, près du boulevard Saint-Germain.

1891

AVANT-PROPOS

Le nombre des oiseaux dont les plumes ou le duvet sont utilisés est considérable, et il n'est pas si modeste volatile qui ne trouve aujourd'hui son emploi dans l'industrie du plumassier. Nous nous sommes attaché seulement aux principaux types de la faune ornithologique. De ces derniers nous avons esquissé à grands traits la physionomie, les mœurs, l'habitat, le mode de propagation et d'élevage ainsi que les moyens de capture et de destruction. Nous avons cherché à donner à chacun de nos oiseaux la place qu'il méritait en raison de son importance commerciale et industrielle; c'est pourquoi un assez long article a été consacré à l'Autruche.

Quant au plan général de l'exposé qui va suivre, il est bien simple et découle, pour ainsi dire, de la nature des choses : il comporte, après un aperçu sur quelques-uns des oiseaux producteurs de plumes utiles, la préparation et la mise en œuvre de leurs dépouilles, leurs différentes applications, les procédés qui servent à en assurer la préservation et la conservation, la nomenclature des principaux marchés, l'état des prix de revient, enfin la situation du commerce d'importation et d'exportation qui se rattache à ces différents produits.

LACROIX-DANLIARD.

Paris, 3 mars 1891.

LA PLUME DES OISEAUX

I

HISTOIRE NATURELLE, HABITAT, MŒURS ET CHASSE DES DIFFÉRENTS OISEAUX DONT LA PLUME EST UTILISÉE. DOMESTICATION, ACCLIMATATION ET PROTECTION DES ESPÈCES

CHAPITRE PREMIER

LES VAUTOURS

Les Vautours. — *Distribution géographique.* — Les Vautours, qui sont les plus grands des oiseaux jouissant de la faculté du vol, habitent toutes les contrées de la terre. Ils se tiennent cependant plus volontiers dans les régions du sud que dans celles du nord. Ils sont surtout nombreux en Asie et en Afrique, et ceux qui vivent dans les pays septentrionaux gagnent, au moment de l'hiver, les climats moins froids. Les espèces que l'on voit en France se rencontrent, du printemps à l'hiver, dans les Alpes et dans les Pyrénées.

Caractères. — Bien que se distinguant par une envergure qui atteint parfois trois mètres, les Vautours paraissent éprouver de la difficulté à prendre leur essor. Lorsqu'ils cherchent à s'élever de terre, ils procèdent par quelques sauts pesants à droite et à gauche, les ailes mi-ouvertes, comme s'ils voulaient y emmagasiner une provision d'air pour se mieux pousser. Cet exercice préliminaire terminé, ils prennent leur volée avec des battements d'ailes lents et saccadés, et gagnent alors quelquefois de si grandes hauteurs, que l'œil a de la peine à les distinguer.

Le bec de ces oiseaux est robuste et crochu; leurs sens sont très aiguisés; celui de la vue surtout est d'une finesse exquise: il leur permet d'apercevoir leur proie à d'énormes distances. C'est plutôt, en effet, par leur vue perçante que par leur odorat, dont on a trop souvent exagéré la subtilité, que les Vautours sont guidés dans la recherche de leur nourriture.

Des yeux petits et à fleur de tête, un corps massif, épais, oblong, une tête le plus ordinairement petite relativement à la masse du corps; un cou grêle et long; le col et la tête plus ou moins dénués de plumes et revêtus d'un duvet court et lanugineux; une tenue négligée, des ailes et une queue traînant à terre, soit dans le repos, soit dans la marche, sont autant de caractères qui distinguent les Vautours des autres rapaces diurnes (fig. 1).

Mœurs et habitudes. — La voracité de ces oiseaux est devenue proverbiale; cependant, c'est à tort qu'on les croit plus friands de viande corrompue que de chair fraîche. Ils se nourrissent, sans doute, le plus souvent, de cadavres dans un état de décomposition avancé, mais ils ne se livrent à ces débauches de charogne que faute de mieux, et, lorsqu'ils ont le choix, ils donnent la préférence aux bêtes nouvellement abattues. Il est d'ailleurs constaté qu'il s'attaquent aux mammifères vivants, surtout aux jeunes et aux faibles; que certains poursuivent les cerfs, les vigognes, les guanacos, les génisses même; et qu'enfin, dans la province de Quito, les Vautours font au bétail, surtout aux troupeaux de vaches, un mal considérable.

Considérés par les Européens comme des êtres inutiles ou nuisibles, les Vautours jouissent d'une grande considération auprès des peuples de l'Orient. Aux yeux des Mahométans, en effet, le Vautour est un oiseau quasi sacré ; c'est lui qui écarte les maladies épidémiques et contagieuses, en

Fig. 1. — Le Vautour.

balayant les rues, pour ainsi dire, et en les purgeant des immondices et des matières animales que les habitants, avec une rare incurie, laissent pourrir autour des habitations. C'est lui, le principal agent de l'hygiène et de la salubrité. Aussi le Vautour bénéficie-t-il de la protection des lois, et ceux qui le tourmentent ou qui le tuent sont passibles d'amendes et de peines plus ou moins graves.

Les Vautours nichent sur des arbres élevés ou sur des

rochers inaccessibles; ils y construisent un grand nid plat, composé extérieurement d'un lacis de branches et de brindilles, et intérieurement de matériaux plus moelleux, destinés à recevoir et à tenir chauds, en février, un ou deux œufs. L'incubation est d'une longue durée. Les poussins, qui naissent couverts d'un duvet cendré, sont longtemps nourris dans le nid par les parents. Ceux-ci dégorgent devant leurs petits une nourriture toute triturée, qu'ils apportent emmagasinée dans leur jabot.

Quand les poussins ont atteint l'âge de quatre mois, ils prennent leur vol et viennent s'abattre dans les pays où paissent de nombreux troupeaux. Ils y ont bientôt débarrassé le terrain des animaux qui, trop faibles ou malades, ont succombé dès le début.

Il paraît que, pris jeunes, les Vautours s'apprivoisent facilement et qu'ils perdent toute envie de s'échapper, malgré la liberté complète qui leur est laissée. M. Nordmann raconte « qu'une dame résidant à Taganrog possédait un *Vautour fauve* qui, chaque matin, quittait son gîte, établi dans une cour, pour se rendre au bazar où l'on vend de la viande fraîche et où il était habituellement nourri. Dans le cas où on lui refusait sa pitance, il savait fort bien se la procurer par la ruse; puis, avec son larcin, il se sauvait sur la toiture de quelque maison voisine, pour le manger en paix et hors de toute atteinte. Souvent, il traversait la mer d'Azow, pour se rendre dans la ville de ce nom, située vis-à-vis de Taganrog, et, après avoir passé toute la journée dehors, il s'en revenait coucher à la maison. »

Chasse. — On chasse les Vautours à l'affût. On les attire au moyen d'un appât fait d'une chèvre ou d'un mouton morts. L'affûteur se cache dans une fosse profonde de 50 centimètres, longue de 2 mètres et large de 70 centimètres. Il a pris soin de répandre au loin la terre de déblai, de recouvrir le dessus de la fosse d'une sorte de toit de branches et de pierres, au travers duquel il a ménagé des meurtrières destinées à donner passage au canon du fusil. Les Vautours ne tardent pas à accourir, à se poser sur la proie qu'ils se disputent à grands coups d'ailes et de bec : c'est le moment que choisit le chasseur pour tirer à mitraille. Il ne doit employer que le plus gros plomb; le numéro 4 même, dont le grain est de la grosseur d'une graine de chènevis, vient s'amortir sur les rémiges et ne pénètre pas jusqu'aux œuvres vives. Les premiers jours de cette chasse sont aussi les plus fructueux, car, lorsque les Vautours ont entendu plusieurs fois le plomb siffler, ils deviennent réservés, font taire leur gloutonnerie naturelle et ne s'approchent plus qu'avec circonspection.

Usages. — Du temps du naturaliste Belon, on employait, en Égypte et dans les îles de l'Archipel grec, le duvet des Vautours pour faire des garnitures d'habits ou d'autres objets d'usage domestique pour lesquels on utilise aujourd'hui l'édredon et le cygne. Dans l'île de Crète et en Arabie, on vendait jadis les peaux de Vautours aux pelletiers, pour en faire des fourrures de prix ; il ne semble pas que ce genre de commerce se soit perpétué jusqu'à nos jours.

Classification. — Les naturalistes distinguent les Vautours : 1° en Vautours proprement dits ; 2° en Sarcoramphes ; 3° en Percnoptères.

Les *Vautours proprement dits* ont la tête et le cou sans plumes, et recouverts d'un duvet très court. Toutes les espèces de cette division appartiennent à l'ancien monde.

Dans les Alpes et les Pyrénées, en Turquie, dans l'Archipel grec, dans les montagnes de la Silésie et du Tyrol, à Gibraltar, en Égypte et dans une grande partie de l'Afrique, se rencontre en abondance le *Vautour arrian.*

Sur les hautes montagnes et dans les vastes forêts de la Hongrie, du Tyrol, de la Suisse, des Pyrénées, du midi de l'Espagne et de l'Italie, habite le *Vautour fauve.*

Au nord de l'Afrique, le *Vautour Egyptien*, en Afrique, dans l'Inde et à Java, le *Vautour de Kolbe*, à Pondichéry, le *Vautour royal*, dans l'Inde, le *Vautour moine*, en Afrique, le *Vautour occipital* et le *Vautour d'Angola*, sont les représentants des espèces étrangères de la catégorie qui nous occupe.

FIG. 2. — Le Sarcoramphe papa.

Les *Sarcoramphes* ont la tête et le cou nus ou garnis seulement de poils très rares. Ils appartiennent exclusivement au nouveau monde. Deux espèces composent ce genre, ce sont le *Sarcoramphe condor*, et le *Sarcoramphe papa* ou *roi des Vautours* (fig. 2). Le premier, qui se fait remarquer par un collier d'épais duvet d'un blanc pur tranchant sur le noir bleu du plumage, habite les sommets du Chimborazo et du Pichincha; le second, dont le collier est bleu ardoisé, se rencontre au Brésil, à la Guyane, au Paraguay, au Mexique et au Pérou.

Le type des *Percnoptères* est le *Neophron percnoptère*, commun dans un grand nombre de contrées d'Afrique et d'Asie, et, en Europe, dans la Norvège, en Espagne, en Grèce, en Sardaigne, en Italie, en Suisse et dans le midi de la France.

CHAPITRE II

LES PERROQUETS

Les Perroquets. — *Caractères.* — Beaucoup de naturalistes ont assigné comme caractère générique aux Perroquets

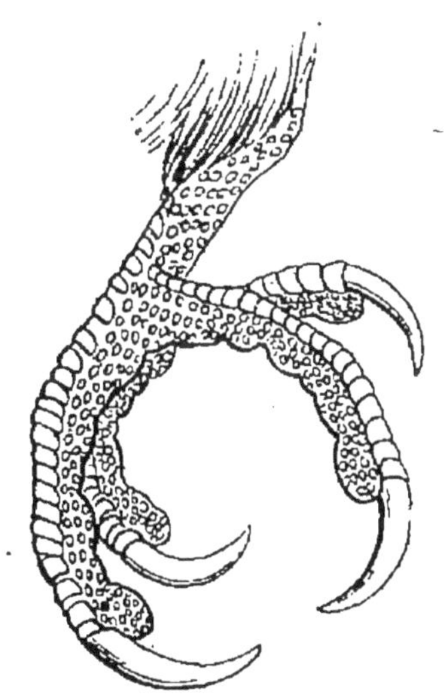

Fig. 3. — Patte de Perroquet.

d'avoir quatre doigts aux pieds, dont deux devant et deux derrière (fig. 3); ces oiseaux cependant, partagent cette particularité avec beaucoup d'autres grimpeurs, les pics, les coucous, les toucans, les couroucous, les barbus, les jacamars, par exemple. Il faut donc chercher ailleurs le caractère spécial qui distingue les Perroquets des autres oiseaux. Nous trouvons ce caractère dans le bec de notre volatile. Le bec des Perroquets est très crochu et épais, la partie inférieure est ronde, tranchante et beaucoup plus courte que la supérieure, qui est terminée en bec de plume à écrire; et, ce qui est remarquable et unique chez ces oiseaux, c'est qu'ils ont le dessus du bec mobile et le dessous immobile. Ce bec leur sert, comme de troisième jambe, pour marcher ou pour se pendre aux branches des arbres, y monter, ou en descendre.

Dans le plumage, le vert domine. Il existe cependant des Perroquets bleu hyacinthe, pourpre, jaune d'or et gris. « La distribution des couleurs dans le plumage des Perroquets, est très particulière, dit Brehm; il faut noter ce que nous pourrions appeler *des champs de coloration*, la présence de couleurs complémentaires aux deux faces du corps, et même de la même plume : bleu violet, bleu foncé, bleu clair, vert, à la face supérieure : jaune clair, jaune orange, rouge, pourpre, à la face inférieure. Non moins remarquable est ce que l'on observe chez certains cacatoès, par exemple, où la couleur rouge ou jaune vif de la base des plumes est complètement masquée par la couleur blanche du reste du plumage. »

Les Perroquets ont la langue épaisse, charnue, conique et obtuse, « faite comme une graine de calebasse », dit Valmont de Bomare, « ce qui leur donne, ajoute ce naturaliste, beaucoup de facilité pour parler, chanter des chansons, siffler, contrefaire des animaux ou le bruit du tambour, etc. ». Que cela tienne, comme il est possible, à la conformation de leur langue ou à toute autre cause, il est hors de doute que les Perroquets (certaines espèces surtout), saisissent une idée, retiennent le mot, et le répètent avec l'intonation propre à

FIG. 4. — Le Perroquet cendré ou Jaco.

la voix humaine. Les Perroquets cendrés ou jacos ont une aptitude merveilleuse à se souvenir de longues phrases, et à les dire avec à propos. On en cite un qui, lorsque l'on frappait à la porte, criait d'une voix d'homme : « Entrez, je suis votre serviteur ; j'ai plaisir à vous voir ; j'ai l'honneur de vous saluer » ; un autre, que nous avons eu à Vichy, lorsqu'il voyait passer un fantassin en pantalon rouge, commandait : « Garde à vous ; portez armes, présentez armes ; ran plan plan, plan » ; un troisième, qui, simulant la colère, disait à un passant : « Oh ! pardonnez-moi, Monsieur, je croyais que vous étiez un oiseau » (fig. 4).

Intelligence des Perroquets. — Pour donner une idée de l'intelligence des Perroquets, Le Vaillant fait mention de l'éducation soignée de *Carl*, Perroquet distingué, qui lui fut présenté chez un marchand d'Amsterdam. « *Carl*, dit-il, parlait aussi bien que Cicéron. Je pourrais remplir tout un livre des discours qu'il prononçait, et qu'il me répéta sans en oublier une syllabe. Obéissant au commandement, il apportait le bonnet de nuit et les pantoufles de son maître, appelait la servante quand on avait besoin d'elle. Sa résidence favorite était la boutique où il était très utile. Quelqu'un entrait-il en l'absence de son maître, il criait jusqu'à ce que l'on arrivât. Il avait une excellente mémoire, et savait des phrases tout entières en hollandais. Ce ne fut qu'après soixante ans de captivité que sa mémoire commença à baisser, et, chaque jour, il oubliait quelque chose de ce qu'il savait. Il ne disait plus que la moitié d'une phrase, transposait les mots, mêlait les phrases les unes avec les autres. »

Par ce que nous venons de citer, il est facile de voir que les Perroquets sont doués d'une mémoire extrêmement tenace, d'une grande facilité d'assimilation, d'une intelligence incontestable et surtout d'une extraordinaire longévité. Ajoutez à cela qu'ils se distinguent des autres animaux de la même classe par le développement uniforme de leurs sens dont aucun ne s'affine au détriment des autres. Les Perroquets, en effet, voyent, sentent, entendent, goûtent et touchent également bien. Si on les prend dans leur manière d'être, dans leur caractère, ils sont, comme les singes, capricieux et inconstants, gais et agréables à certains moments, à d'autres, moroses, colères, insupportables; d'ailleurs, prudents, rusés, en même temps que fiers et courageux, enclins à la rancune envers ceux qui les ont maltraités, portés à l'affection à l'égard des personnes qui leur ont témoigné de la bonté, et même capables de se montrer fidèles jusqu'à la mort. D'autre part, on les voit méchants et cruels avec les faibles, quoique, parfois, ils aient donné des marques d'extrême sensibilité.

Le Perroquet père adoptif. — L'épisode suivant, rapporté par Wood, en fournit la preuve :

« Un de mes amis avait un Perroquet gris qui était devenu le parent le plus tendre pour les créatures délaissées. Dans le jardin de son maître était un bouquet de rosiers, entouré d'une palissade, et entremêlé de plantes grimpantes. Un couple de pinsons y avait fait son nid, et les gens de la maison les nourrissaient. Ce manège n'échappa pas à Polly (c'était le nom du Perroquet); il résolut de suivre ce bon exemple. Comme il était libre, il quitta sa cage, imita à s'y méprendre le cri d'appel du pinson, et se mit à remplir le bec des jeunes de nourriture. Mais ces témoignages d'amitié étaient trop bruyants pour les parents. Effrayés par ce grand oiseau qu'ils ne connaissaient pas, ils disparurent, abandonnant leur progéniture aux tendres soins de Polly. Celui-ci rentra moins souvent dans sa cage; il restait, jour et nuit, auprès de ses enfants adoptifs, et eut la joie de les élever. Une fois qu'ils purent voler, ils se perchaient sur la tête et sur le cou de leur père nourricier, qui se promenait gravement, tout fier de cette charge. Ses soins cependant furent payés de bien peu de reconnaissance. Lorsque leurs ailes furent assez fortes, les pinsons s'envolèrent et disparurent. Le pauvre Polly en fut tout triste ; mais, bientôt, il se consola ; il avait trouvé de jeunes fauvettes orphelines ; il s'en chargea, les apporta l'une après l'autre dans sa cage, et vécut avec elles en fort bonne harmonie. »

Distribution géographique. — Les Perroquets se trouvent partout, excepté en Europe, mais plus particulièrement dans les zones tropicales. Tous sont agiles, en réalité ; les gandes espèces ne volent lourdement qu'en apparence. Quant aux petites, elles circulent dans l'air avec une légèreté remarquable. A terre, au contraire, les Perroquets semblent mal à leur aise ; ils y sautillent plutôt qu'ils n'y marchent ; cependant, quelques rares espèces, plus favorisées, y ont une allure aussi vive que celle des Échassiers.

Bien qu'on en rencontre quelquefois dans les steppes et dans les plaines dépourvues d'arbres, ces oiseaux, en général, habitent les forêts qu'ils remplissent de leurs cris.

Mœurs. — Hors la saison des amours, ils vivent en bandes nombreuses, se cantonnent en un endroit d'où ils partent, chaque matin, pour aller au pillage, et qu'ils regagnent fidèlement, chaque soir, leurs déprédations commises. Pendant le temps qu'ils maraudent, ils se font garder par de vigilantes sentinelles, chargées d'avertir du danger le reste de la troupe.

Au milieu des arbres touffus, ils cherchent moins un abri contre le mauvais temps qu'une cachette sûre ; on les voit, en effet, immobiles et criards, affronter ces abondantes ondées tropicales qui les mouillent jusqu'aux os, sans souci de se trouver un refuge dans l'épaisseur du feuillage. Ils s'y blottissent, au contraire, pour échapper aux ardeurs du soleil, ou pour se soustraire à quelque danger. Une fois là, ils reprennent leurs conversations, sauf à les interrompre subitement, si, le péril devenu plus grave, ils croient prudent de

Fig. 5. — L'Ara Macao.

céler leur présence. Ils y réussissent si bien que, sur cinquante que l'on sait pertinemment être perchés sur un arbre, on n'en peut découvrir aucun.

Régime. — Les Perroquets se nourrissent surtout de fruits et de graines. Quelques-uns, dit-on, vivent du nectar et du pollen des fleurs, et aussi des insectes que renferme le calice. D'autres, les Aras (fig. 5) et les Perruches, par exemple, ont une prédilection marquée pour les bourgeons des arbres et les boutons des fleurs, et certains Cacatoès se montrent friands des vers et des larves des insectes. On peut dire cependant que les végétaux forment la base de leur alimentation.

Dans leurs excursions de maraude, ils observent, le plus souvent, un profond silence, et on ne peut se douter qu'ils pillent un champ de maïs que par le bruit produit par la chute des enveloppes des graines sur les feuilles desséchées. Lorsqu'ils savent qu'ils n'ont rien à craindre, ils se montrent d'une audace singulière, s'aventurant jusque dans les villes et s'y perchant sur les toits. Rien n'égale leur instinct de destruction ; ils détériorent plus de choses qu'ils n'en mangent, et quand ils ont passé dans un verger, tous les fruits en sont gâtés. Dans l'Amérique du Nord et au Chili, ils pillent les arbres avant que les fruits en soient mûrs, pour en savourer le lait qui baigne la graine. A ce que rapporte Audubon, ils sont si friands du blé mis en meules dans les champs qu'ils n'en ont bientôt laissé que la paille. Bien repus, ils s'en vont au bain.

Les Perroquets se reproduisent dans la saison qui précède la maturation des fruits ; leurs œufs sont arrondis, blancs et à coquille lisse ; les grandes espèces n'en font que deux ; il y a pourtant de nombreuses exceptions à cette règle. La plupart du temps, le nid est établi dans un creux d'arbre ou de rocher. Les Perroquets terrestres pondent sur la terre nue.

Captivité. — On prépare aux Perruches, élevées en captivité, pour les y faire nicher, des troncs d'arbres rongés par la vermoulure ou artificiellement creusés. Certaines espèces y pondent et s'y reproduisent volontiers. La garniture interne des nids naturels ou artificiels est des plus simples; elle consiste en quelques menus copeaux ou en détritus d'écorce que ces oiseaux détachent avec leur bec.

Le mâle, sauf exception, ne partage pas les soins de l'incubation; tant que dure cette période, il nourrit la femelle à domicile et cherche à la charmer par un bavardage continuel. L'éclosion n'a lieu qu'après un temps qui varie entre seize et vingt-cinq jours suivant les espèces. Les petits se développent rapidement; mais, ce n'est guère qu'à l'âge de deux ans qu'ils prennent leur plumage définitif et deviennent nubiles. Les petites espèces sont beaucoup plus précoces.

Chasse. — On fait la guerre aux Perroquets pour nombre de raisons. D'abord, la chair de cet oiseau fait, paraît-il, un excellent bouillon. D'autre part, leurs plumes sont appréciées. Enfin, leurs déprédations sont si graves et si souvent répétées qu'ils finissent, partout où ils habitent, par lasser la patience des cultivateurs. Aussi, ne leur ménage-t-on ni les flèches, ni le plomb, ni les pièges de toutes sortes. « Qu'on n'aille pas se figurer, dit Audubon, que le planteur supporte patiemment tous les méfaits dont les Perroquets se rendent coupables à son égard! Il tâche de les surprendre dans leurs excursions, et leur fait payer de la vie leurs rapines. Le fusil à la main, il se glisse jusque près d'eux, et huit ou dix tombent du premier coup de feu. Les autres se lèvent, crient, volent en cercle pendant cinq ou six minutes, reviennent près des cadavres de leurs compagnons, les entourent en poussant des cris plaintifs, et tombent eux-mêmes, victimes de leur amitié, jusqu'à ce qu'enfin le planteur ne les trouve plus assez nombreux pour avoir à défendre contre eux ses récoltes et ses moissons. J'ai en quelques heures abattu ainsi plusieurs centaines de Perroquets, et j'ai emporté des corbeilles pleines de leurs cadavres. Ceux qui ne sont que blessés se défendent vigoureusement et, de leur bec tranchant, font souvent de profondes blessures. »

Au Chili, c'est à coups de bâton qu'on les tue. Au moment où ils sont le plus occupés à piller quelque plantation, on se précipite, à l'improviste, au milieu d'eux la trique à la main. En Australie, on cherche la place où ils se tiennent au repos; cette place une fois découverte, on les effraye par des cris, et, au moment où ils prennent leur volée, on les crible de flèches et de javelots. Partout où les Perroquets nichent dans les creux des rochers, des chasseurs, au risque de se briser dans des chutes mortelles, grimpent à l'aide de crochets, le long du roc, se retenant aux anfractuosités, se saisissent des perruchons et brisent les œufs dans les nids.

Chasse du Cacatoès. — Quant aux Cacatoès (fig. 6), propres aux terres australes, les indigènes ont une manière particulière de les chasser. « Il n'y a rien de plus intéressant dit le capitaine Grey, qu'une chasse au Cacatoès. Les Australiens employent leur arme, le *boumerang*, consistant en un morceau de bois dur, en forme de faucille, qu'ils lancent à plus de cent pieds. Cette arme fend l'air, en décrivant des cercles, et quoiqu'elle s'écarte de la ligne droite, elle atteint presque sûrement son but : c'est de cette même arme, faite alors en bois et en fer, que se servent les naturels du centre de l'Afrique.

« Un indigène se met à la poursuite d'une bande de Cacatoès, dans la plaine ou dans la forêt, et, de préférence, dans les endroits où de grands arbres entourent un cours d'eau ou un étang. C'est là surtout que l'on rencontre ces oiseaux, en troupes innombrables, grimpant de branche en branche, ou volant d'un arbre à un autre. C'est là aussi qu'ils passent la nuit. Le chasseur s'avance prudemment; il se glisse entre les arbres, rampe de buisson en buisson, cherche à ne pas troubler ces oiseaux vigilants. Mais, il a été entendu; une agi-

Fig. 6. — Le Cacatoès.

tation générale révèle l'approche de l'ennemi. Les Cacatoès sentent qu'un danger les menace, sans savoir encore quel est ce danger. Le chasseur, arrivé au bord de l'eau, se montre alors à découvert. Tout le peuple ailé s'élance en l'air, et, au même moment, le boumerang est lancé avec force. Il glisse en tournoyant à la surface de l'onde, puis monte en décrivant une courbe et arrive au milieu des oiseaux. Un second, un troisième, un quatrième, sont lancés de même. En vain, surpris, les Cacatoès cherchent à fuir; le trajet en apparence capricieux de l'arme paralyse leur fuite. Un est touché, puis un autre, puis un troisième; ils tombent par terre assommés ou l'aile brisée. Ils crient de douleur et de colère, et ce n'est que quand le chasseur a achevé son œuvre, que le reste de la bande se rassemble, prend la fuite et va chercher un nouvel asile dans les cimes les plus touffues et les plus élevées. »

Chasse de l'Ara. — Les Aras sont chassés avec acharnement par les Indiens et par les Européens. « Le chasseur, dit le prince de Wied, caché par les buissons et par les troncs d'arbres, s'approche avec prudence d'une bande d'Aras, et en abat souvent plusieurs d'un seul coup de fusil. Leur voix retentissante éveille l'attention du chasseur. On les tue avec du gros plomb, car il faut d'ordinaire tirer dans les cimes des arbres les plus élevés. Blessé, l'Ara se cramponne à la branche, de son bec et de ses pattes, et reste assez longtemps dans cette position. »

Nous ne dirons rien des Perroquets en captivité, tout le monde en connaît les incommodités et les agréments, ainsi que le genre d'alimentation. Rassurons cependant les amateurs sur un point : le persil n'est pas plus un poison pour les Perroquets que le mouron rouge n'en est un pour les autres oiseaux. Nous sommes heureux de porter le dernier coup à ce préjugé aussi vieux que les Perroquets.

Classification. — On peut diviser les Perroquets en trois

Fig. 7. — Le Perroquet amazone.

groupes : les Perroquets à courte queue ou Perroquets proprement dits; les Cacatoès ou Plictolophes, et les Perroquets à longue queue.

I. PERROQUETS A QUEUE COURTE. — Dans la section des Perroquets à courte queue se placent :

1° Le *Perroquet cendré* ou *Jaco*, qui se rencontre depuis la côte occidentale d'Afrique jusqu'au loin dans l'intérieur du continent. Il est long de 33 centimètres. Il a la queue rouge de sang et toutes les autres plumes d'un gris cendré ou gris bleu, bordées d'un liseré plus clair.

2° Les *Chrysotis* ou *Perroquets verts*, comprenant le Chrysotis amazone et le Chrysotis vert, deux grands Perroquets de près de 40 centimètres de long, très communs en Amérique. L'Amazone (fig. 7) est vert clair avec le front bleu de ciel, les joues et la gorge jaunes, le pli de l'aile rouge; les plumes latérales de la queue sont rouges à leur face interne.

Le Perroquet vert n'a de bleu que le bord antérieur du front et une ligne allant du bec à l'œil.

3° Les *Piones*, dont la plupart des espèces appartiennent à l'Amérique du Sud, quelques-unes à l'Afrique. De tous les Piones, Perroquets à queue tronquée, celui qui se voit le plus communément en Europe est le Maitcaca du Brésil. C'est un oiseau de 25 centimètres de long, ayant la tête, le cou, la nuque et la partie supérieure de la poitrine d'un bleu d'outre-mer; les plumes de la nuque d'un vert bronzé, avec un liseré bleu; le dos, la partie inférieure de la poitrine, le ventre et les ailes vert bronzé, les plumes du dos ayant un liseré plus foncé, celles de la poitrine un reflet bleu de ciel; les couvertures supérieures de l'aile vert olive jaunâtre; les inférieures vertes; les rémiges vertes, bordées de noir, les plumes du croupion d'un rouge vif, avec la pointe jaune et la tige bleue; les deux rectries médianes vertes, les latérales

FIG. 8. — Le Papegai accipitrin.

roses ou d'un rouge clair en dedans, bleues à leur bord externe et à leur pointe.

4° Les *Papegais*, notamment le Papegai accipitrin (fig. 8), ainsi nommé à cause de son plumage qui ressemble à celui de l'Épervier. Les Papegais se distinguent de tous les autres Perroquets par les plumes de la nuque et du cou qui sont lâches et susceptibles de se développer en éventail, à la volonté de l'animal. L'Accipitrin a 38 centimètres de long; il habite les forêts des bords de l'Amazone et de la Guyane.

4° Les *Psittacules* ou *Perroquets nains*, parmi lesquels le Psittacule de Swinder, long de 14 centimètres environ, qui se rencontre dans l'ouest et le centre de l'Afrique, et le Psittacule moineau, un des oiseaux les plus communs du Brésil, de même taille ou à peu près que le précédent.

6° Les *Nasiternes* ou *Micropsittes*, véritables Perroquets en miniature, parmi lesquels il faut citer le Nasiterne pygmée, de la grosseur d'un serin, qui habite la Nouvelle-Guinée et les forêts des îles Salawati.

7° Les *Loridés* ou *Loris*, Perroquets asiatiques, répandus dans les Indes et dans les îles avoisinantes, dont le plumage est varié de couleurs très vives, parmi lesquelles le rouge domine souvent. Le Lori des dames, Lori à collier ou Loriquet, est la plus grande espèce de ce groupe; il a 33 centimètres de long, le plumage rouge écarlate très vif, le sommet de la tête pourpre foncé, le derrière de la tête violet, la face supérieure des ailes verte, les jambes bleu de ciel, la poitrine marquée d'une tache jaune en forme de croissant; les plumes de la queue rouge écarlate, bordées de noir dans leur partie terminale, avec la pointe jaune. On le trouve en bandes dans les forêts de Bornéo et de la Nouvelle-Guinée. En Australie, les Loris sont représentés par le *Loriquet versicolor* (fig. 9). (longueur 18 centimètres). Il a la partie supérieure, les lorums d'un rouge foncé, sur la nuque une bande bleu de ciel foncé; le dos est vert bleuâtre, les ailes sont vertes, la partie inférieure du dos et les couvertures d'un jaune vert clair. Des taches rouges se voient sur les côtés du ventre et à la face interne des cuisses; toutes les plumes des parties supérieures sont marquées d'un mince liseré jaune

Fig. 9. — Le Loriquet versicolor.

vert; celles des parties inférieures sont bordées de jaune. Les rémiges primaires sont noires, bordées en dehors de vert foncé et comme encadrées par une ligne étroite d'un vert jaunâtre.

2.

8° Les *Coryphiles*, Loridés de très petite taille dont toutes les espèces sont propres à l'Océanie, et, parmi eux, le Coryphile d'Otahiti (17 centimètres), plumage bleu pourpre, gorge et partie supérieure de la poitrine d'un blanc éclatant ; ailes et queue noir foncé en dessous.

9° Les *Pyrrhodes*, spécialement le Pyrrhode des Papous, particulier à la Nouvelle-Guinée. Cet oiseau, de 45 centimètres de longueur totale, a des couleurs très vives, où se mêlent, sur un fond rouge écarlate, le bleu, le jaune d'or et le vert clair. Les indigènes chassent cet oiseau et le préparent de la même façon que les Oiseaux de paradis; ils l'écorchent et font sécher la dépouille dont ils arrachent les pattes.

II. Cacatoès ou Plyctolophes. — La deuxième section, celle des *Plyctolophes*, comprend des Perroquets à queue courte et portant, la plupart du temps, à la nuque, des plumes susceptibles de se redresser en huppe. Elle renferme :

1° Les *Cacatoès* que l'on trouve à la Nouvelle-Hollande, à la Nouvelle-Guinée, aux Moluques et aux Philippines. Ils portent un plumage tantôt d'un blanc étincelant, tantôt d'un rose tendre, d'autres fois de couleur sombre. On distingue le *Cacatoès à huppe jaune*, blanc éclatant (longueur 45 centimètres); le *Cacatoès de Leadbeater*, très remarquable à cause du beau rose, du carmin vif et du rouge brillant qui relèvent la blancheur de sa robe.

2° Les *Callocéphales* qui vivent dans les forêts du sud de l'Australie et de quelques îles voisines et dans la partie nord de la terre de Van Diémen. Le dos du *Callocéphale à casque*, seule espèce qui appartienne à ce genre, est bleu ardoisé ; la partie antérieure de la tête, les joues, la huppe sont écarlates, presque toutes les plumes sont bordées d'un liseré blanc grisâtre.

3° Les *Licmétis ;* le *Licmétis nasique*, voisin des Caca-

Fig. 10. — Le Microglosse noir.

toès (longueur 45 à 50 centimètres); huppe érectile, plumage blanc, avec reflets jaune soufre sous les ailes et à la face inférieure de la queue; plumes du cou et de la tête, ainsi que le duvet, rouge vermillon à la base, blanches à l'extrémité; bande rouge sur le front, bande transversale de même couleur à la poitrine.

4° Les *Nestors;* le *Nestor à long bec* de la Nouvelle-Zélande et des îles voisines dont la face supérieure du corps est brune, la tête et la nuque marquées de gris, chaque plume étant bordée d'un liseré foncé; le dos, le ventre et les couvertures de la queue d'un rouge foncé; la poitrine, la gorge et les joues jaunes, à reflets rouges.

5° Les *Dasyphiles* que l'on croit vivre à l'île de Formose.

6° Les *Microglosses* que l'on trouve dans les contrées les plus chaudes et les plus reculées de la Malaisie, notamment le *Microglosse noir* (fig. 10), grand et bel oiseau, au plumage noir foncé à reflets un peu verdâtres, assez commun à Waïgiu et à Salawate.

6° Les *Calyptorhynques* dont l'espèce la plus connue est le *Calyptorhynque de Banks.* Taille, 50 centimètres, plumage unicolore, sauf la queue. Ce plumage est, chez le mâle, d'un noir brillant à reflets verts.

7° Les *Strigops*, tout à fait semblable aux Hiboux; le *Strigops Habroptile* particulier à la Nouvelle-Zélande, au plumage mou, d'un vert foncé, assez régulièrement rayé, et irrégulièrement tacheté de jaune.

III. Perroquets a longue queue. — La troisième section est celle des Perroquets à longue queue. Ils sont très nombreux, très différents les uns des autres, notamment par la taille, qui varie, du très grand au tout petit, par le plumage et par l'habitat. Elle comprend :

1° Les *Macrocercidés* ou Aras, les plus grands des perroquets à longue queue. Toutes les espèces d'Aras, et le nombre en est considérable, habitent presque exclusivement la partie orientale de l'Amérique du Sud, où elles vivent, par petites bandes, au milieu des forêts vierges, loin des habitations humaines. Ces espèces sont paisibles, se nourrissent de fruits, nichent dans les creux d'arbres, où elles pondent deux œufs. Elles s'apprivoisent facilement.

L'*Ara macao* a 68 centimètres de long. La tête, le cou, le dos, la poitrine et le ventre sont d'un rouge écarlate; les plumes de la nuque et de la partie supérieure du dos sont bordées d'un liseré vert; le milieu et la partie inférieure du dos, et le croupion sont bleu de ciel; les petites couvertures supérieures de l'aile d'un rouge écarlate; les moyennes vertes, celles de l'aisselle vertes à reflets rougeâtres; les sous-alaires primaires, les rémiges et les barbes externes des plumes de la queue d'un bleu d'outre-mer; les barbes internes de celles-ci et les sous-alaires les plus rapprochées du corps d'un rouge mat; les rectrices médianes rouges; les barbes internes des rémiges noires. Le Macao est répandu dans tout le Brésil.

L'*Ara militaire*, superbe oiseau, d'un vert bleuâtre avec raies brunes au ventre et au pli de l'aile, les pennes de l'aile bleues en dehors, d'un jaune vert en dedans, avec les bords noirs, est répandu dans tout le bassin supérieur de l'Amazone.

L'*Ara maracava* habite toute la partie chaude de l'Amérique, y compris les îles. Son plumage est vert avec reflets bleuâtres sur la tête. On y voit aussi du rouge de différentes teintes, du bleu et du noir.

L'*Ara Ararauna* chez lequel le bleu domine, mélangé de vert et de jaune.

2° Les *Anodorhynques*, spécialement l'*Anodorhynque Hyacinthe*, dont tout le plumage est d'un bleu d'outre-mer, qui se rencontre surtout dans le bassin de Rio de San-Francisco, jusqu'au fleuve Amazone;

3° Les *Perruches* qui se distinguent des Aras par leurs joues couvertes de plumes. La *Perruche jaune*, de couleur jaune avec les ailes et la queue vertes et noires, habite le nord du Brésil et le bassin de l'Amazone. Longueur 40 centimètres.

La *Perruche à oreilles blanches*, commune dans certaines parties de la côte orientale du Brésil. Tête brune à reflets métalliques d'un brun verdâtre; joues et gorge rouge cerise; oreilles blanches; cou, dos, ailes vert foncé; milieu de la poitrine vert olive. Longueur 25 centimètres.

La *Perruche de la Caroline*, seule espèce du genre qui appartienne à l'Amérique du Nord (longueur 34 centimètres). Plumage d'un beau vert, plus foncé sur le dos qu'au ventre; front, joues, partie postérieure de la tête, épaules et rémiges rouge orange; la nuque est jaune doré; les grandes couvertures supérieures de l'aile sont vert olive, à pointe jaune; les rémiges primaires d'un noir pourpre foncé; les rectrices médianes bleues le long de la tige.

4° Les *Enicognathes* propres aux îles de Chiloë sur la côte du Chili.

5° Les *Paléornithes* qui habitent l'Afrique centrale et méridionale, une grande partie de l'Inde et de l'Australie.

Le *Paléornis à collier* qui se trouve dans toute l'Afrique centrale, soit dans les immenses forêts vierges, soit dans les forêts plus petites, a 40 centimètres de long. Son plumage est d'un vert brillant plus ou moins foncé suivant les parties du corps. Les côtés du cou et les joues sont d'un bleu de ciel tendre; une raie noire à la gorge et une bande d'un rose superbe séparent ce bleu du vert du cou.

Le *Paléornis de Pondichéry* habite le Bengale. De même taille, ou à peu près, que le précédent, il est revêtu d'un plumage où le vert domine encore, mais où le rose, au lieu de former un collier, s'étend sur toute la poitrine.

6° Les *Polytélis*. Le *Polytélis à gorge écarlate* dont le

Fig. 11. — Le Nymphique de la Nouvelle-Hollande ou Corella.

dos et le ventre sont vert d'herbe, habite la Nouvelle-Galles du Sud ; le *Polytélis à queue noire* vit, en grandes bandes, sur les bords de la Murray.

7° Les *Platycerques* ou Perroquets des prairies dont toutes les espèces sont propres à la Nouvelle-Hollande.

8° Les *Psephotes*, très voisins des Platycerques, communs aux bords des cours d'eau de l'Australie centrale.

9° Les *Melopsittes*, propres à l'Australie, bien connus par les *Melopsittes ondulés*, qui vivent en cage et s'y reproduisent assez facilement.

10° Les *Nymphiques ou Calopsittes* de la Nouvelle-Hollande (fig. 11) qui représentent les Cacatoès dans la famille des Paléornithidés.

11° Enfin, les *Pesopores*.

CHAPITRE III

LES PARADISIERS

Les Oiseaux de Paradis. — *Distribution géographique.* — Des espèces d'oiseaux de Paradis actuellement connues, la plupart appartiennent à la Nouvelle-Guinée et aux îles adjacentes; trois sont propres à l'Australie ; une seule aux Moluques.

D'où vient la dénomination de Paradisier apode. — Le Grand Paradisier, connu depuis le milieu du XVIe siècle, ne vit que sur les îles Aru. Il n'y a que quelques années que l'on sait les véritables formes et le genre de vie de ces magnifiques oiseaux. Il courait, sur leur compte, les histoires les plus singulières : la légende les représentait comme venant en droite ligne du Paradis. Ils étaient censés vivre de l'air du temps et se *nourrir* de la rosée du ciel; leur existence tout entière se passait dans les airs, et, quand ils voulaient prendre quelque repos, ils se contentaient de se suspendre aux branches des arbres, au moyen de leur longue queue. De pattes, ils n'avaient nul besoin, puisque, en leur qualité d'êtres supérieurs, de sylphes aériens, ils ne devaient point fouler le sol; aussi passaient-ils pour être sans pieds. En réalité, les dépouilles de ces oiseaux qui étaient parvenues en Europe ne portaient point trace de pattes, et les savants eux-mêmes, d'accord avec le vulgaire, étaient d'avis qu'ils n'en avaient jamais eu. Les voyageurs qui certifiaient avoir vu de vrais Paradisiers se tenir perchés sur de véritables pattes étaient regardés d'un mauvais œil; personne ne les voulait croire. Chacun continua donc de penser que le seul nom qui convînt à ces merveilleux volatiles était celui de Paradisier apode, qu'ils ont conservé. Cette erreur, qui dura si longtemps, était due à ce que les Papous qui préparaient les peaux de ces oiseaux les mutilaient, leur arrachaient les pattes et dissimulaient si habilement les traces de cette mutilation qu'il était difficile de s'en apercevoir.

Caractères. — Les oiseaux de Paradis proprement dits sont caractérisés par les faisceaux de plumes longues, filiformes, décomposées, que le mâle porte sur les flancs, et que l'oiseau peut étaler et serrer à volonté; en outre, les deux rectrices médianes s'allongent chez eux en brins grêles, aplatis ou tordus.

Le Paradisier apode. — Le *Paradisier apode* a 36 centimètres de long. La couleur dominante chez lui est un beau brun châtain; le front est noir velouté, à reflets vert émeraude; le sommet de la tête et la partie supérieure du cou d'un jaune citron; la gorge est vert doré; la partie antérieure du cou d'un brun violet; les longues plumes des côtés d'un jaune orange vif, marquées de points rouge-pourpre à leur extrémité. Exposées au soleil ces belles plumes perdent rapidement leur éclat.

La femelle n'a pas de parure aux flancs, ni de brins à la queue ; ses teintes sont ternes ; elle a le dos gris fauve brunâtre, la gorge d'un violet grisâtre, et le ventre jaune fauve.

LE PETIT ÉMERAUDE OU PARADISIER PAPOUAN. — Le *Petit Émeraude* ou *Paradisier papouan* (fig. 12) habite la presqu'île nord-ouest et la région méridionale de la Nouvelle-Guinée, ainsi que les îles Mysore, Salawati et Jobi. Comme on a vu de ses plumes entre les mains des indigènes de la baie de Humboldt, sur la côte septentrionale, il serait possible qu'il fût répandu sur tout le continent de la Nouvelle-Guinée.

Un peu plus petit que l'espèce précédente, le Petit Émeraude n'a que 33 centimètres de long. Son dos est brun châtain clair ; son ventre brun rouge foncé ; il a le sommet de la tête, la partie supérieure du cou, la nuque, les côtés d'un jaune pâle ; le front et le bec entourés de plumes noires, à reflets verdâtres ; la gorge d'un vert émeraude. Deux couples de Paradisiers Émeraudes vivants ont été rapportés en France par M. Léon Laglaize. L'un d'eux a été vendu, à l'arrivée de ce voyageur, 5 ou 6000 francs ; l'autre a été exposé, pendant plusieurs mois, au Jardin des Plantes de Paris, où nous avons pu admirer ces oiseaux.

LE PARADISIER ROUGE. — Le *Paradisier rouge* (fig. 13) se trouve sur la petite île de Waïgeu et à Battanta ; il a, à peu près, la taille du précédent, mais il en diffère, ainsi que du Paradisier apode, par la présence d'une huppe vert doré que l'oiseau peut dresser à volonté. Il a le dos d'un jaune fauve grisâtre, une bande de même couleur en travers de la poitrine qui est d'un brun rouge ainsi que les ailes ; le pourtour du bec et une tache en arrière de l'œil d'un noir velouté ; la gorge vert émeraude ; les touffes de plumes des flancs, dont l'extrémité est tordue, d'un rouge carmin bril-

Fig. 12. - Le Paradisier papouan, le Sifilet à six brins et le Manucode royal.

lant; deux longs brins de la queue larges, aplatis, recourbés en dehors et d'un rouge brun.

La femelle a la partie antérieure de la tête et la gorge d'un brun velouté; le dos et le ventre d'un brun rouge; la partie postérieure de la tête, le cou et la poitrine d'un rouge vif. Tous ces vrais Paradisiers vivent par troupes et à l'in-

Fig. 13. — Le Paradisier rouge.

térieur du pays, d'où ils émigrent vers la côte pour chercher leur nourriture qui consiste en fruits et en insectes. Ce sont des oiseaux vifs, remuants et prudents à la fois; ils paraissent pleins d'eux-mêmes et fort coquets.

Chasse. — « Voici, dit Rosenberg, la manière dont les indigènes de la Nouvelle-Guinée chassent les Paradisiers Vers le milieu de la saison des sécheresses, ils recherchen les arbres où ces oiseaux viennent percher pendant la nuit ce sont d'ordinaire les plus élevés. Ils s'y construisent, parm les branches une petite hutte, avec des feuilles et des rameaux. Une heure environ avant le coucher du soleil, un habile tireur y grimpe, armé d'un arc et de flèches, et attend dans le plus profond silence. Dès que les oiseaux arrivent, il les tire l'un après l'autre, et un de ses compagnons, caché au pied de l'arbre, les ramasse. Les indigènes se servent de flèches très acérées, dont la blessure est mortelle pour l'oiseau; ces flèches sont, en outre, munies de plusieurs pointes, en forme de triangles, entre lesquelles le corps de l'oiseau se trouve comme enchâssé, de telle façon que son plumage ne soit pas abîmé dans sa chute. »

On prend aussi les Paradisiers au moyen de gluaux préparés avec la glu de l'arbre à pin; et on capture souvent le Paradisier rouge avec des collets posés dans les branches des arbres couverts de fruits que fréquentent ces oiseaux. Un des bouts du lacet pend jusqu'à terre, et il est facile d'attirer à soi l'oiseau qui s'y est pris.

Captivité. — « Je puis me rendre cette justice, dit Wallace, que j'ai fait tout mon possible pour conserver ceux de ces oiseaux que je pus me procurer vivants. Je leur construisis de mes propres mains une cage spacieuse, où ils pouvaient se mouvoir à leur aise; je leur donnai la meilleure nourriture qu'il me fut possible de trouver; malheureusement je ne pus toujours leur procurer, en quantité suffisante, les fruits dont ils faisaient habituellement leur nourriture. Ils mangeaient avec plaisir du riz et des sauterelles; j'en avais conçu un bon espoir, mais, le second et le troisième jour, ils étaient pris de convulsions, tombaient sur le sol et mouraient. Il en fut ainsi sept ou huit fois de suite, et, à mon grand regret, je ne pus me procurer de jeunes oiseaux, qui auraient sans doute mieux supporté la captivité. »

Wallace n'eut pas toujours de semblables mécomptes, et ce fut lui qui, le premier, apporta en Europe deux oiseaux de Paradis vivants. A Amboine, à Mangkassar, à Batavia, à Singapore, à Manille, on en a vu s'accommodant de la captivité. Un marchand d'Amboine en offrit deux au naturaliste Lesson, au prix de 500 francs la pièce. Ces deux oiseaux avaient déjà six mois de cage. Bennett en aurait vu, en Chine, un qui était depuis neuf ans en cage. On raconte qu'un Chinois ayant dessiné un oiseau de Paradis captif, l'oiseau se reconnut lorsqu'on lui montra ce portrait, qu'il palpa discrètement de son bec. Au même oiseau, on présenta un miroir, et il s'y mira complaisamment. Captif, l'Oiseau de Paradis ne cesse donc pas d'être un oiseau agréable, aimable et fier de sa personne. Son plumage ne se fane point en cage, sa beauté, au contraire, paraît s'y accroître.

Le Manucode ou Paradisier Royal. — Le *Paradisier Royal* ou *Manucode* (fig. 12) est l'espèce la plus répandue de toutes sur la presqu'île nord-ouest de la Nouvelle-Guinée, ainsi que dans les îles Aru, Mysore, Salwatti, où elle perche sur les arbres peu élevés de la grève. Wallace l'a trouvée sur des arbustes, dans les parties les plus épaisses des forêts. Elle se nourrit de fruits et a des allures très vives.

Ce superbe oiseau a la taille d'une grive. Le mâle a le dos rouge rubis, le front et le sommet de la tête orangés, la gorge jaune, le ventre d'un blanc grisâtre; l'œil surmonté d'une petite tache noire, la poitrine traversée par une bande verte, à éclat métallique; les plumes des côtés sont grises, marquées de deux bandes transversales, une blanche et une rouge, et d'un vert émeraude à leur extrémité. La femelle a le dos rouge brun, le ventre d'un jaune rouille, rayé de brun, les ailes jaune d'or.

Le Manucode a joué, de tout temps, un rôle considérable dans les croyances superstitieuses des peuples d'origine malaise; et les fables qui ont été débitées sur le compte de cet oiseau sont encore prises pour article de foi dans certaines contrées. Il est curieux de lire, à notre époque, la façon dont s'exprime Gessner, au sujet de cet oiseau merveilleux.

« Dans les îles Moluques, situées au-dessous de l'équateur, on ramasse mort sur la terre ou dans l'eau, un oiseau que les gens du pays appellent dans leur langue *Manucodiata*; on ne peut pas le voir en vie, parce qu'il n'a pas de pattes, bien qu'Aristote dise qu'on n'a jamais trouvé un oiseau sans pattes. Celui-ci, que j'ai vu trois fois, n'en a pas; car il flotte continuellement dans l'air.

« Son corps et son bec ont la grandeur et la forme de ceux de l'hirondelle, les plumes de ses ailes et de sa queue surpassent en grandeur celles des éperviers, et ressemblent à celles des aigles.

« Tu te feras facilement une idée de la grandeur des plumes, d'après la grandeur et la taille de l'oiseau. Les plumes sont très délicates, et ressemblent à celles de la femelle du paon; on ne peut les comparer à celles du paon mâle, car elles n'ont pas d'yeux.

« Le dos du mâle porte intérieurement un creux et dans ce creux (ce qui échappe à l'intelligence vulgaire) la femelle dépose ses œufs; parfois aussi la femelle a un creux au ventre où elle peut aussi couver ses œufs, le mâle a à la queue un fil long de trois travers de main, de couleur noire, et d'une forme intermédiaire entre celle d'un cylindre ou d'un prisme à quatre pans; il n'est ni trop gros, ni trop mince; il a, à peu près, la dimension d'une alène de cordonnier; au moyen de ce fil, la femelle reste attachée au mâle, pendant qu'elle couve ses œufs.

« Il n'y a rien d'étonnant que cet oiseau soit toujours en l'air; car, lorsqu'il étale ses ailes et sa queue, il n'y a pas de doute qu'il ne se soutienne en l'air sans aucun effort.

« Il ne prend, à ce que je crois, d'autre nourriture que la rosée du ciel, qui est pour lui le boire et le manger; aussi, la nature l'a-t-elle disposé de façon à vivre dans l'air. Quant à ce qu'il ne vive que d'air, cela n'est pas exact, parce que l'air est trop ténu. Il n'est pas possible qu'il mange d'autres animaux; car il ne vit, ni ne dépose ses petits où il pourrait en rencontrer. On n'en trouve pas de débris dans son estomac, comme dans celui des hirondelles. Il n'en a pas besoin; il ne meurt que de vieillesse, et non des exhalaisons ou des vapeurs de la terre, et il est parfaitement vrai qu'il ne se nourrit que de rosée...

« Tous les savants modernes rapportent cette histoire véritable et certaine. Antonius Pigafetta, seul, avance fallacieusement et à tort que cet oiseau a un long bec et des pattes de la longueur d'un travers de main; j'ai vu deux fois cet oiseau, et j'ai constaté que c'était là une erreur...

« Les rois Marmin des îles Moluques ont commencé, il y a quelques années, à croire que les âmes étaient immortelles, et cela, pour cette seule raison qu'ils avaient remarqué un superbe oiseau, qui ne se perchait jamais, ni sur la terre, ni sur quelque objet que ce soit, mais qui de temps à autre, tombait des airs mort sur le sol. Les mahométans, qui venaient vers eux pour faire le commerce, leur dirent que ces oiseaux venaient du paradis, qui était le lieu où se rendaient les âmes des morts; alors, ces rois se convertirent à la secte de Mahomet, parce que celle-ci leur annonçait et leur promettait mille merveilles de ce paradis. Ils appellent cet oiseau *Manucodiata*, c'est-à-dire l'oiseau de Dieu, et ils le regardent comme saint et sacré; de sorte qu'avec un de ces oiseaux les rois se croient en sûreté dans leurs guerres, quand, suivant leur coutume, ils se tiennent au premier rang. »

DIPHYLLODES, LOPHORINES, ÉPIMAQUES ET AUTRES PARADISIERS. — Le beau *Diphyllode* est exclusivement propre au continent de la Nouvelle-Guinée, à l'île Mysore et à Jobi.

Le *Diphyllode de Wilson*, espèce plus rare encore que la précédente, est connu seulement par une dépouille faisant partie du Musée de Philadelphie, et par un exemplaire con-

FIG. 14. — Épimaque superbe.

servé au Musée impérial de Vienne; l'espèce paraît confinée dans l'île de Waïgeu et à Battanta.

La *Lophorine superbe* est également très rare et a été trouvée dans l'intérieur de la presqu'île de la Nouvelle-Guinée et dans les montagnes de la région septentrionale à une altitude de 600 à 1600 mètres.

Il en est de même du *Sifilet.*

Le *Semioptère de Wallace*, découvert dans l'île de Batchian et dans celle de Gilolo est le seul Paradisier qui habite les Moluques; il se tient dans les forêts; il est toujours en mouvement et grimpe avec autant de facilité que les pics.

Les *Épimaques* forment un groupe à part et ont été rangés par les anciens naturalistes parmi les Huppes, à cause de leur bec mince et courbé.

Le *Paradisier à rayons* est une espèce de la région nord-ouest de la Nouvelle-Guinée et de l'île de Salawatti ; il suce les fleurs de palmier-sagou et de bananier, et se nourrit de fruits et d'insectes.

Le *Grand Épimaque* ou *Épimaque superbe* (fig. 14) vit dans l'intérieur de la presqu'île nord-ouest de la Nouvelle-Guinée.

D'après les relations des indigènes, il niche dans des cavités souterraines à deux ouvertures, l'une pour l'entrée, l'autre pour la sortie.

Cet oiseau est long de 1m,10, y compris 66 centimètres de queue; il est à peu près gros comme un pigeon.

La tête est couverte de petites plumes, rondes, écailleuses, d'un vert bronzé à reflets bleu et vert doré. La partie postérieure du cou porte des plumes longues, fortement divisées, noires. Les plumes du dos sont noires, mais mélangées de plumes éparses, en spatule, à barbes épaisses, à reflets vert bleuâtre. Le ventre est d'un violet foncé; les longues plumes des côtés de la poitrine sont très brillantes; au repos, l'oiseau les rabat sur ses ailes. La femelle porte des couleurs plus ternes.

Les Papous préparent la peau de cet oiseau avec une telle maladresse, qu'elle arrive en Europe si complètement détériorée, qu'on est obligé, d'ordinaire, de remplacer les ailes.

L'*Épimaque magnifique* paraît être exclusivement propre au continent de la Nouvelle-Guinée.

Le *Ptiloris Albert* ne se trouve qu'au cap York, au nord de l'Australie.

Le *Ptiloris Victoria* habite la région nord-est du continent australien.

Le *Ptiloris paradisier* est propre à l'Australie orientale.

La *Pie paradisier* est une espèce des montagnes de l'intérieur de la Nouvelle-Guinée, de même que la Pie paradisier caronculée, espèce extrêment rare, dont le Musée de Philadelphie possède un spécimen.

Le *Loriot paradisier* est une espèce très rare, du continent de la Nouvelle-Guinée.

Le *Séricule à tête dorée* est une espèce australienne.

CHAPITRE IV

LES CORBEAUX. — LES PIES. — LES GEAIS

Les Corbeaux. — *Distribution géographique.* — La famille des corvidés, qui renferme les plus grands de tous les coracirostres, s'étend sur toutes les parties de la terre. On la trouve sous toutes les latitudes, et, l'on peut dire, à toutes les altitudes. Elle est surtout nombreuse dans les régions glaciales.

Mœurs. — La plupart des corvidés sont sédentaires. Ils marchent bien et volent avec aisance. Leurs sens sont affinés, ceux de la vue et de l'odorat surtout. Intelligents, défiants, rusés, voleurs, ils sont, en général, susceptibles d'éducation, et aptes à retenir et à imiter les sons qu'ils ont entendus.

Classification. — La famille des corvidés se divise en plusieurs genres. Au premier rang se placent les *Craves* ou

Corbeaux de montagnes, au corps élancé, aux ailes longues, à la queue courte, au bec faible, pointu, et légèrement recourbé, de couleur vive, de même que les pattes. Le plumage est noir brillant.

Le *Crave ordinaire* (fig. 15), dont le bec et les pattes sont d'un beau rouge de corail, habite toute la chaîne des Alpes, les Carpathes, les Balkans, les Pyrénées, presque toutes les montagnes de l'Espagne, une partie de celles de l'Ecosse et toutes celles de l'Asie, depuis l'Oural et le Caucase, jusqu'en Chine.

Viennent ensuite les *Chocards*, plus semblables, par le bec et par le plumage, à des Merles qu'à des Corbeaux.

Le Chocard des Alpes, propre à l'Europe centrale et méridionale habite les Alpes, les Apennins et les Pyrénées. En Italie, on n'en voit guère qu'en Toscane.

A la suite des *Chocards* se placent les *Corbeaux*, les *Corbiveaux* (fig. 16), les *Ptérocorax*, les *Freux* et les *Choucas*. Nous arrêterons là notre énumération pour examiner plus spécialement les mœurs du Corbeau commun.

Habitudes. — Il n'est pas d'oiseau dont on ait dit plus de bien et plus de mal que du Corbeau. Pour les uns, il est un auxiliaire utile, pour les autres un dangereux ennemi. Ses partisans nous le présentent comme le grand destructeur des insectes nuisibles, et de tous les petits rongeurs qui dévorent nos moissons ; ils en font l'agent de salubrité qui se charge du nettoyage de la voirie et qui purge d'immondices les abords des villes. Ses détracteurs nous le montrent se nourrissant des semences des céréales, des blés germés, aussi bien que des grains mûrs; détruisant les œufs dans les basses-cours et dans les champs, dévorant les jeunes des oiseaux domestiques et sauvages; pourchassant les insectes utiles. Qui croire? et que penser? En réalité le Corbeau est omnivore, et le plus omnivore de tous les oiseaux, et on peut dire, d'une manière générale, qu'il ne cause de grands dommages que là où on le laisse pulluler outre mesure. Il est hors de doute que, dans les pays de grande culture, il

Fig. 15. — Le Crave ordinaire.

détruit un nombre considérable de vers blancs, à l'époque des labours ; mais, il est non moins certain qu'il n'existe pas d'ouvrier plus adroit pour profiter des rafales qui écartent la paille servant de chapeau aux meules de blé. Du moindre petit interstice, fait par le souffle du vent, le Corbeau sait profiter; il s'insinue dans la meule, les camarades arrivent, et toute la bande se gorge du meilleur grain. Aux yeux de l'agriculteur, comme aux yeux du chasseur, nous estimons que le Corbeau doit passer pour un animal nuisible. Le chasseur, en particulier, ne doit point oublier que le Corbeau est un oiseau de proie des plus dangereux, qu'il tue les levrauts, les jeunes faisans, les poussins des cailles et des perdrix, qu'il fouille les nids et détruit les couvées. « En Espagne, dit Brehm, il prend les poules; en Norvège, les jeunes oies, les canards; en Islande, et au Groënland, il chasse les lagopèdes. »

« Le Corbeau, dit Olafsen[1], abonde dans toute l'Islande; il y est l'oiseau le plus connu et tellement privé qu'il se promène l'hiver auprès des habitations pour chercher sa nourriture. Il ne diffère du Corbeau que l'on voit en Europe qu'en ce qu'il est plus fort, plus subtil et plus hardi, puisqu'il se mêle parmi les chats et les chiens, pour chercher sa pâture. Cet oiseau est très destructeur; il tombe sur les poissons, les animaux et tout ce qu'il rencontre, principalement au printemps. On le voit alors guetter les brebis lorsqu'elles jettent leurs agneaux. A peine ont-ils la tête hors du ventre de leur mère, qu'ils vont leur arracher les yeux; ils attaquent même les mères, à moins qu'elles n'aient assez de force pour leur opposer résistance. Ils guettent également le canard à duvet lorsqu'il fait sa ponte et le chassent de son nid pour manger les œufs. Les chevaux ne sont pas plus à l'abri des attaques de cet oiseau carnassier. Lorsqu'ils les trouvent à la pâture, ils observent ceux qui ont quelques plaies ou bosselures sur le garrot et se jettent impitoyablement dessus, pour en arracher quelques morceaux de chair. Le cheval ne

[1] Olafsen, *Voyage en Islande.*

parvient à s'en dépêtrer qu'en faisant des mouvements en avant et en arrière, ou en se vautrant par terre. » Non contents d'être gourmands et cruels, les corbeaux sont encore voleurs. D'instinct, lorsqu'ils sont rassasiés, ils dérobent ce

Fig. 16. — Le Corbiveau à gros bec.

qui se trouve à leur portée et vont céler en une cachette, pour l'y retrouver plus tard, l'objet qu'ils ont ravi. Les choses brillantes, l'argenterie, les bijoux semblent avoir pour ces oiseaux curieux un attrait particulier; ils s'en emparent, les emportent au loin, et les dissimulent, en quelque trou, sous les bûchettes, des morceaux de vieux linge, ou de petites pierres.

Les Corbeaux vivent par paires, et lorsqu'ils ont adopté une localité pour y nicher, ils y reviennent tous les ans. Du lieu qu'ils ont choisi, et des environs, ils chassent les Corneilles, leurs proches parentes. L'animosité qu'ils montrent à l'égard d'une espèce si voisine s'accuse bien davantage lorsque les Corbeaux se trouvent en présence de certains animaux tout à fait différents et beaucoup plus gros.

Malignité d'un Corbeau. — Il est rare qu'ils vivent en bonne intelligence avec les chiens et les chats. Nous avons eu, autrefois, un de ces oiseaux, pris au nid et élevé de jeunesse à la maison; il habitait une courette dans laquelle, soir et matin, quatre grands chiens courants venaient manger une soupe dans laquelle étaient jetés les débris de la table. Dès qu'ils arrivaient, le Corbeau se jetait sur l'un d'eux et lui piquait les reins à coups de bec, au point de l'affoler. Mais, quand ces pauvres bêtes mettaient le nez dans la gamelle, c'était toute une autre affaire. L'oiseau batailleur passait de l'un à l'autre de ces chiens, piquait celui-ci, puis celui-là, tout en guettant le moment où, le bouillon baissant, les os allaient apparaître au fond du chaudron. A cet instant précis, il sautait hardiment dans la gamelle, dispersait les dîneurs à coup de bec, s'emparait du meilleur morceau, et s'échappait lestement. Deux fois par jour, cette cérémonie singulière se renouvelait sous nos yeux.

Astuce d'une Corneille. — La Corneille, paraît-il, n'est ni moins astucieuse, ni moins perfide.

On avait donné à M. Collenot une Corneille du pays, très privée, dont on s'était défait à cause de sa malfaisance. Il l'avait reléguée dans son jardin, et, dès qu'elle le voyait assis sur un banc, elle venait se placer à côté de lui pour être grattée. Il était curieux de la voir baisser la tête, ramener sur son bec les plumes de la tête, en couvrant ses yeux d'une membrane blanche, et cela, même avant d'être grattée.

« J'avais souvent à mes côtés, dit M. Collenot[1], sur le banc, une chatte très familière, et à mes pieds, un vieux chien de chasse qui dormait ordinairement. C'étaient, pour l'oiseau, deux sujets de jalousie qu'il voulait éloigner.

Fig. 17. — La Corneille cendrée.

« En ce qui concerne la chatte, pas de difficultés; la Corneille l'attaquait franchement à coups de bec et la mettait en fuite. Mais, le chien n'était pas si facile à déloger, et voici la ruse parfaitement réfléchie employée par l'oiseau pour arriver à ses fins.

« Il approchait lentement de mon fidèle compagnon et

[1] Collenot, *Revue scientifique*, année 1885, n° 17.

toujours par derrière, puis frappait la queue de celui-ci d'un fort coup de bec. Furieux, le chien se levait d'un bond et poursuivait son adversaire qui fuyait en criant et se perchait aux environs.

« Le chien reprenait sa place et son somme. Il n'avait pas plus tôt fermé les yeux que son ennemi descendait de son arbre et se rapprochait avec précaution.

« Je surveillais sa manœuvre et, dès que la Corneille (fig. 17) avait presque rejoint le chien, je réveillais celui-ci par un petit sifflement. Il levait la tête et regardait l'oiseau qui, prenant un air indifférent, sans paraître s'occuper du chien qu'il ne perdait pourtant pas de vue, ramassait aussitôt un objet quelconque, ordinairement un gravier, qu'il tournait en tous sens dans son bec, semblant uniquement occupé de sa trouvaille.

« Le chien, tranquillisé, recommençait à dormir. Aussitôt, l'objet ramassé tombait du bec de la Corneille qui faisait un nouveau mouvement au voisinage de la queue du chien. Je sifflais, le chien relevait la tête, et la Corneille, s'arrêtant, ramassait un gravier qu'elle tournait dans son bec avec le même air hypocrite, jusqu'à ce que le chien reprît sa position endormie.

« Le même manège recommençait indéfiniment. Enfin, je laissais faire la Corneille et elle frappait encore la queue du toutou.

« Quand le chien avait reçu un nombre suffisant de coups de bec sur la queue, il finissait par déguerpir, et l'oiseau, maître du terrain, venait se faire gratter.

« Il montait sur le banc, poussait un petit grognement amical et se mettait en position pour recevoir mes caresses. Si je ne répondais pas à l'invitation, j'étais averti par un léger coup de bec sur la cuisse. Si je persistais dans mon indifférence, la bête recommençait en accentuant de plus en plus ses avertissements, au point de me faire mal. Quelquefois, je me fâchais, la Corneille s'en allait en criant, mais elle revenait promptement à la charge. Je la grattais alors et jamais elle ne se lassait. Si je m'arrêtais, elle répétait ses avertissements.

« Je finis par m'en défaire, car ma fille, alors enfant, était l'objet de la jalousie de l'oiseau et je craignais un accident. »

Comme on le voit, les Corvidés sont faciles à apprivoiser et, en domesticité, ils ne perdent rien de leurs mauvais instincts. Parmi les oiseaux, les Corbeaux sont ceux qui se reproduisent le plus tôt. En janvier l'accouplement a lieu, en février la nidification commence, la ponte au commencement de mars. Le nid est placé sur une roche inaccessible ou sur un arbre très élevé, le plus souvent, en plein bois, au sommet d'un gros chêne. Quelques branches assez fortes forment la charpente, dans laquelle viennent s'entrelacer des brindilles. A l'intérieur, un tissu de filaments d'écorce, d'herbes, de lichens, de mousse et de laine, recevra de quatre à cinq œufs verdâtres, tachetés de brun et de gris. A la fin de mai ou au commencement de juin, les jeunes quittent le nid, mais ils ne se séparent des parents et ne commencent à vivre à leur compte que vers la fin de l'automne.

Chasse. — Les chasseurs au fusil savent, par expérience, combien il est difficile d'approcher les Corbeaux. On dit que ces oiseaux sentent la poudre. Et, sur ma foi ! quoiqu'il n'en soit rien, on jurerait que cela est la vérité. Ce qui est certain, c'est que leur défiance est extrême et leur perspicacité sans pareille. Ils savent distinguer, à coup sûr, un innocent piéton d'un ennemi décidé. Et ils agissent en conséquence. Passez, la canne à la main, sur une route, les Corbeaux qui picorent dans les champs voisins, à vingt pas de la bordure, continueront à arpenter le terrain de leur pas grave et majestueux, sans se soucier de votre présence. Venez-y le fusil à la main, ils se lèveront à 200 mètres et iront vous narguer du faîte d'un arbre, hors de portée des armes perfectionnées. Il est difficile d'expliquer le fait; le fait est pourtant d'une exactitude absolue. Ces oiseaux sont gardés, en tout temps, par de vigilantes sentinelles qui ne poussent qu'à bon escient le cri d'alarme. Que si, d'aventure, vous avez pu tromper leur surveillance, à la faveur de quelque haie vive bien fourrée, et que le hasard vous ait permis de faire feu utilement, gardez-vous d'aller ramasser aussitôt la bête touchée par le plomb ; toute la volée viendra passer au-dessus du cadavre et vous trouverez l'occasion de faire une seconde fois usage de votre arme.

Il existe un procédé fort amusant pour s'emparer des Corbeaux, dans les endroits où ils se réunissent en grand nombre l'hiver. Dans le fond de cornets de papier de 10 à 12 centimètres de haut et d'un très petit diamètre, on place un morceau de viande; les parois intérieures des cornets sont enduites de glu. On place les cornets, ainsi préparés, sur la neige, aux endroits où les Corbeaux ont l'habitude de se réunir. Ils essayent de retirer la viande des cornets qui leur restent collés sur la tête et les aveuglent. Ce sont alors des contorsions bizarres, des sauts, des soubresauts comiques, des cabrioles et des culbutes fantastiques. Le plus souvent, avec leurs cornets autour du bec, ils piquent droit en l'air, s'élèvent à une grande hauteur et se laissent lourdement retomber sur le sol, à la manière des Perdrix qu'un grain de plomb a touchées à la tête. On les capture alors facilement, tant il est vrai qu'il n'est si rusé compère dont les facultés ne se trouvent parfois en défaut (fig. 18).

Quant aux Corneilles, on exploite, pour s'en emparer, l'antipathie qu'elles nourrissent contre les rapaces nocturnes. A cet effet, non loin d'arbres secs, autant que possible sur le penchant d'une montagne fréquenté par les Corneilles, on établit une hutte, percée de meurtrières capables de donner passage au canon du fusil. Tout près de là, on attache sur

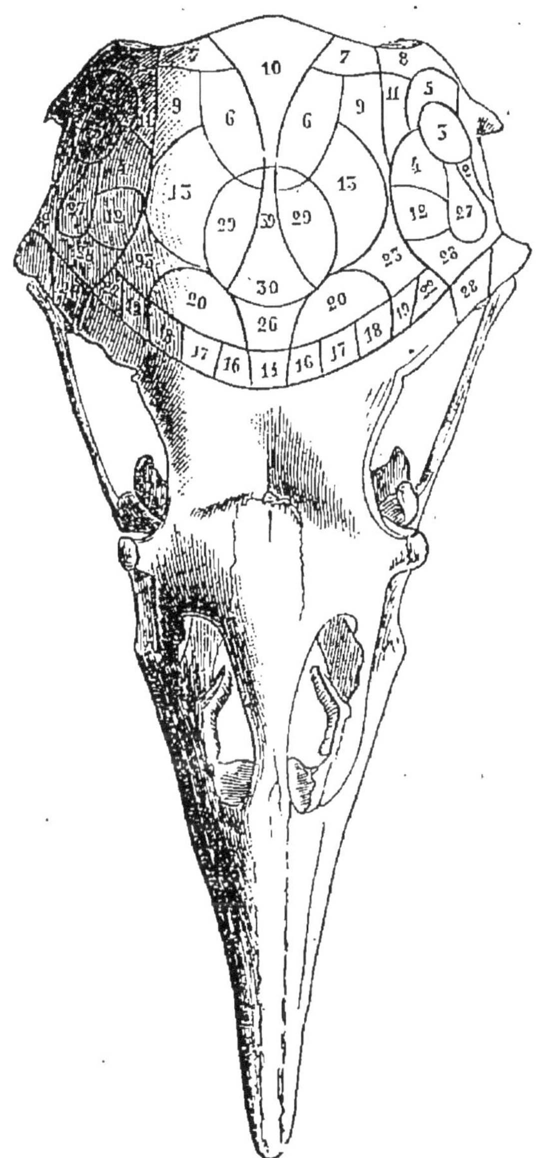

Fig. 18. — Topographie des facultés du Corbeau.

2, Choix des aliments; 3, destruction; 4, ruse; 5, courage; 6, choix des lieux; 7, concentration; 8, attachement à la vie; 9, attachement; 10, reproduction; 11, attachement à la progéniture; 12, propriété; 13, circonspection; 14, perception de la substance; 16, étendue; 17, distance; 18, sens géométrique; 19, résistance; 20, localités; 22, ordres; 23, temps; 26, éventualités; 27, construction; 28, talent musical; 29, imitation; 30, comparaison; 35, persévérance; 39, douceur. (Colin, *Traité de physiologie comparée des animaux domestiques.*)

un poteau un chat-huant vivant. Les Corneilles ne tardent pas à s'acharner sur l'oiseau de proie et à s'exposer ainsi aux coups du chasseur. Les Corneilles passent pour des oiseaux plus utiles que nuisibles, il ne faut donc pas les décimer sans raison.

Les Pies. — *Distribution géographique.* — Les Pies, qui sont une division générique de la famille des corvidés, sont représentées dans toutes les parties du monde. L'Europe, l'Asie, l'Afrique, l'Amérique, l'Australie ont leurs espèces propres. Nous ne parlerons ici que de la Pie commune, que tout le monde connaît, et à laquelle on a fait, ces années dernières, une guerre acharnée pour satisfaire aux caprices de la mode.

Caractères. — La Pie commune (fig. 19) a la tête, la gorge, le cou, le haut de la poitrine et le dos d'un noir velouté ; la queue d'un noir verdâtre à reflets bronzés ; les scapulaires, la poitrine et le ventre d'un blanc pur ; les pieds sont noirs (fig. 20). Cette espèce, abondante surtout dans les pays de plaine, plus rare dans les régions montagneuses, ne se trouve pas exclusivement en Europe ; on la rencontre aussi dans plusieurs parties de l'Amérique du Nord.

Mœurs. — Comme les autres corvidés, la Pie se montre d'une défiance extrême à l'égard de l'homme ; elle fuit à son approche, surtout s'il porte une arme ; on a dit aussi de cet oiseau qu'il sent la poudre de fort loin. Il n'est que fort soupçonneux ; voilà tout. En présence des chiens, des renards, et des oiseaux de proie grands et petits, loin de se montrer peureux, il devient agressif, les attaque, les harcèle, les pique de son bec robuste, attire par ses cris tous les petits oiseaux d'alentour et les excite contre l'ennemi commun. Les chasseurs qui ont un peu couru les champs ont pu bien souvent assister à ce curieux spectacle. Il nous a été donné plus d'une fois de voir des renards, qui s'étaient risqués en plaine, pourchassés par ces oiseaux criards, et fuyant devant eux la queue et l'oreille basses. Quant à nos chiens d'arrêt, ils ont été fréquemment l'objet de vives attaques de la part des Pies qui ne craignaient pas de fondre sur eux du haut des noyers plantés dans la plaine.

Fig. 19. — La Pie vulgaire.

La Pie fait, comme le Corbeau, preuve d'un grand esprit de prévoyance. Quand elle a pris sa pitance et que son jabot est rempli, elle emporte au loin le superflu et le cache en quelque endroit écarté. C'est cette propension à mettre en lieu sûr les objets qu'elle croit pouvoir lui être utiles dans un avenir prochain qui lui a fait cette réputation de voleuse qu'elle garde encore. En automne surtout, la Pie fait des amas de provisions, de noix, d'amandes et de fruits secs.

« Son magasin, dit Sonnini, est quelquefois considérable, et si, à l'approche de l'hiver, on voit dans la campagne des Pies se battre entre elles, on peut être assuré qu'en cherchant avec soin dans les environs on découvrira les approvisionnements objets du combat. » Malheureusement les Pies ne se contentent pas toujours d'une alimentation végétale; elles s'attaquent aux jeunes poulets et aux perdreaux auxquels elles percent le crâne et dont elles dévorent la cervelle; elles pillent les nids, mangent les œufs et les poussins, achèvent les oiseaux malades ou pris au piège; dans les vignes, à l'époque des vendanges, elles causent des dégâts considérables; les champs ensemencés de pois et de fèves, les vergers même ne sont point à l'abri des déprédations de ces bêtes malfaisantes. D'un autre côté, à leurs moments perdus, elles détruisent les mulots, les souris, les gros insectes et les larves mineuses. La question est de savoir si le bien que font les Pies compense le mal qu'elles occasionnent. Nous ne le croyons pas.

Habitudes. — Les Pies ont généralement des goûts sédentaires, et il est rare qu'elles s'écartent beaucoup du canton qu'elles ont adopté; il en est pourtant qui, vers octobre, émigrent du nord au midi, mais c'est le petit nombre.

Ces oiseaux affectionnent les bois, les coteaux couverts d'arbres; ils y vivent en petites familles, plutôt qu'en grandes troupes. Ils descendent fréquemment à terre, on les y voit surtout par paires; ils y marchent avec élégance et gracieuseté.

Mais si leur démarche est légère, leur vol est pénible; et c'est par des mouvements saccadés et ondulatoires qu'ils gagnent la cime des arbres pour s'y reposer sur les branches mortes. Là on les voit sautiller de rameau en rameau, en secouant la queue.

A l'époque de la nidification, les Pies usent d'un ingénieux stratagème pour tromper les dénicheurs d'oiseaux. Elles commencent à la fois plusieurs nids; travaillent le matin seulement, alors que personne ne les observe, à la confection du refuge destiné à abriter la couvée, ne s'occupant des nids supplémentaires qu'au grand jour, comme pour mieux attirer

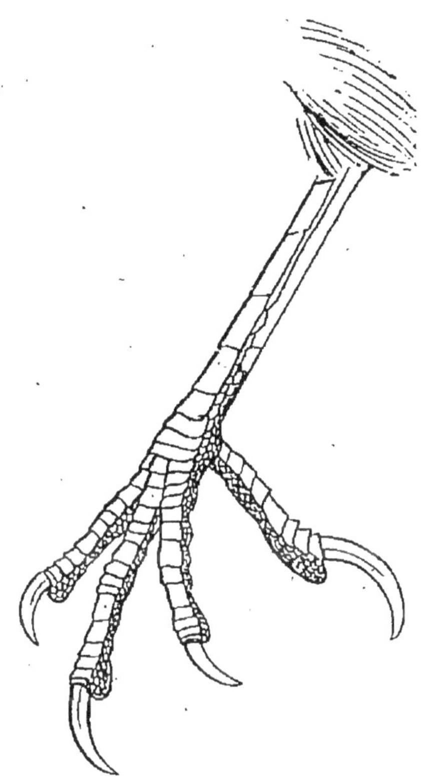

Fig. 20. — Pied de Pic.

l'attention des indiscrets. Le véritable nid est une vraie forteresse, construite de bûchettes flexibles, liées et consolidées avec de la terre gâchée; au-dessus, est établi un couvercle à claire-voie fait de petites branches épineuses solidement entrelacées; sur un des côtés une ouverture est percée, qui permet aux parents d'entrer et de sortir; au fond est déposé un matelas de racines de chiendent et de débris d'autres plantes flexibles.

Si elles ne sont dérangées, les Pies ne font qu'une couvée par an. Mais si la première ponte a été contrariée, elles en font une seconde; et, en cas d'insuccès, une troisième.

La première ponte est de sept à huit œufs; la deuxième est de moindre importance; la troisième encore moins abondante que la précédente. Les œufs sont d'un vert blanchâtre, moucheté de gris cendré et de brun olivâtre; le mâle et la femelle partagent les soins de l'incubation. A leur naissance les petits sont aveugles; ils restent en cet état plusieurs jours. Pendant leur période de jeunesse et même longtemps après qu'ils sont sortis du nid, ces petits sont protégés et défendus avec la plus grande énergie par les parents contre tous les animaux de rapine.

Captivité. — En captivité, les Pies sont faciles à élever; elles s'accommodent de toute espèce d'aliments, de viande crue ou cuite, de pain, des débris de la table; elles ont un goût prononcé pour le lait caillé et pour le fromage mou, qui porte, dans certains pays, le nom de fromage à la Pie. Extrêmement faciles à apprivoiser, les jeunes apprennent à parler et à répéter quelques mots; il n'est pas besoin, comme on l'a prétendu, pour favoriser leur éducation, de couper à ces oiseaux le filet, c'est-à-dire la bride fibreuse qui assujettit la base de la langue.

Chasse. — Pour détruire les Pies, l'un des meilleurs procédés est de mettre à leur disposition des œufs empoisonnés. Dans les endroits qu'elles fréquentent on place des œufs à moitié ouverts et bons; lorsqu'elles ont acquis la certitude que ce mets est délicat, on y ajoute une pincée de strychnine par œuf; il en faut si peu que la moindre parcelle qu'en absorbe l'oiseau suffit pour le tuer. Ce procédé a l'inconvénient d'être dangereux; on ne doit l'employer que lorsqu'on est assuré d'avoir pris toutes les précautions pour éviter les accidents. Si l'on ne peut le pratiquer ou si l'on redoute de fâcheuses conséquences, il faut se contenter de la guerre au fusil et de la destruction des nids.

Le Geai. — *Distribution géographique.* — Les contrées de l'extrême nord exceptées, le Geai se trouve partout,

Fig. 21. — Le Geai glandivore.

aussi bien dans les forêts de l'Europe, que dans celles de l'Asie centrale et du nord-ouest de l'Afrique. En France, il fréquente les boqueteaux et les buissons fourrés. Sauf au printemps, époque à laquelle il s'isole par couple, il vit en petites familles, fort amies des déplacements et des promenades.

Mœurs. — On appelle le *Geai*, *Geai glandivore* (fig. 21) non sans raison ; il affectionne en effet les bois de chênes, et mange quantité de glands qu'il avale en entier pour les ramollir dans son jabot, et qu'il régurgite ensuite pour les fendre et pour s'en repaître ; aux glands, il ajoute la faîne, les fruits, les baies, les noisettes qu'il ouvre à coups de bec. Il est regrettable qu'il ne s'en tienne pas là. Le Geai pille les nids, casse et mange les œufs, tue et dévore les poussins ; il s'attaque indifféremment au jeunes oiseaux et aux petits mammifères. On dit que les insectes même ne sont point à l'abri de ses coups. Le Geai est donc, dans toute la force du terme, un animal nuisible, dont il ne faut jamais négliger de détruire le nid, et qu'il est de bonne guerre de saluer en personne d'un coup de fusil, toutes les fois que l'occasion se présente. En ce qui nous concerne, nous avons la conscience en repos ; nous n'avons jamais manqué à ce devoir. Malheureusement, ne tue pas le Geai qui veut, tant la défiance de cet oiseau rusé le tient en garde contre les entreprises. Vif, actif, ne tenant pas en place, il saute de branche en branche, passe de buisson en buisson, se dissimule habilement dans le feuillage, se tient et part toujours à l'opposé du chasseur, sans négliger jamais quand il lui a échappé, de le saluer de ce cri moqueur que tout le monde connaît. Une fois qu'il a gagné le bois et qu'il s'y sent en sûreté, il nargue, imite les cris des oiseaux les plus divers, la voix des animaux les plus variés, puis, se laissant aller à sa fantaisie, il improvise des expressions, mélange bizarre d'intonations singulières. Quand on l'a pris de jeunesse, on peut exploiter ce talent d'imitation et d'invention, lui apprendre à parler et à siffler.

Mieux vaut faire passer ce pillard de vie à trépas. Quand il n'est point trop vieux, sa chair, mise en salmis, n'est pas à dédaigner. Ce n'est point partout cependant qu'on le mange sans appréhension ; en beaucoup de nos contrées, les paysans croient qu'il est dangereux de manger la chair de cet oiseau, ils se gardent surtout de toucher à la cervelle, qui est réputée capable de faire tomber du mal-caduc l'imprudent qui en goûterait.

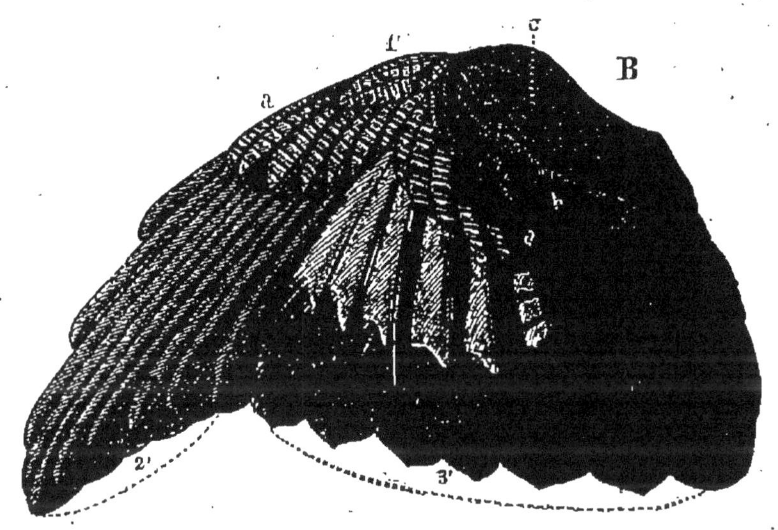

FIG. 22. — Aile du Geai glandivore.

1, Pennes du pouce; 2', Pennes de la main (primaires); 3', Pennes de l'avant-bras (secondaires); *aa*, grandes couvertures supérieures de l'aile; *b*, couvertures moyennes; *c*, petites couvertures.

Nidification. — Le Geai construit son nid dès le mois de mars, et la ponte qui est de cinq à sept œufs, d'un blanc jaunâtre sale ou d'un blanc verdâtre, marqués de points gris brun, est terminée dans le courant d'avril. Le nid est établi à une hauteur moyenne, quelquefois à l'extrémité d'une branche horizontale, mais le plus souvent tout près du tronc, à l'enfourchure d'un gros rameau. Après seize jours d'incubation, l'éclosion a lieu ; et les jeunes d'abord nourris de chenilles, de larves d'insectes et de vers, ne tardent pas à réclamer une nourriture plus substantielle; c'est alors que les nids des autres oiseaux sont pillés au profit de ces gloutonnes petites bêtes. Quelquefois la marte, en cette circonstance auxiliaire de l'homme, vient visiter le nid du Geai; l'oiseau adulte de son côté, devient souvent la proie du milan, de l'épervier et du faucon, qui l'attaquent en plein jour, tandis que, la nuit, il est exposé aux poursuites du chat-huant.

Caractères. — Le Geai commun, d'une longueur totale de 36 centimètres, est un assez bel oiseau, dont les couleurs dominantes sont le gris rougeâtre ou le gris brun. Il a le croupion blanc, la gorge blanchâtre entourée d'une bande noire, large, qui descend des joues; le bec est épais, droit, courbé brusquement et légèrement échancré à la pointe; les plumes de la tête s'allongent en forme de huppe. Ce qui fait rechercher ces oiseaux pour la parure, c'est la belle coloration bleue, noire et blanche alternativement de quelques-unes des plumes de leurs ailes (fig. 22).

CHAPITRE V

LES TROUPIALES. — LES CAROUGES. — LES BALTIMORES LES CASSIQUES. — LES MARTINS

Les Troupiales. — *Distribution géographique.* — Les Troupiales ont beaucoup de rapports avec nos étourneaux d'Europe; ils peuvent, à bien des égards, être regardés comme les représentants de ces oiseaux en Amérique, concurremment avec les étourneaux de la Louisiane et des terres magellaniques, quoique, cependant, ils aient des habitudes très différentes ne fût-ce que dans la manière de construire leurs nids.

« Le nouveau continent, dit Guéneau de Montbéliard, est la vraie patrie, la patrie originaire des Troupiales et de tous les autres oiseaux qu'on a rapportés à ce genre, tels que les Cassiques, les Baltimores et les Carouges. »

Les Troupiales *(Agelaïus;* ἀγελαῖος, qui vit par bandes) sont, dans le nouveau monde, répandus aussi bien dans les pays froids que dans les pays chauds ; on les trouve dans la Virginie, la Caroline, la Louisiane, le Pérou, le Brésil, et bien ailleurs encore. Ils vivent par troupes nombreuses, se joignent souvent, comme font nos étourneaux d'Europe, à d'autres oiseaux maraudeurs, et vont, avec ces associés, piller les moissons, le froment, le maïs et les autres céréales. Quand on tire au milieu de ces volées d'affamés, il tombe des oiseaux de plusieurs espèces, et à peine a-t-on rechargé que de nouvelles bandes donnent l'occasion de faire feu.

Chasse. — Les *Troupiales commandeurs* ne paraissent à la Louisiane que l'hiver, mais en si grand nombre, qu'on en prend quelquefois trois cents d'un coup de filet. On se sert pour cette chasse d'un filet de soie très long et très étroit, en deux parties. « Lorsqu'on veut le tendre, dit Lepage-Duprats, on va nettoyer un endroit près du bois ; on fait une espèce de sentier dont la terre soit bien battue, bien unie ; on tend les deux parties du filet des deux côtés du sentier, sur lequel on fait une traînée de riz ou d'autre graine, et l'on va de là se mettre en embuscade derrière une broussaille où répond la corde du tirage : quand les volées de commandeurs passent au-dessus, leur vue perçante découvre l'appât. Fondre dessus et se trouver pris n'est l'affaire que d'un instant ; on est contraint de les assommer, sans quoi il serait impossible d'en ramasser un si grand nombre. Au reste, dit Guéneau de Montbéliard, on ne leur fait la guerre que comme à des oiseaux nuisibles ; car, quoiqu'ils prennent quelquefois beaucoup de graisse, dans aucun cas leur chair n'est un bon manger ; nouveau trait de conformité avec nos étourneaux d'Europe.

D'après Mauduyt, la chasse qu'on leur fait a non seulement pour but d'en diminuer le nombre et par conséquent les dégâts qu'ils peuvent faire, mais encore d'en retirer du profit de deux manières.

Usages. — Voici ce que rapporte Mauduyt : M. Le Beau, médecin du roi à la Louisiane, où il a longtemps exercé sa profession, et où il donnait à l'étude de l'histoire naturelle le loisir que lui laissaient ses occupations, m'a certifié sur les *Etourneaux à moignons rouges* (Troupiales commandeurs) (fig. 23) les faits suivants : On prend à la Louisiane une prodigieuse quantité de ces oiseaux ; les chasseurs les apportent par paquets dans les marchés, comme on expose les alouettes en vente dans les nôtres : le peuple achète volontiers de ces oiseaux, et les pourvoyeurs ne manquent guère d'en rapporter chez leurs maîtres ; c'est moins pour leur chair qu'on les recherche, quoique M. Le Beau ne m'ait jamais dit qu'elle fût mauvaise, que pour la plaque rouge qui orne leurs ailes. Avant de préparer ces oiseaux pour la table, on leur enlève la peau sur laquelle est placée la plaque rouge ; on a soin d'étendre cette peau et d'empêcher qu'elle ne se retire en séchant. Lorsque les nègres qui servent à la cuisine, ou les pauvres parmi le peuple, ont amassé quelques douzaines de ces moignons ou plaques rouges, ils les vendent à des particuliers connus pour en faire trafic ; ceux-ci les collent sur des feuilles de papier par centaines, mettent ces feuilles de papier entre deux cartons, conservent le tout dans des boîtes bien fermées, et, lorsqu'ils ont une occasion, font passer en Europe plusieurs milliers de ces moignons préparés et conservés comme je viens de le dire. Ces moignons sont connus de nos plumassiers, qui en font un fré-

Fig. 23. — Le Troupiale à épaulettes rouges.

quent usage pour des garnitures de robes, de manchons, de diverses parures. Il faut que l'on prenne un bien grand nombre de ces oiseaux à la Louisiane, puisque M. Le Beau, qui se préparait à son retour, rassembla dans un hiver environ quarante mille moignons, dont il laissa une partie à la Rochelle, et se défit de l'autre à Paris. Dans la première de ces deux villes, où l'on trafique de ces peaux avec l'étranger, le prix, en 1775, était de dix-huit livres le millier, et de douze livres à Paris, où on ne les employait que pour les modes et la pelleterie.

Les Carouges (Ictérus, ἴκτερος, qui est jaune).

Mœurs. — Ces oiseaux vivent en société, même à l'époque des amours et de l'accouplement. Tandis que les autres oiseaux se séparent par couple, à ce moment, pour nicher à l'écart, les Carouges s'assemblent en grand nombre sur un arbre fort élevé, ordinairement voisin des habitations, et y construisent leurs nids tout près les uns des autres. Ces nids, de forme cylindrique, sont suspendus à l'extrémité des hautes branches et flottent librement dans l'air.

Captivité. — Ces oiseaux s'apprivoisent aisément et s'accoutument vite au régime de la volière.

« Un Carouge que je nourris depuis cinq ans, dit Manduyt, me met en état de confirmer l'assertion de Catesby (qui prétend que cet oiseau s'apprivoise aisément). Cet oiseau est aussi familier qu'intelligent; il connaît la voix de ceux qui le soignent ou qui le caressent souvent, et il y répond en y accourant ou par un petit sifflement; il descend d'un second étage à la voix d'une femme qui a coutume de lui donner à manger; il la suit dans un jardin sans paraître tenté de prendre son vol et, s'étant échappé sur le toit de la maison, il vola dans le jardin vers cette femme aussitôt qu'elle l'appela; il a des gestes même et des postures très singulières; il s'incline et il baisse la tête, comme si on lui eût appris à saluer; puis il se redresse, et, hérissant les longues plumes de sa gorge, il fait entendre une sorte de sifflement; il provoque toutes les personnes auprès desquelles il peut atteindre, il les agace par des coups de bec. On peut le manier de toutes les façons et jouer avec lui de la même manière qu'on a coutume de le faire avec un petit chien; il ne se rebute de rien et on est toujours obligé de le renfermer pour mettre fin à ses jeux; renversé sur le dos, il se défend en jouant du bec et des pieds comme le chien qui mord doucement son maître et repousse sa main avec ses pattes. Nous n'avons aucun oiseau qui devienne aussi familier, et le Perroquet qui l'est le plus, ne l'est pas autant; je le nourris de mie de pain trempée dans du lait, de soupe, et, en général, il s'accommode de tout; il est très friand de sucre; sa voix est haute, glapissante et désagréable; il répète le mot *Coco*, du nom que lui a donné la personne qui le soigne.

« Un oiseau de la même espèce, que j'ai vu chez M. le marquis de Montmireil, était aussi familier que le Troupiale d'après lequel je donne ces notes; il agaçait de même les personnes qui l'approchaient et il exécutait les mêmes gestes ou les mêmes jeux. Cette familiarité et ce caractère sont donc, d'après ce que nous apprend Catesby, des facultés propres à l'espèce, et le Carouge ne les perd point étant en Europe, comme le prouvent les deux exemples que j'ai cités. Cet oiseau est d'ailleurs très facile à transporter, puisqu'il est naturellement fort familier et très aisé à nourrir. Ce serait donc un des oiseaux que, d'après ces raisons et ses habitudes aimables, les voyageurs devraient nous apporter de préférence. »

Le Carouge Jamacai. — Parmi les Carouges se distingue le Carouge Jamacai.

Caractères et mœurs. — Ce bel oiseau, qui est connu aussi sous le nom de *Soffre* dans l'Amérique du Sud, est très commun au Brésil et dans la Guyane. Il a la tête, la gorge, le dos et la queue noirs, la nuque, la partie postérieure du dos, la poitrine, le ventre d'un jaune orangé vif; une partie des pennes postérieures du bras bordées de blanc; les petites couvertures supérieures de l'aile d'un jaune orangé; les couvertures inférieures d'un jaune d'œuf; le bec noir, les pattes couleur de chair. Il mesure en longueur 27 centimètres. « Cet oiseau, dit le prince de Wied, est un des plus beaux ornements des forêts qu'il habite. Son plumage brille comme une flamme se détachant sur le feuillage foncé, dans lequel il disparaît dès qu'on l'approche. Ses mœurs sont fort agréables. Il est vif, agile, toujours en mouvement. Sa voix est très variée, il imite le chant des autres oiseaux, mais en y intercalant des airs qui lui sont particuliers. Il préfère les endroits où les forêts épaisses bordent des lieux découverts. C'est là qu'on le rencontre par paires au moment des amours, plus tard par petites bandes qui errent de côté et d'autre. Dans l'estomac de ceux que je tuai, j'ai trouvé des débris d'insectes; mais le *Soffre* pille aussi les arbres fruitiers, surtout les orangers et les bananiers, et cause ainsi certains dégâts. Lorsque les fruits sont mûrs, il s'approche souvent très près des habitations. Un de mes chasseurs trouva un nid de cette espèce. Il était à huit ou neuf pieds du sol, sur une branche horizontale, et était assez semblable à celui de notre Loriot. Il en différait toutefois en ce qu'il était entrelacé avec les rameaux de l'arbre, au lieu d'y être suspendu. Il formait une sphère creuse, fermée supérieurement; l'ouverture en était latérale. C'est au milieu de février que ce nid fut trouvé; il était complètement achevé, mais ne renfermait encore aucun œuf. »

Le Jamacai a beaucoup de qualités et de nombreux défauts; vif et gracieux en ses mouvements, beau dans son plumage, il a de plus un chant agréable : « Les épais buissons qui couvrent les rives du fleuve, dit Schomburgk, retentissaient matin et soir des chants harmonieux et plain-

FIG. 24. — Le Baltimore vulgaire.

tifs du *Soffre* » Les habitants des colonies, aussi bien que les Européens le recherchent à cause de son talent de chanteur. Mais si, en regard des qualités, on place les travers de cet oiseau, on peut dire de lui qu'il est lâche et autoritaire, puisqu'en volière il bat, tue et mange les oiseaux plus faibles que lui, qu'il ne souffre pas qu'un autre se perche sur le bâton qu'il occupe, qu'il ne permet à ses compagnons de cage de s'approcher de la mangeoire qu'après qu'il est repu, qu'enfin il mène la vie dure à tous ceux qui l'entourent.

Les Baltimores. — (Yphantes, Ὑφάντης, tisserand).

Mœurs. — Les Baltimores (fig. 24) sont très friands de baies; ils fréquentent les jardins, les cultures; on les voit proche des habitations, dans les villes même, d'où il emportent ce qui peut leur être utile pour construire leur nid ou pour nourrir leurs petits. Au risque de se faire prendre, ils se disputent entre eux avec acharnement le fil, le chanvre, la soie, le crin, en un mot tout ce qui est de nature à leur servir à édifier leur nid, à le fixer au moyen de fortes ligatures à l'extrémité des branches les plus faibles, et à résister, là, aux violents acoups des vents déchaînés. Il fut un temps où les constructeurs n'avaient à leur disposition que les végétaux indigènes et quelques dépouilles des animaux du pays; depuis l'arrivée des Européens et les importations qu'ils ont faites, l'industrieux Baltimore est devenu plus difficile sur le choix des matières qu'il fait entrer dans ses chefs-d'œuvre; les apprentis se contentent ordinairement de ce qui tombe sous leurs griffes ou leur bec, pourvu qu'ils puissent en tirer parti et que le but de leur pénible travail soit atteint passablement; les maîtres de l'art sont plus exigeants et n'épargnent ni recherches, ni fatigues pour se procurer des matériaux dont l'excellence leur soit bien connue. Quelques-uns des nids suspendus dont il s'agit étonnent par leur extrême perfection, et d'autres laissent apercevoir des traces de négligence ou de maladresee; on attribue ces derniers à de jeunes oiseaux encore inhabiles, et les plus parfaits à la maturité de talents exercés par une pratique de plusieurs années. Au printemps, époque des travaux de ces architectes ailés, les ménagères veillent soigneusement à la conservation du fil et des matières filamenteuses dont la préparation exige qu'on les expose à l'air : les voleurs sont aux aguets et ne manquent point d'audace.

Ce nid est plus solide qu'un simple feutrage, parce qu'il est entremêlé de fibres longitudinales qui s'opposent à toute déchirure. La capacité intérieure est mesurée pour une jeune famille de quatre ou cinq petits. Une ouverture latérale est prolongée au dehors par un tube d'environ un centimètre et demi de longueur, et celui-ci est fortifié à son extrémité par une espèce de bourrelet. Le diamètre de cette ouverture est suffisant pour laisser libre accès aux parents, et une sorte de porte la ferme, s'ouvrant également en dedans et en dehors. Les nids sont ordinairement établis sur des arbres fruitiers ou sur des peupliers élevés.

Caractère et distribution géographique du Baltimore vulgaire. — Le Baltimore vulgaire ressemble beaucoup au Troupiale Jamacai ; il est répandu dans toute l'Amérique du Nord. Le noir, le jaune orangé brillant et le rouge écarlate sont les couleurs qui dominent dans le plumage de cet oiseau. Il a 21 centimètres de long et une envergure de 30 centimètres.

Les Cassiques. — *Distribution géographique ; caractères ; mœurs.* — Les Cassiques sont propres au nouveau continent ; ils représentent, en quelque sorte, nos corbeaux en Amérique. Ils vivent dans les bois, nichent sur les arbres, en colonies ; reviennent, plusieurs années de suite, dans le même nid qu'ils réparent avec soin à chaque ponte. Ces nids, en forme de bourses, sont, pour ainsi dire, à claire-voie, en sorte que l'on peut, au travers des parois, apercevoir l'oiseau couver. A la base, ils sont fortement dilatés. A ce que rapporte d'Azara, les Cassiques choisissent pour nicher « les arbres qui sont à la lisière des bois, dont la tige est lisse et droite, qui ont 30 ou 36 pieds au dessus du sol, des branches horizontales, rameuses et pas trop rapprochées les unes des autres; c'est à l'extrémité de ces branches et très loin de la tige qu'ils suspendent leur nid dont voici la construction. Le mâle et la femelle entrelacent, attachent des brins d'écorce de *caraguata* (espèce d'aloès), de petits joncs et beaucoup de filaments noirs, absolument semblables aux crins des chevaux et qu'une plante produit. Avec ces matériaux, ils forment une bourse ou poche longue de 36 pouces (1 mètre) et large de 10 à sa partie inférieure, qui est hémisphérique; l'entrée est vers le haut, et le fond est garni d'une couche épaisse de grandes feuilles sèches de l'arbre même. »

Les Cassiques sont de beaux oiseaux, vifs et agiles. Ils se nourrissent d'insectes, de graines, de fruits, parfois de petits mammifères; on les considère, non sans raison, comme de redoutables dévastateurs des moissons et des plantations. Leur voix n'est point sans agrément; ils sont capables, paraît-il, d'imiter les chants et les cris de tous les animaux qu'ils sont sujets à entendre.

« On ne peut imaginer, dit Schomburgk, d'animal moins tranquille et plus bruyant que ces oiseaux moqueurs. Au milieu du silence général, un seul fait entendre son chant, qui n'a rien de désagréable : tout à coup un Toucan pousse son cri guttural, l'oiseau moqueur devient un Toucan; les Pics se font entendre, l'oiseau moqueur devient Pic à son tour; les Moutons se mettent à bêler, il leur répond en bêlant. Puis, si tout redevient tranquille, il reprend sa propre chanson, pour répondre, l'instant d'après, au gloussement des Dindons ou au caquetage des Oies de la ferme voisine. En même temps qu'il imite tous les sons, l'oiseau prend les postures les plus singulières; il tourne et retourne sa tête, son cou, son corps en entier, et tout cela d'une façon si comique, que souvent je ne pouvais retenir un éclat de rire. »

Parmi les Cassiques, se distingue le Cassique huppé, aussi nommé *Japu*. C'est un oiseau au plumage noir brillant, avec la partie postérieure du dos et le croupion d'un rouge brun foncé. Les rectrices externes sont jaunes, les deux médianes noires. Le mâle a 42 à 47 centimètres de long; la femelle en a au plus 38. « Les Botokudes, dit le prince de Wied, tuent ces oiseaux à coups de flèches, soit pour les manger, soit pour se procurer leurs belles plumes jaunes. Ils aiment beaucoup celles-ci, les agglutinent avec de la cire, pour en former une sorte d'éventail, qu'ils portent sur le front, en guise de diadème. »

Les Martins. — *Mœurs*. — Par leurs mœurs les Martins se rapprochent sensiblement de nos étourneaux, avec lesquels ils voyagent et vivent d'ailleurs volontiers. Ils ont des étourneaux vulgaires les habitudes, les allures et la docilité. Essentiellement sociables, on les voit en troupes plus ou moins nombreuses, même à l'époque de la reproduction. Durant le jour, au lieu de former une bande unique, les Martins d'un même canton se divisent en plusieurs escouades qui vont, chacune de leur côté, exploiter les environs ; vers le soir, tous ces détachements se réunissent en un seul groupe, qui, après avoir fait dans les airs quelques évolutions, s'abat sur l'arbre le plus élevé et le plus touffu qu'il a pu rencontrer. Dès que les Martins se sont entassés sur l'arbre de leur choix, ils commencent à jacasser, et continuent ce concert de cris discordants jusqu'à ce que le sommeil leur ait imposé silence.

D'après M. Nordmann, qui a étudié avec soin les mœurs du *Martin Roselin* (fig. 25), lorsqu'une volée de cette espèce descend à terre, tous les individus qui la composent se dispersent bientôt dans toutes les directions, si bien qu'il est rare d'en apercevoir plus de quatre ou cinq très rapprochés. Ils marchent dans l'herbe, observant une direction qui paraît avoir été déterminée d'avance. « Les Roselins, ajoute-t-il, sont très adroits à enlever, en sautant, les insectes de dessus les brins d'herbes; quelquefois aussi, mais rarement, ils saisissent de cette façon les sauterelles qui volent bas. Celui d'entre eux qui vient de faire une bonne trouvaille pousse un cri de joie qui attire sur-le-champ quelques-uns de ses compagnons désireux de partager sa bonne fortune. Dans un pareil cas, surtout lorsqu'il s'agit d'une grosse sauterelle ou de quelque autre morceau friand, on voit souvent de petites disputes s'élever entre ces oiseaux, d'ailleurs paisibles, toujours de bonne humeur, gais et d'une grande agilité. »

Utilité des Martins. — Les Martins peuvent être classés parmi les oiseaux les plus utiles à l'agriculture ; ce sont les ennemis les plus redoutables pour la sauterelle voyageuse qu'ils détruisent sous toutes ses formes, dans l'œuf, comme larve, et comme insecte parfait. Ce précieux instinct a plus d'une fois été utilisé dans nos colonies. A une époque déjà lointaine, l'île Bourbon fut infestée de sauterelles qui y avaient été apportées de Madagascar, dans de la terre, à l'état d'œufs. Effrayés des ravages de ces insectes dont la multiplication prodigieuse n'avait pas tardé à devenir un danger pour l'ile, MM. Desforges-Boucher et Poivre, l'un gouverneur général et l'autre intendant de cette ile, eurent l'heureuse idée de tirer des Indes quelques espèces de Martins et de les faire propager. Cette mesure donna les plus heureux résultats et la destruction complète des insectes déprédateurs était déjà certaine, lorsque l'ignorance et les préjugés des colons firent proscrire ces Martins, et tuer jusqu'au dernier ces utiles auxiliaires. On les avait vus fouiller les terres ensemencées, on en conclut qu'ils dévoraient le grain, alors, au contraire, qu'ils ne faisaient que rechercher et détruire les larves des insectes. Les effets de cette déplorable erreur ne se firent point attendre, les sauterelles se multiplièrent à un tel point, que l'on dut rappeler

FIG. 25. — Le Martin Roselin.

les Martins. Deux couples de ces oiseaux furent rapportés et mis, cette fois, sous la protection des lois. En quelques années les sauterelles avaient disparu. Pour tout dire, après qu'ils eurent purgé l'île Bourbon des redoutables insectes qui la mettaient au pillage, nos oiseaux ne trouvant plus à se nourrir de matières animales, se prirent à dévaster les champs de blé, de maïs, de fèves et à dévorer les fruits. Ils devinrent, à leur tour, un véritable fléau. Malgré tout, les Martins sont de véritables bienfaiteurs pour les contrées que visitent les sauterelles. En 1868, M. Grandidier en a introduit en Algérie, il est à souhaiter que le Gouvernement favorise l'entreprise commencée par ce naturaliste. Le rôle de ces oiseaux est si bien apprécié que les Tartares et les Arméniens considèrent le Martin Roselin comme une sorte d'oiseau sacré : « C'est au point, dit M. Nordmann, que, toutes les fois que leurs terres sont menacées des ravages de quelque essaim de sauterelles, non seulement les habitants des provinces situées au-delà du Caucase, mais encore les Tartares de la Crimée, employent un procédé particulier au moyen duquel ils espèrent attirer les Martins Roselins. Voici quel est ce procédé: Non loin du couvent d'Etchemiadsin, en Arménie, et du village d'Argouri, situé au pied de l'Ararat, il se forme une source dont l'eau passe pour être sacrée. Dès que les sauterelles se montrent, on va chercher une certaine quantité de cette eau, et celle-ci n'est pas plus tôt arrivée que les oiseaux paraissent pour commencer la destruction. Dans la Crimée et dans plusieurs endroits des provinces transcaucasiennes, on conserve constamment de cette eau sacrée, et, lorsqu'elle vient à manquer, on dépêche des exprès pour aller au pied de l'Ararat, en chercher une nouvelle provision. »

Les Martins ne fuient pas la présence de l'homme; ils se tiennent volontiers dans les lieux humides, à proximité des cours d'eau, et, dans les pâturages, on les voit, au milieu des troupeaux, se percher sur le dos du bétail, et enlever aux bêtes à cornes les parasites qui les tourmentent et les larves qui se logent sous la peau. Parmi les insectes, ils ne détruisent pas seulement les Orthoptères, mais aussi certains Coléoptères et Hémiptères.

Nidification. — Les procédés de nidification des Martins ne sont guère connus que pour deux espèces le *Martin triste* et le *Martin Roselin.* Le nid du premier, formé de matériaux grossiers, est attaché aux aisselles des feuilles du palmier-latanier ou d'autres arbres ; on trouve quelquefois ce nid dans les greniers. Le Martin Roselin niche dans les masures abandonnées, les ruines et les creux d'arbres.

Le Martin triste. — *Habitat, caractères.* — Le *Martin triste*, dont on s'est servi à Bourbon pour y détruire les sauterelles, habite le Bengale, l'île de France et Java ; il a la tête et le cou noirâtres, le dessus du corps d'un brun marron, la poitrine et la gorge grises.

Le Martin Roselin. — *Habitat, caractères.* — Le *Martin Roselin* habite l'Asie et l'Afrique, il passe accidentellement dans l'Europe méridionale, et visite irrégulièrement la France, surtout le Midi. En 1838, on en vit plusieurs bandes s'installer dans la Provence et y séjourner un mois. Le mâle a le cou, les pennes des ailes et la queue noirs, avec des reflets verts et pourpres ; la poitrine, le ventre, le dos, le croupion et les petites couvertures des ailes roses.

Captivité. — En captivité, les Martins s'apprivoisent facilement, ils deviennent aussi familiers que les étourneaux ; retiennent aisément les sons qu'ils entendent et les reproduisent avec fidélité. Leur talent d'imitation les fait rechercher dans les contrées de l'Inde.

Particularité propre aux Martins. — Chose curieuse : Nordmann affirme, pour l'avoir observé avec soin, que de grandes volées de Roselins, composées d'un nombre à peu près égal de mâles et de femelles (ce qui rend le fait encore plus extraordinaire) ne vaquaient pas à l'œuvre de la reproduction et vivaient dans un célibat complet. Il a acquis la certitude que, parmi ces volées, il n'y avait pas un seul couple apparié. Le fait pourrait s'expliquer si les bandes dont il s'agit avaient été composées exclusivement d'oiseaux jeunes et incapables encore de reproduire; mais Nordmann a bien positivement constaté qu'elles se composaient d'individus âgés d'un, de deux, de trois ans et même au delà.

CHAPITRE VI

LES SÉNÉGALIS ET LES BENGALIS. — LES PADDAS LES COTINGAS

Les Sénégalis *(Amadina).* — *Caractères.* — Les caractères génériques des Sénégalis sont les suivants : leur bec, à peu près de la longueur de la tête, est conique, mais à sommet et dessous arrondis de la base à la pointe, qui est entière et aiguë, à bords ondulés ; leurs narines sont entièrement cachées sous les plumes du front; ils ont les ailes courtes et arrondies, la queue courte et ample, et les tarses trapus.

L'Amadina cantans. — *Captivité.* — « Le Sénégal, dit Vieillot, est la contrée de l'Afrique où l'espèce type de ce genre *(Amadina cantans)* est la plus nombreuse, et d'où on nous l'apporte directement. Moins sensible au froid que toutes celles qui habitent la zone torride, la chaleur de nos étés suffit pour qu'elle multiplie en Europe, où elle vit ordinairement neuf ou dix ans, pourvu que sa demeure habituelle soit à l'abri des rigueurs de l'hiver; cependant, comme la ponte a lieu quelquefois à la fin des froids, il faut, pour obtenir une réussite complète, retarder les couvées jusqu'au mois de mai, en séparant les mâles de leurs compagnes ou procurer aux femelles une température un peu supérieure à celle de nos étés. Le ramage flûté et moelleux de cette charmante espèce est d'une faible étendue ; il m'a paru avoir beaucoup d'analogie avec le murmure d'un petit ruisseau entendu à une certaine distance. D'un instinct très social, elle aime en tout temps la compagnie de ses semblables, et vit d'un parfait accord avec les Bengalis. L'amour qui ne se montre parmi d'autres espèces qu'accompagné de la jalousie et de ses fureurs, n'est point pour celle-ci un sujet de discorde. En tout temps, le même tronc d'arbre ou le même boulin sert de retraite nocturne et diurne à huit ou dix de ces oiseaux, et même à un plus grand nombre s'il peut les contenir ; cette manière de vivre, surtout pendant l'hiver, contribue beaucoup à leur faire supporter facilement l'intempérie des saisons. Quatre ou cinq femelles pondent quelquefois dans le même nid, vivent ensemble d'un commun accord, couvent alternativement les œufs des unes et des autres, et nourrissent indistinctement tous les petits. En effet, j'ai eu chez moi des nichées, composées de seize à dix-huit œufs, et toujours l'incubation et l'éducation de la jeune famille a été l'ouvrage de plusieurs mères. Néanmoins, il est mieux de séparer ces oiseaux par paire, car il résulte toujours de cette réunion d'œufs pondus à sept ou huit jours de distance, et même plus, que les petits les premiers éclos étouffent ceux qui naissent plus tard, et que les faibles sont privés de nourriture quand les autres en regorgent.

« Tel est le genre de vie de ces oiseaux retenus en captivité et quand ils sont en grand nombre dans une petite volière. Il est très probable qu'en liberté chaque couple se tient isolé à l'époque des amours ; car j'ai remarqué que plus leur prison était vaste, moins grand était le nombre de ceux qui nichaient en commun ; mais, dans les temps froids, ils se réunissent toujours pour passer la nuit et une partie du jour dans le même endroit... Ces oiseaux préfèrent, pour construire leur nid, le coton haché et la bourre. L'alpiste et le millet en grappes sont les aliments auxquels ils donnent la préférence et dont ils nourrissent leurs petits en les dégorgeant comme font les serins. Le mâle et la femelle travaillent l'un et l'autre à la construction du nid et couvent alternativement pendant le jour. La ponte est ordinairement de six ou sept œufs blancs; l'incubation dure quinze jours; les petits naissent couverts d'un léger duvet et sont, dès leur première année, totalement pareils aux vieux. Ils prospèrent très bien en France; j'en ai tiré jusqu'à trois générations successives, et la dernière n'exige pas d'autres soins que les serins, quand elle couve en été. Cette espèce niche en Europe depuis le mois de février jusqu'au mois d'août, époque où elle subit l'unique mue qu'elle éprouve dans l'année. »

Le Sénégali nain. — Le Sénégali nain, qui habite Madagascar, a les parties supérieures d'un brun couleur de terre; la gorge noire; le dessous couleur de litharge, mais très effacée, et les plumes du croupion et les couvertures supérieures de la queue terminées par une zone de couleur olive à reflets bronzés.

Les Bengalis *(Estrelda)* (fig. 26). — C'est aussi à Vieillot que nous empruntons au sujet des Bengalis les détails suivants : « Favorisés du rare avantage de réunir à un plumage généralement joli un chant rempli d'agréments, les oiseaux compris sous ce nom sont ceux de la zone torride les plus recherchés en Europe.

Captivité. — « Quoique très sensibles au froid, ils s'acclimatent facilement en France si l'on a la précaution de les tenir chaudement la première année. D'un naturel doux, ils se familiarisent volontiers, et n'exigent, pour multiplier dans nos contrées septentrionales, qu'une température convenable et un arbrisseau touffu où ils puissent se livrer sans inquiétude à l'éducation de leurs petits. En leur procurant, à l'époque de la mue et à celle des couvées, un climat artificiel de 20 à 25 degrés, on est certain d'en tirer de nouvelles générations

FIG. 26. — L'Astrild ondulé *(Estrelda undulata)*.

et d'en jouir sept à huit ans, terme ordinaire de leur vie. Il est vrai que plusieurs d'entre eux, le Mariposa *(Bengalus)* surtout, ressentent le besoin de se reproduire, et nichent même sous une température moins élevée; mais alors les femelles périssent à la ponte, ou tombent dans un état de souffrance qui ne leur permet pas de couver leurs œufs et que suit de près la mort. La chaleur que j'indique leur est donc de toute nécessité et d'autant plus indispensable, pour prévenir le malheur de les perdre qu'elles couvent presque toujours en automne et en hiver. On pourrait néanmoins mettre un frein à leurs désirs amoureux et en retarder les effets, dans cette saison, en séparant les mâles des femelles; mais de cette manière on n'aurait à espérer que deux couvées dans l'année. Ces oiseaux muent pendant une partie de notre été, depuis le mois de mai jusqu'à celui d'août. Cette maladie, qui n'a lieu qu'une fois par an, n'apporte aucun changement dans leurs couleurs.

« Le mâle est très attaché à sa compagne; souvent on le voit chanter son amour auprès d'elle, et, tenant au bec un brin d'herbe, exprimer la vivacité de ses désirs en frappant du pied la branche sur laquelle il est posé. Il cherche avec elle les matériaux propres au nid, l'aide à le construire et partage même les fatigues de l'incubation. Le centre d'un arbrisseau très garni de feuilles est l'endroit que préfère la femelle pour y placer le berceau de sa nouvelle progéniture, elle lui donne la forme d'un melon, ou, suivant l'espèce, telle que le *Sénégala*, celle d'un œuf d'autruche, contourne avec adresse les herbes sèches qui sont à l'extérieur, et en tapisse le dedans avec des plumes. Les plumes leur sont même si nécessaires que, quand elles leur manquent, la femelle se glisse sous le ventre des oiseaux qui sont à sa proximité et même sous celui de son mâle, et leur en arrache avec beaucoup d'adresse et de vivacité. C'est sur cette couche mollette qu'elle dépose quatre ou cinq œufs. L'entrée du nid est sur le côté; le bord intérieur est garni de petites touffes de coton attachées de manière qu'en sortant du nid ces oiseaux les font revenir en dehors pour en cacher l'ouverture, et les font retomber avec eux en y rentrant. Les petits naissent couverts d'un duvet brun ; le père et la mère les élèvent avec beaucoup de soins et d'attentions, et leur dégorgent les grains à demi digérés dans le jabot, à peu près comme les serins. Ils joignent à cette nourriture les insectes, particulièrement les chenilles non velues et les larves, dont ils sont très friands : ce dernier aliment est presque indispensable pour les jeunes, surtout dans les premiers jours de leur naissance. Outre l'alpiste que tous les Bengalis et Sénégalis préfèrent lorsqu'il est en épi, ces oiseaux mangent avec plaisir les graines tendres du mouron, de la laitue et du séneçon. »

Chasse. — Au Sénégal, on prend les Bengalis et les Sénégalis sous une calebasse qu'on pose à terre, en la soulevant un peu, et en la tenant dans cette situation par le moyen d'un support léger auquel est attachée une longue ficelle. Quelques grains de millet servent d'appât. Les Sénégalis accourent pour manger le millet ; l'oiseleur qui est à portée de tout voir sans être vu, tire la ficelle à propos, et prend tout ce qui se trouve sous la calebasse.

Les Paddas. — Parmi les passereaux exotiques se distinguent les *Paddas* ou passereaux de rizières, dont le nom désigne, en langue chinoise, le riz qui n'est pas encore dépouillé de sa balle. En fait, le riz est la principale nourriture de ces oiseaux, et les champs qui en sont ensemencés ont fort à souffrir de leurs déprédations.

Mœurs et habitat. — « Semblable à nos moineaux friquets, dit Bernstein, le Padda oryzivore (fig. 27) habite exclusivement les lieux cultivés et y est très abondant. Lorsque les rizières sont sous l'eau, du mois de novembre au mois de mars ou d'avril, les Paddas se tiennent par paires ou par petites familles dans les jardins, les bosquets, les buissons, se nourrissent de grains, de petits fruits, d'insectes ; je les ai souvent vus sur des routes, où il leur était difficile de découvrir autre chose que des insectes, et plusieurs fois je vis dans leur estomac des restes de coléoptères. Mais dès que les rizières commencent à jaunir, que l'eau s'en écoule, ils s'y rendent souvent en bandes innombrables et y causent de tels dégâts, qu'on met tout en œuvre pour les éloigner. Dans les endroits infestés d'ordinaire par ces pillards ailés, on dresse dans le champ une ou plusieurs guérites, montées sur quatre pieux en bambou, et d'où partent des fils, attachés de l'autre côté à des perches de bambous, plantées dans tout le champ ; on suspend à ces fils de grandes feuilles sèches, des chiffons de couleur vive, des poupées, des crécelles, etc. Dans la guérite, comme une araignée dans sa toile, se tient un indigène, tous les fils en sa main ; il les tire, et aussitôt les feuilles sèches s'agitent, les chiffons se remuent, les crécelles font du bruit, et, effrayés, les Paddas s'envolent. Après la moisson, jusqu'à la saison des pluies, vers le mois de novembre, ces oiseaux trouvent encore dans les rizières une nourriture abondante. Nombre d'épis sont restés à terre ; quantité de mauvaises herbes s'élèvent rapidement au milieu des chaumes, et leur offrent des graines en abondance. A ce moment, ils sont gras et fournissent, les jeunes surtout, un mets assez recherché.

« A l'exception des enfants qui capturent les Paddas pour s'en amuser, en leur attachant un fil à la patte en les faisant voler dans les rues, les marchands sont seuls à tenir des Paddas captifs pour les vendre aux matelots et aux passagers. »

Caractères. — Le Padda oryzivore est d'un gris cendré ; ses flancs sont nuancés de rose ; la tête, la gorge et la queue sont noires ; le bec est rose vif ; les pattes rouges ; les joues blanches. On compte de nombreuses variétés dans l'espèce ; l'une de ces espèces est d'un blanc de neige. Les Paddas se trouvent dans tout le sud de l'Asie ; à Java, à Sumatra. On en amène de grandes quantités en Europe, et nos marchands d'oiseaux en ont toujours en nombre à leurs vitrines.

Captivité. — En cage, le Padda est remuant, querelleur ;

son chant est insignifiant. En volière, à l'air libre, il résiste, même l'hiver, à la condition qu'on lui mette en quelque coin une botte de paille dans laquelle il puisse s'enfoncer par les grands froids.

Fig. 27. — Le Padda oryzivore.

Nous avons eu en volière une paire de ces oiseaux qui avaient trouvé, pendant un hiver rigoureux, un singulier moyen de se tenir à l'abri du froid. La volière était habitée par des serins, des chardonnerets, des verdiers, une perdrix rouge bien apprivoisée, deux tourterelles et nos deux Paddas. Un soir qu'à la lumière d'une lanterne nous visitions nos oiseaux, nous fûmes fort surpris de ne point découvrir les Paddas; nous cherchâmes longtemps, mais en vain. Le lendemain, au jour, nouvelle visite; les Paddas se prélassaient, gais comme des Paddas dont le sommeil n'avait point été troublé. Au crépuscule, nous guettâmes ces deux oiseaux, afin de savoir en quel réduit ils s'abritaient la nuit. Ce ne fut point sans surprise que nous les vîmes tout à coup s'élancer après un des perchoirs et s'y suspendre chacun, précisément au dessous d'une tourterelle, déjà en place pour faire sa nuit. Ainsi posté, chaque Padda ne tardait pas à exécuter un véritable rétablissement et à s'installer sans façon, entre les pattes de la tourterelle dans les plumes de laquelle il comptait passer la nuit. Tous les soirs, tant que dura l'hiver, nos deux Paddas se livrèrent au même manège. On ne découvrait de tout leur corps, une fois qu'ils étaient ainsi gîtés, que leur bec rose tranchant sur la coloration du plumage des oiseaux qui leur donnaient si charitablement l'hospitalité.

Les Cotingas. — *Distribution géographique.* — Les Cotingas *(Ampelis)* forment un genre de l'ordre des Passereaux, dentirostres de Cuvier et insectivores de Temminck. Ces oiseaux, de la grosseur d'un Merle, vivent solitaires dans les forêts profondes et dans les creux des marécages de la Guyane et du Brésil. On les rencontre surtout dans le voisinage des palétuviers.

Caractères. — On les reconnaît à leur queue médiocre et élargie, à leur bec court, légèrement déprimé, plus haut que large, dur solide, triangulaire à la base, comprimé et un peu convexe en dessus, fléchi à la pointe et très fendu. Ils se distinguent par des couleurs brillantes dans lesquelles le carmin, le pourpre et l'azur dominent à l'époque des amours. Ce moment passé, les couleurs s'amortissent. La coloration est d'ailleurs, comme chez la plupart des oiseaux, plus vive chez le mâle que chez la femelle.

Régime. — Ils vivent de fruits, de grains et d'insectes. Ce ne sont point des oiseaux chanteurs, c'est tout au plus s'ils font entendre un sifflement monotone ou une voix enrouée. On leur fait la chasse, non pour la délicatesse de leur chair, mais pour la beauté de leur livrée, dont les religieuses du Brésil mêlent les plumes aux bouquets destinés aux cérémonies du culte. Ces oiseaux sont assez recherchés pour qu'on en apporte chaque année des quantités considérables à Rio-de-Janeiro, préparés en peaux.

Classification. — Il existe plusieurs espèces de Cotingas. Les plus connus sont l'Ouette *(Ampelis carnifex)*; le Pompadour *(Ampelis Pompadoura)* et le Cordon bleu *(Ampelis cotinga)*.

« Il est peu d'oiseaux, dit Guénau de Montbéliard, d'un aussi beau plumage que les Cotingas : tous ceux qui ont eu occasion de les voir, naturalistes ou voyageurs, en ont été comme éblouis et n'en parlent qu'avec admiration. Il semble que la nature ait pris plaisir à ne rassembler sur sa palette que des couleurs choisies pour les répandre avec autant de goût que de profusion sur l'habit de fête qu'elle leur avait destiné. On y voit briller toutes les nuances de bleu, de violet, de rouge, d'orangé, de pourpre, de blanc pur, de noir velouté, tantôt assorties et rapprochées par les gradations les plus suaves, tantôt opposées et contrastées avec une entente admirable, mais presque toujours multipliées par des reflets sans nombre qui donnent du mouvement, du jeu, de l'intérêt, en un mot, tout le charme de la peinture la plus expressive à des tableaux muets, immobiles en apparence, et qui n'en sont que plus étonnants, puisque leur mérite est de plaire par leur beauté propre, sans rien imiter, et d'être eux-mêmes inimitables.

Toutes les espèces, ou, si l'on veut, toutes les races qui composent la brillante famille des Cotingas appartiennent au nouveau continent. Il paraît qu'ils ne se plaisent que dans les pays chauds; on ne les trouve guère au delà du Brésil du côté du sud ni au delà du Mexique du côté du nord.

Habitudes. — Tout ce qu'on sait de leurs habitudes, c'est

qu'ils ne font point de voyages de long cours, mais seulement des tournées périodiques qui se renferment dans un cercle assez étroit. Ils reparaissent deux fois l'année aux environs des habitations et, quoiqu'ils arrivent tous à peu près dans le même temps, on ne les voit jamais en troupes. Ils se tiennent le plus souvent au bord des criques, dans les lieux marécageux; ce qui leur a fait donner par quelques-uns le nom de *Poules d'eau.* Ils trouvent en abondance, sur les palétuviers qui croissent dans ces sortes d'endroits, les insectes dont ils se nourrissent, et surtout ceux qu'on nomme *karias* en Amérique et qui sont des poux de bois suivant les uns et des espèces de fourmis suivant les autres. Les créoles ont, dit-on, plus d'un motif de leur faire la guerre : la beauté de leur plumage, qui charme les yeux, et, selon quelques-uns, la bonté de leur chair, qui flatte le goût. Mais il est difficile de concilier tous les avantages, et l'une des intentions fait souvent tort à l'autre; car, en dépouillant un oiseau pour manger sa chair, il est rare qu'on le dépouille comme il faut pour avoir son plumage bien conservé. Cela explique assez naturellement pourquoi, tous les jours, il arrive d'Amérique tant de Cotingas imparfaits. On ajoute que ces oiseaux se jettent aussi sur les rizières et y causent des dégâts considérables. Si cela est vrai, les créoles ont une raison de plus pour leur donner la chasse... »

CHAPITRE VII

LES DINDONS. — LES PAONS. — LES POLYPLECTRONS LES ARGUS. — LES FAISANS LES HOCCOS. — LES LOPHOPHORES. — LES GOURAS

Les Dindons. — *Caractères.* — Le Dindon domestique, tout le monde l'a vu, mort ou vivant, au marché ou à la basse-cour; nous l'avons tous, en lui sifflant aux oreilles, fait sortir de son caractère, fait rougir comme un coq; nous lui avons tous fait pousser ces cris perçants qu'il répète indéfiniment dans sa grande colère. Tous, nous l'avons vu redresser sa queue, l'étaler en éventail, faire la roue, en un mot, se pavaner, se rengorger, piaffer, les ailes basses et rigides, raclant la terre. Tous, nous connaissons ce bruit sourd et vibrant que produit l'air de sa poitrine en s'échappant par le bec et le long bourdonnement qui accompagne cette forte secousse respiratoire. Tout cela nous le connaissons, ainsi que la mèche de crin que ce bel oiseau porte au milieu du thorax, ainsi que la caroncule charnue, en forme de cône, qui recouvre son bec et qui s'allonge ou se rapetisse suivant que la bête est furieuse ou calme. Il n'est donc pas besoin d'insister sur le Dindon de basse-cour, ses mœurs sont connues et, pour ceux qui les ignorent, elles sont faciles à observer.

On n'en saurait dire autant du Dindon sauvage, souche des Dindons domestiques. Celui-là, personne ne l'a sous la main, et très peu de gens ont pu l'observer à loisir. Il est donc intéressant d'en rapporter les habitudes.

Mœurs. — Le Dindon sauvage est un des oiseaux les plus remarquables de ceux que nourrissent les États-Unis d'Amérique. Partout où il se trouve, il vit par troupes plus ou moins nombreuses, qui changent de cantons, au fur et à mesure que les fruits qui leur conviennent diminuent en un endroit, et arrivent, au contraire, à maturité dans une autre contrée. Ces émigrations qui n'ont rien de régulier, commencent aux premiers jours d'octobre. Dès cette époque, les Dindons sauvages s'assemblent et s'enfoncent peu à peu vers les riches contrées de l'Ohio et du Missipipi ; les mâles faisant bande à part et laissant les femelles et leurs petits chercher, de leur côté, leur nourriture. Si longues qu'elles soient, les pérégrinations se font toujours à pied ; rien ne les interrompt que les accidents inattendus qui forcent toute la troupe à prendre son vol. Le plus souvent, c'est l'irruption d'un chien, l'apparition d'un chasseur qui sèment la panique. D'autres fois, c'est que la route est barrée par une rivière, qu'il faut nécessairement franchir, si l'on veut gagner les pays qui produisent les fruits préférés. Alors, les Dindons se réunissent sur les tertres les plus élevés ; les mâles y crient, font tapage, marchent en se rengorgeant ; mais tout ce monde emplumé semble se concerter et les délibérations durent parfois plus d'un jour entier. La décision prise, chacun gagne le sommet des arbres les plus élevés et, à un signal convenu, sur le gloussement du chef, toute la troupe prend son vol pour la rive opposée. Les plus vigoureux arrivent, sans encombre, jusqu'à la terre promise, mais beaucoup dont les ailes sont encore trop faibles tombent à l'eau et ne parviennent à atteindre le bord qu'au prix de grands efforts. On voit alors ceux que leurs forces ont trahis se trémousser dans l'eau, serrer les ailes contre le corps, épanouir la queue, étendre le cou et agiter les jambes avec une certaine méthode qui leur permet d'avancer rapidement. Au moment d'atterrir, s'ils trouvent la berge trop escarpée, ils se laisseut aller à la dérive jusqu'à ce que le courant les ait amenés à un endroit plus accessible. Une fois à terre, ces pauvres oiseaux paraissent pris d'une espèce de folie qui les pousse à courir en tous sens pendant quelques instants; leur égarement est tel, qu'ils ne voient pas le danger. Vers le milieu de novembre, les Dindons, disséminés par petites troupes, ont à peu près dévoré tous les fruits des contrées qu'ils ont parcourues. Aussi les voit-on, oublieux de leur prudence instinctive, se rapprocher des fermes, s'y mêler aux oiseaux de basse-cour, y picorer avec eux dans les auges et s'introduire jusque dans les resserres à grains. Lorsque cette ressource leur fait défaut, ils vivent de peu, dans les bois, pendant l'automne et une partie de l'hiver.

Dès le milieu de février, l'accouplement a lieu; ce sont alors, entre les mâles, des combats acharnés qui souvent se terminent par la mort d'un des prétendants.

Vers le milieu d'avril commence la ponte. La femelle fait son nid à terre, dans une excavation creusée à côté d'un tronc d'arbre, en un sol bien sec; elle pousse là quelques feuilles, sur lesquelles elle dépose de dix à quinze œufs d'un blanc de crème, semés de points rouges. La femelle couve ardemment, au point de ne se pas déranger à l'approche de l'homme, surtout lorsque les œufs sont près d'éclore. On a vu des couveuses qui se laissaient enfermer, sans tenter de fuir, au milieu de palissades dans lesquelles on les emprisonnait.

Les petits marchent dès le premier jour, quoique d'une allure mal assurée dans le début. A partir du quinzième jour, ils commencent à voler, et, au mois d'août, ils sont parfaitement en état de se préserver des attaques des loups, des renards et des lynx.

Chasse. — Depuis qu'on leur a déclaré la guerre, les Dindons sauvages sont extrêmement difficiles à approcher; ils fuient dès qu'ils aperçoivent l'homme. L'habitude qu'ils ont d'écarter et de gratter la terre, pour chercher leurs aliments, décèle souvent leur retraite, et permet de les surprendre au fourré. Pendant la neige et les fortes gelées, ils restent fréquemment perchés sur les arbres, pendant tout un jour, sans en bouger ; et, on peut profiter de leur engourdissement pour les approcher d'assez près. Mais, au dégel, ils parcourent des espaces considérables, à une allure si vive qu'il est presque impossible au cavalier le mieux monté de les atteindre. Les chiens dressés à la chasse des Dindons, doivent, aussitôt après avoir éventé ces oiseaux, s'en approcher en silence, puis bondir, à l'improviste, au milieu de la troupe pour la débander. Les oiseaux dispersés sont alors plus faciles à atteindre et à tuer.

« Quand les Dindons s'abattent sur un arbre, à ce que rapporte Audubon, il est quelquefois très difficile de les apercevoir, à cause de leur parfaite immobilité. Lorsqu'on en a découvert un, on peut s'en approcher sans beaucoup de précaution, pourvu qu'il ait les jambes pliées ; s'il est debout, on a besoin de se conduire plus prudemment, car, pour peu qu'il vous aperçoive, il s'envole à l'instant, et à des distances assez grandes parfois pour rendre vaine toute tentative de poursuite. En hiver, beaucoup de personnes chassent les Dindons, au clair de la lune, sur les arbres où ils sont perchés. On en détruit aussi une grande quantité d'une manière qui prouve peu de mérite, c'est-à-dire, en automne, lorsqu'ils font effort pour traverser les rivières, ou immédiatement au moment où ils touchent le rivage. » On prend les Dindons dans des pièges, notamment en les attirant dans des tranchées, où l'on a semé des grains et au bout desquelles on a disposé une batterie dont on lâche la détente, au bon moment. D'autres fois, la traînée de grains suit une longue galerie qui s'achemine jusqu'en dessous d'une vaste cage, construite en solives de bois, serrées les unes contre les autres, suffisamment pour empêcher de s'enfuir les oiseaux captifs, assez espacées pour que le jour pénètre. Lorsque les Dindons, après avoir picoré, à l'ouverture de la tranchée, s'y sont engagés assez avant, ils sont poussés vers le piège par les nouveaux arrivants. Bientôt, bon gré, mal gré, ils passent sous le petit pont qui masque l'entrée de la cage, franchissent cet endroit obscur, et se trouvent dans une

Fig. 28. — Le Dindon ocellé.

prison ajourée dont ils cherchent à sortir par le dessus et par les côtés. Jamais il ne leur vient à l'idée de regarder en dessous, et de rechercher, sous leurs pieds, la passe par laquelle ils ont pénétré. On en prend plus d'une douzaine d'un coup dans les pièges ainsi préparés.

Au printemps, on attire les Dindons au moyen d'un appeau, en soufflant d'une certaine façon à travers l'un des os de la seconde articulation de l'aile de cet oiseau. Au bruit que l'on produit, et qui ressemble au cri de la femelle, le mâle accourt et on peut le tirer aisément.

Usages. — En dehors des médiocres plumeaux que nous procurent les plumes du Dindon domestique, des excellents que l'on fabrique avec celles du Dindon sauvage, on fait des palatines à l'usage des fermières américaines, avec les longues plumes cotonneuses qui garnissent les cuisses et les parties inférieures et latérales du corps du Dindon d'Amérique. Ces plumes qui sont blanches portent le nom de faux-marabout.

Le type du genre est le Dindon ocellé (fig. 28) dont, pendant longtemps, on n'a connu en Europe qu'un seul individu. Il habite la baie de Honduras.

Les Paons. — *Caractères.* — Parmi les oiseaux qui forment l'ordre des Gallinacés, les Paons se font remarquer à la fois par la richesse de leur parure et par la majesté de leur démarche. Ils se différencient d'ailleurs de tous les autres gallinacés par leurs sus-caudales, extrêmement allongées, à barbes lâches et soyeuses, qui peuvent se redresser pour s'étaler en roue. En grandeur, les Paons dépassent tous les autres représentants de l'ordre; leur corps est épais, leur cou assez long, et leur tête petite. Les ailes sont courtes, la queue grande, les tarses hauts; chez le mâle, ils sont pourvus d'un ergot. Le bec en cône courbé finit en forme de crochet à la pointe. Des joues en partie nues, une aigrette sur la tête sont encore des caractères qui distinguent ces oiseaux.

Distribution géographique. — L'Inde est leur patrie; c'est là qu'on les trouve à l'état sauvage. A Guzarate, à Barroche, à Cambaye, sur la côte de Malabar, dans le royaume de Siam et à Java, ils sont l'objet d'un commerce important. On pense que les premiers Paons ont été importés en Europe, particulièrement en Grèce, par Alexandre, au retour de son expédition dans les contrées d'où ces oiseaux sont originaires. C'est en passant de la Grèce à Rome, à l'époque de la décadence de la République, que l'espèce, qui fait l'ornement de nos parcs et de nos basses-cours, est arrivée jusqu'à nous.

Le Paon d'après Buffon. — « Si l'empire appartenait à la beauté et non à la force, dit Buffon, le Paon serait, sans contredit, le roi des oiseaux; il n'en est point sur qui la nature ait versé ses trésors avec plus de profusion : la taille grande, le port imposant, la démarche fière, la figure noble, les proportions du corps élégantes et sveltes, tout ce qui annonce un être de distinction lui a été donné. Une aigrette mobile et légère, peinte des plus riches couleurs, orne sa tête et l'élève sans la charger : son incomparable plumage semble réunir tout ce qui flatte nos yeux dans le coloris tendre et frais des plus belles fleurs, tout ce qui les éblouit dans les reflets pétillants des pierreries, tout ce qui les étonne dans l'éclat majestueux de l'arc-en-ciel ; non seulement la nature a réuni sur le plumage du Paon toutes les couleurs du ciel et de la terre pour en faire le chef-d'œuvre de sa magnificence, elle les a encore mêlées, assorties, nuancées, fondues de son inimitable pinceau ; et en a fait un tableau unique, où elles tirent de leur mélange avec des nuances plus sombres, et de leurs oppositions entre elles, un nouveau lustre et des effets de lumière si sublimes, que notre art ne peut ni les imiter ni les décrire. »

Le Paon, d'après François René. — De son côté, sous une forme plus naïve, le naturaliste François René nous fait du Paon domestique la description suivante :

« Le Paon, dit-il, prétend bien tenir le premier rang parmi les oiseaux, tant il est fier de sa beauté, et piaffe à la monstre de sa rouë estoilée. Il est glorieux au possible, et s'aperçoit bien lorsque l'on prend plaisir à le contempler, car aussitôt il haulse sa teste haultaine, et secouë par bravade le panache d'aigrettes qu'il porte sur la teste. Puis, d'un œil assuré regardant l'assistance, il se met à son jour, et prend le soleil et l'ombrage qu'il faut pour faire paraître sa riche tapisserie, et donner l'éclat à ses vives couleurs. En se contournant gravement il fait briller sa teste serpentine et son col habillé d'un précieux duvet qui semble de saphirs, de mesme est sa poitrine diaprée de pierreries esclatantes, qui y semblent enchassées pour lui faire un carquan. Ce qui le fait glorieux est sa queuë et son thrésor qu'il porte toujours en crouppe. Il n'a pas si tost superbement desployé ses pennes dorées, faisant la rouë, qu'il semble vouloir disputer le prix de la beauté avec toutes les créatures; car le ciel ne luy semble pas plus beau avec tous ses yeux et ses astres dorez que sa queuë parsemée d'estoilles d'or, de saphirs et de fines émeraudes. Si la terre au printemps se pare de ses fleurs, le paon porte toujiours quant et soy son printemps qui luy sert de lacquay qui est toujiours à sa queuë, et vous fait voir une primevère de soie et de satin, un parterre portatif, un iardin mouvant et un royal bel-vedère. Sa rouë lui sert de tapisserie de haute lice, de ciel et de day, où il est appuyé en roy. C'est le poisle sous lequel il marche gravement, c'est son parasol qui le défend des rigueurs du soleil. Autant de pennes, autant de mirouers où il mignarde et flatte sa beauté; il sent bien, le galand, qu'il est magnifique, c'est pourquoy il se hasarde de vouloir faire peur traînassant par terre le bout de ses pennes et les faisant claqueter contre terre avec une démarche arrogante. Le plaisir est quand on se moque de luy; car, aussi tost il plie son panier, enferme sa coquille, et enveloppant son thrésor, se despite si très fort que s'il osait vous creverait les yeux de ses ongles, et vous arracherait la langue. Vous le voyez transir à vue d'œil, mais bien davantage quand, en octobre, il a perdu sa queuë, car il se cache,

Fig. 29. — Le Paon.

comme s'il portait le deuil et qu'il eust fait banque-route à la nature. Mesme la nuit s'il s'éveille es tenèbres, il pense d'avoir perdu sa beauté et se met à soupirer comme si les voleurs lui avaient desrobé ses richesses, et que de Paon il fust devenu un corbeau et un oyseau tout noir[1]. »

Opinions erronées sur le Paon. — Les sentiments de vanité que François René attribue au Paon et son amour des louanges sont pure invention du vieil auteur. Malheureusement les idées reçues mènent si bien le monde, qu'encore aujourd'hui le public est persuadé que le Paon jouit des hommages rendus à sa beauté. Rien n'est plus faux cependant; car si cet oiseau se pavane avec complaisance, c'est qu'il est mû par un sentiment autre que celui de l'amour-propre satisfait, et, comme le dit Gerbe, parce que des désirs s'éveillent en lui comme préludes de l'accouplement.

Une autre opinion, aussi fausse et non moins accréditée, est celle qui consiste à penser que le Paon est honteux de la perte de sa queue. Il est certain que le Paon, lorsqu'il mue, devient triste, cherche la solitude et l'obscurité. Il a cela de commun avec tous les autres oiseaux. La mue, en effet, est un état maladif, qui influe sur le chant, sur la tenue, et, d'une manière générale, sur le caractère de tous les volatiles. Plus les plumes dont le changement s'opère sont fortes, plus l'état de malaise de l'oiseau qui les porte est grave.

« Or, continue Gerbe, le Paon doit ressentir avec d'autant plus d'énergie tous les effets de la chute des plumes de la queue, que ces plumes sont plus volumineuses, et sont plus profondément implantées que dans aucune autre espèce. »

La mue est donc la cause de la tristesse de notre oiseau, et on peut ajouter que, s'il recherche, en cet état, les lieux sombres, c'est qu'il sait, par expérience, que la température

[1] François René, *Essai des merveilles de la nature.*

qu'offrent les endroits couverts convient mieux à son état maladif que la trop grande vivacité de l'air.

Régime. — La nourriture habituelle des Paons consiste en grains de toute espèce, et leur voisinage est funeste aux agriculteurs dont ils ravagent les récoltes. Leur essor est difficile et bruyant, mais une fois qu'ils ont gagné les hautes sphères leur vol est puissant, et la force de leurs aîles leur permet de faire des trajets considérables. Ils aiment les lieux élevés, se plaisent sur les combles des maisons, ou sur les cimes des grands arbres.

Classification. — La famille des Pavonidés repose uniquement sur le genre Paon, qui comporte les espèces suivantes : 1° le Paon vulgaire (fig. 29); 2° le Paon noir, qui diffère du précédent en ce que le mâle a les couvertures supérieures des ailes d'un bleu noir ou d'un bleu vert, tandis que la femelle a un plumage gris clair, semé de taches foncées; 3° le Paon spicifère, ainsi nommé à cause de sa huppe disposée en épi.

Le Paon vulgaire, comme nous l'avons dit, habite les Indes et Ceylan; le Paon spicifère l'Assam et les îles de la Sonde.

Dans plusieurs parties de l'Inde, le Paon est regardé comme un oiseau sacré; aux alentours de plusieurs temples hindous, on en voit de grands troupeaux que les prêtres ont le devoir de soigner. Dans plusieurs contrées, le respect des indigènes pour ces oiseaux est si grand, qu'ils punissent de mort celui qui les tue. Il n'en est point partout ainsi, et en beaucoup d'endroits le Paon est un des gibiers les plus recherchés des Indo-Européens.

Chasse. — La chasse de ces oiseaux ne présente d'ailleurs aucune difficulté, et les tireurs maladroits y trouvent leur compte. Là où les Paons ne sont pas considérés comme des oiseaux sacrés, on en prend une grande quantité au collet, au filet et au moyen d'autres pièges; et on en amène beaucoup de vivants sur les marchés. La chair des vieux est à peine bonne à faire un médiocre bouillon ; on dit celle des jeunes fort savoureuse.

Polyplectrons. — Les Polyplectrons relient les Paons aux

Fig. 30. — Le Polyplectron chinquis.

Argus. Ils sont petits, élancés; leurs ailes sont courtes et très arrondies. Le plumage du mâle est orné de taches en forme d'yeux qui se trouvent sur la queue, le manteau et les couvertures des ailes.

Des quatre espèces connues, le *Polyplectron chinquis* (fig. 30) est la plus remarquable. Cet oiseau de 60 centimètres de long (dont 27 pour la queue) a la tête et le haut du cou gris brun, finement moirés et ponctués de noir, le bas du cou, la poitrine, le milieu du ventre bruns, rayés transversalement de brun noir et parsemés de points d'un jaune clair, disposés en séries; les plumes du manteau jaunâtres, variées de petites raies noirâtres et marquées chacune d'une tache en forme d'œil, arrondie, à reflets variant du gris vert au pourpre; les plumes du dos, du croupion, les grandes sus-caudales d'un brun mat, finement tachetées de jaune d'ocre; les rémiges primaires brun-bistre, tachetées de gris, les rectrices et les longues couvertures de la queue d'un brun mat, tachetées de gris clair et présentant sur leurs bandes internes et externes, près de la pointe, une grande tache en œil, bleu-vert à reflets pourpres, entourée de noir.

On trouve cet oiseau dans l'Assam, le Silhet, l'Arakan et le Tenasserim.

Les Argus. — *Distribution géographique.* — Dans la famille des phasianidés, on rencontre l'Argus géant (fig. 31), hôte des forêts obscures et sauvages de Java et de Sumatra, de divers points du continent de l'Inde et surtout de Malacca, où il est très commun.

Caractères. — Le plumage de ce superbe oiseau est plutôt remarquable par l'élégance du dessin que par la vivacité des teintes. Et, quoique le fond de ce plumage ne soit composé que de teintes ocreuses, rousses et brunes, que ne relève aucune nuance vive et brillante, elles y sont réparties avec tant d'harmonie et couvertes d'une si grande profusion de petites taches, de points même, tantôt plus foncées, tantôt plus claires que ce fond, qu'elles produisent l'effet le plus agréable et même le plus rare dans toute la série ornithologique. Les longues et larges rémiges secondaires de l'Argus géant sont couvertes, dans toute leur longueur, d'une rangée de grandes taches oculaires, imitant merveilleusement le relief de demi-globes, dont la teinte douce, comme celle de tout le plumage, a cependant quelque chose du bronze antique. Les primaires, à barbes externes blanchâtres, tigrées de brun, à barbes internes fauves, pointillées de blanc, ont leur tige du plus joli bleu de ciel.

La femelle n'offre ni le développement extraordinaire de la queue et des ailes, ni les taches oculaires du mâle. Son plumage est plus obscur. Elle est aussi plus petite que l'Argus qui mesure en longueur près de 2 mètres.

Habitudes. — A ce que rapporte de Rosenberg, « à Padang, sur la côte occidentale de Sumatra, les indigènes apportent souvent des Kuaus (Argus) vivants, et pour le prix de 1 florin et demi à 2 florins la pièce. Cet oiseau doit donc être commun dans les forêts des montagnes de l'île. Au dire des indigènes, il vit en polygamie. Tant que l'amour ne l'excite pas, il a le port et les allures du paon; il rabat ses ailes contre le corps, et étend sa queue horizontalement. Pendant la saison des amours, on voit le mâle, marchant fièrement, dansant dans les clairières les ailes entrouvertes et traînant à terre; on entend le cri singulier, ronflant, par lequel il appelle les femelles, et qui ne ressemble en rien au cri *kuau*, qui lui a fait donner son nom. La femelle pond de sept à dix œufs blancs, un peu plus petits que des œufs d'oie; elle les dépose dans un nid grossièrement construit, caché dans un buisson; mais, je n'en ai jamais vu. En liberté le *Kuau* vit d'insectes, de limaces, de vers, de bourgeons, de graines. Deux que j'ai eus préféraient la bouillie de riz à toute autre nourriture. Sa chair est très savoureuse. »

« Le Kuau ou Argus, écrit Marsden, en 1785, est un oiseau d'une beauté remarquable, et le plus beau peut-être de tous les oiseaux. Quand on l'a pris dans la forêt, il est extrêmement difficile à garder en vie. Je n'en ai jamais vu vivre plus d'un mois. Il hait la lumière. Le tient-on dans un en-

FIG. 31. — L'Argus géant.

droit sombre, il est gai et fait parfois entendre son cri, qui est plus plaintif et moins perçant que celui du paon. Lorsqu'on le met en pleine lumière, il reste immobile. Sa chair a le goût de celle du Faisan »

Chasse. — Les indigènes prennent cet oiseau avec des collets.

Les Faisans. — Les Faisans (fig. 32) sont des oiseaux exotiques ramenés, jadis, par les Grecs, des bords du Phase, en Colchide. La Colchide d'autrefois est devenue la Mingrélie d'aujourd'hui, et le Phase des anciens le Rion des modernes. La race de ces oiseaux importés (nous parlons ici du Faisan commun) s'étendit de proche en proche et gagna la France où elle vit tant bien que mal, soit qu'on en favorise la propagation dans des faisanderies aménagées avec soin, soit qu'on la laisse se perpétuer librement dans les bois. Les forêts de Loches, d'Amboise, de Chinon, certaines parties du Berri, avoisinant la Touraine, les bois du département de Seine-et-Marne sont les contrées de la France où les Faisans se tiennent le plus volontiers.

Mœurs. — Bien qu'ils craignent l'humidité, surtout dans le jeune âge, on les rencontre fréquemment à proximité des marcs, dans les lieux bas, en quête des limaçons dont ils sont très friands. Dès l'aube, ils quittent le bois, pour parcourir les chaumes et les terres nouvellement ensemencées. Puis, le gros du repas pris, ils se rapprochent des bordures afin de le parachever en y cueillant la mûre sauvage. Le déjeuner fini, on se poudre, si le temps le permet, par plaisir surtout, et parce qu'on est pulvérateur de naissance; un peu aussi pour se débarasser des parasites qui grouillent dans les plumes. Pendant la journée, surtout par la forte chaleur, les Faisans se tiennent à terre, dans les parties les plus fourrées du taillis; ils y font la sieste à la fraicheur des cépées. L'hiver, ils recherchent les fouillis de ronces, les bruyères épaisses et les touffes de fougères.

Vers le soir, un peu avant le coucher du soleil, le Faisan

Fig. 32. — Le Faisan commun.

quitte sa retraite et se rend aux gagnages les plus proches; puis, au crépuscule, il réintègre le gaulis, et avise quelque grand chêne pour y passer la nuit. En prenant sa volée pour gagner ce refuge, il fait entendre, à plusieurs reprises, ce cri aigu qui le décèle aux maraudeurs.

Les Faisans craignent de se mouiller les pattes, aussi n'est-il pas rare, après les grandes pluies, d'en trouver de perchés, en plein jour.

Caractères. — Il est bien difficile de décrire par le menu la manière d'être et le plumage si varié de cet inepte mais superbe oiseau. Le Faisan, qui est gros comme un coq ordinaire, a le bec fort, voûté, tranchant, la face nue, les joues en partie dénuées de plumes. Sa démarche est noble et fière, sa course légère et rapide, son vol bruyant, lourd et saccadé. Autour de chaque orbite sont placées deux pièces d'une substance membraneuse et de couleur d'écarlate. Au-dessus des oreilles du mâle pointent deux bouquets de plumes d'un vert doré qui, dans le temps des amours, se relèvent de chaque côté de la tête. La tête elle-même, à son sommet, la gorge et la partie supérieure du cou sont d'un vert doré, susceptible de chatoyer en bleu foncé et en violet éclatant; le reste du cou, la poitrine, le haut du ventre et les flancs sont couverts de plumes d'un marron pourpré. Toutes ces plumes sont bordées, à leur extrémité, par une bande transversale, d'un noir de velours, qui se change en violet, suivant l'incidence de la lumière. Celles du cou sont échancrées en cœur par le bout, et leur bordure noire remonte jusque vers l'origine de la plume, en suivant la direction de cette échancrure. Les plumes brunes bordées de marron pourpré et relevées d'une bande blanchâtre dominent sur le dos. Ajoutons que le Faisan a la queue olivâtre, longue, pendante, étagée et, des tarses robustes qui, chez le mâle, sont garnis d'un éperon.

La femelle, un peu plus petite que le mâle, porte un plumage mélangé de brun, de gris, de roux et de noir.

Nidification et reproduction. — Les Faisans sont polygames. Dans les «parquets» des faisanderies, un coq a droit à sept poules, c'est le chiffre réglementaire. En liberté, c'est autre chose! Dès l'époque de la pariade, en mars ou avril, chaque mâle fait de son mieux pour garnir son sérail. Par de bruyants battements d'ailes, dont les bois retentissent au loin, les prétendants promulguent la loi de l'offre. En attendant la demande, ils se houspillent d'importance, se pourfendent à grands coup de bec sur la tête, parfois jusqu'à ce que mort s'ensuive. Le vainqueur, souvent fort éprouvé, ne tarde pas à être abandonné par ses femelles qui s'en vont pour faire leur nid et y pondre.

Ce nid est bientôt fait. Il repose à terre. Quelques brins d'herbes et des feuilles mortes, grossièrement agencées, en font les frais. La Faisane s'y accroupit et défile, sur cette couche peu moelleuse, un chapelet de douze à vingt-quatre œufs, de couleur olivâtre clair, marquetés de taches brunes arrangées en zones circulaires. Ces œufs sont moins gros que ceux de la poule et la coquille en est plus mince que celle des œufs de pigeon. Au bout de vingt-sept jours, l'éclosion se fait, et les faisandeaux, dès ce moment, commencent à trotter. Comme les perdreaux, ils sont avides de larves de fourmis et d'insectes. Devenus forts, ils se nourrissent de baies de sureau, de genévrier et de menus fruits; plus tard, ils enflent leur extensible jabot de graines de toutes sortes, et surtout de sarrasin. A l'époque où le raisin mûrit, ils ne craignent pas de grappiller. Dès qu'ils peuvent se passer de leur mère, les faisandeaux se dispersent et recherchent la solitude. Non seulement les adultes fuient la société des autres oiseaux, ils évitent encore la compagnie de leurs congénères. On ne les rencontre en petites troupes qu'à l'époque des amours, et ce sont là des entrevues passagères et des réunions de frères ennemis.

Nous avons vu tuer sous nos yeux des Faisans dits « coquars »; c'est ainsi que les chasseurs nomment improprement ces Faisanes, devenues inféconde, qui, vers l'âge de cinq ans, prennent un plumage se rapprochant, chaque année, par degré, de celui du mâle, jusqu'à lui ressembler de tout point. Cette dénomination devrait être réservée aux Faisans bâtards issus de l'accouplement d'un coq Faisan et d'une poule domestique. Le vertueux Faisan, disons-le à sa louange, ne se prête à ces mésalliances qu'après de longues hésitations. Ce n'est qu'à la suite d'une médication particulièrement énergique et sous l'influence d'un traitement aphrodisiaque qu'il se décide à passer le Rubicon.

Chasse. — Depuis qu'en 1868, au milieu d'un taillis contigu à la forêt de Sénart, nous avons abattu plus d'une douzaine de Faisans dans un même après-midi d'octobre, nous ne pouvons nous défendre d'un sentiment de mépris à l'égard de ces imbéciles volailles. Pareille prouesse d'un chasseur, alors novice, ne s'explique, en effet, que par la stupidité naturelle du gibier qu'il poursuit. Cependant la chasse du Faisan au bois passe, à juste raison, pour une chasse difficile. Depuis notre exploit de jeunesse, qu'aujourd'hui plus que jamais nous attribuons à un hasard heureux, nous l'avons appris à nos dépens. On dit qu'il faut tirer le Faisan au cou pour l'attraper en plein corps ; la vérité est qu'on le tire où et comme on peut, sans songer d'ailleurs au dicton : « Si tu le tires en queue, il fait une lieue. »

Habile coureur, le Faisan piète, ruse et croise ses voies devant le chien. Les vieux coqs surtout refusent de se lever, particulièrement dans les bois un peu vastes où l'herbe est haute, abondante et touffue. Par leur mille détours, ils font d'autant mieux perdre leur piste que le Faisan a le pied moins chaud que la caille et que la perdrix. Ils n'est guère que ces excellents griffons français, bêtes actives, opiniâtres, broussailleuses et quêtant sous le fusil, pour faire prendre l'essor à ces oiseaux obstinés.

Le Faisan qui sait si bien user de ses jambes, lorsqu'il est

Fig. 33. — L'Euplocome Kirrik.

prévenu du danger, demeure atterré devant l'ennemi qui se montre à l'improviste. Rien n'est plus singulier que l'attitude de ce volatile surpris par le chien qui l'arrête. Il ouvre démésurément les yeux, reste immobile et comme pétrifié à cette apparition subite. Aperçoit-il le chasseur, il cherche de l'œil la branche voisine, la motte la plus proche, la pierre qui se trouve à portée, cache sa tête derrière cet insuffisant abri, et ne voyant plus l'objet de son épouvante, se croit invisible par tout le corps. S'envole-t-il, enfin, il le fait, comme tous les Gallinacés, avec grand fracas, et non sans lourdeur. Mais, à ce départ embarrassé, à cette allure pesante du début, succède bientôt une fuite plus rapide, aussitôt l'aile dégourdie.

La stupidité propre à cet oiseau le fait tomber dans tous les pièges. Il se jette aveuglément dans les trappes et donne facilement dans les collets. S'il s'est écarté par le brouillard, il ne reconnaît pas sa route, cherche, se trompe, et plus d'une fois ce pauvre égaré paye de la vie son incurable indécision. A la tombée de la nuit, après qu'il s'est branché pour dormir, il contemple, du haut de son perchoir, d'un regard hébété, le braconnier qui s'avance. Est-il manqué d'un premier coup, sans broncher, il attend le second.

Classification. — Les Phasianidés font immédiatement suite aux Gallidés et constituent une famille très riche en espèces. Les Euplocomes, qui habitent le versant sud de l'Himalaya, et qui s'étendent, de là, d'un côté jusque dans l'est et le sud de la Chine et à Formose, de l'autre jusqu'à Sumatra et à Bornéo, peuvent être regardés comme établissant le passage des Gallidés aux Phasianidés.

L'Euplocome prélat. — Nous n'insisterons pas sur les Euplocomes. Disons en passant qu'en raison de la forme des plumes du cou et de la huppe, on les a divisés en Diardigalles et en Euplocomes proprement dits; que les Diardigalles sont représentés par une espèce unique, l'*Euplocome prélat*, dont on ne possédait naguère encore qu'un seul échantillon mâle au Muséum de Paris, et que depuis l'on voit vivant dans les jardins zoologiques de France et d'An-

Fig. 34. — Le Nycthémère argenté.

gleterre. Quant aux Euplocomes proprement dits, on en voit, depuis une vingtaine d'années, dans tous les jardins zoologiques de l'Europe. On distingue l'Euplocome Kirrik (fig. 33) ou Kirrik des Indiens, et l'Euplocome à huppe blanche ou Kélistch des Indiens.

Au point de vue de la beauté du plumage, le Faisan argenté (fig. 34) (Nycthémère argenté), le Faisan à collier, le

Faisan versicolor, le Faisan de Sœmmering ou cuivré, le Faisan vénéré, le Thaumalé peint ou Faisan doré, le Thaumalé d'Amherst, sont les plus intéressants à observer.

Le Faisan argenté a la huppe noir brillant ; la nuque et la partie supérieure du cou blanches ; le dos blanc, parcouru de lignes noires, étroites, disposées en zigzag ; le ventre et la poitrine d'un noir à reflets bleus ; les rémiges blanches bordées d'un liseré noir, étroit, et marquées de larges raies noires transversales et parallèles ; les rectrices également blanches et parcourues de raies noires, d'autant plus marquées qu'elles sont plus externes ; les joues nues et d'un rouge écarlate ; les pattes rouges. Ce Faisan a 88 centimètres de long. La femelle, plus petite, est d'un brun roux finement tacheté de gris.

Le Faisan a collier. — Le Faisan à collier, que l'on trouve en abondance dans les plaines aux environs de Shang-Haï et sur les collines boisées de la Chine, a la tête et le haut du cou verts ; son cou est orné d'un collier blanc. Les plumes de la nuque sont bordées de jaune ; la tige en est foncée et presque noire. Celles du manteau sont noires à la base, puis jaunes, noires et enfin terminées par une large bande rouge brique ; celle du ventre sont d'un beau pourpre, avec une tache noire, en forme de coin, à l'extrémité de la tige, tandis que celles des flancs, d'un jaune cuir, sont semées, le long de la tige, de taches foncées rondes et assez grandes. Le jaune verdâtre, rayé de noir, domine dans les plumes de la queue. Les joues sont rouges et les pattes d'un jaune brunâtre. En taille, il atteint, comme le Faisan commun, de 82 à 88 centimètres de longueur totale.

Le Faisan versicolor. — Le Faisan versicolor, qu'on appelle aussi Faisan bigarré, n'a que 74 centimètres de long ; il est commun au Japon. La femelle diffère des autres poules faisanes en ce que ses plumes sont d'un vert foncé au milieu et largement bordées de gris-brun clair ou de jaune

clair. Quant au mâle, il a la tête et le haut du cou verts, le bas du cou d'un bleu métallique, la nuque et le dessous du corps d'un vert foncé ; les plumes du manteau d'un vert noir marquées de roux.

Le Faisan de Sœmmering et le Faisan vénéré. — Le Faisan de Sœmmering est d'un beau rouge cuivré. Pour ce qui est du Faisan vénéré confiné dans le nord de la Chine, il est remarquable par les bigarrures de son plumage. Le blanc pur domine sur le sommet de la tête et vers les oreilles ; de même couleur, il porte un large collier ; le noir occupe les côtés de la tête et forme bande sur la poitrine ;

Fig. 35.
Le Thaumalé peint.

le jaune doré, bordé de noir, s'étend sur les plumes du manteau, du croupion et du haut de la poitrine ; tandis que la couleur blanchâtre, marquée d'une tache noire en cœur et bordée de marron, tient le bas dês plumes de la poitrine et celles des flancs. Le ventre est d'un brun noirâtre. Le faisan vénéré a environ 88 centimètres de long.

Le Faisan doré ou Thaumalé peint. — C'est au sud de la Tauride, à l'est de la Mongolie jusqu'aux rives de l'Amour, au centre de la Chine et surtout dans les provinces de Kansu et de Setschun, que l'on rencontre le Faisan doré. Il est le type du genre Thaumalé ou Faisans à collerettes. Plus petits que les Faisans communs, les Thaumalés s'en distinguent par un corps plus élancé, par une huppe touffue et par cette collerette, apanage exclusif du mâle, qui est formée des plumes de la nuque, lesquelles vont s'écartant du cou en s'élargissant en avant.

Le Thaumalé peint ou Faisan doré (fig. 35) est un admirable oiseau. Les plumes dorées de sa huppe touflue recouvrent sa tête et retombent sur sa collerette rouge orange, bordée de satin noir foncé. En haut du dos, le vert doré bordé de noir ; en bas du dos et sur les couvertures supérieures des ailes, le jaune vif ; le blanc jaunâtre, à la face, au menton, aux côtés du cou ; le rouge safran vif à la gorge et au ventre ; le brun rougeâtre et le roux marron aux rémiges font de cet oiseau un être si brillamment et si diversement paré qu'on n'en peut détacher les regards. La femelle plus petite que le mâle est aussi plus modeste en sa parure, dans laquelle le rouge roux sale domine.

Le Faisan d'Amherst. — Tout à côté du Faisan doré, on peut placer, pour la beauté, le Faisan d'Amherst, qui doit son nom à lady Amherst qui amena en Europe le premier individu qu'on y ait connu. Huppe rouge et noire, plumes de collerette d'un blanc d'argent, à bords foncés ; plumes du cou, du haut du dos, des couvertures supérieures des ailes d'un vert doré clair, à étroite bordure foncée ; plumes du bas du dos jaune doré à hachures foncées ; couvertures supérieures de la queue rouge clair, rayées et tachetées de noir ; ventre d'un blanc pur ; rémiges brunâtres ; telles sont les teintes dominantes de ce superbe oiseau, originaire de l'Yu-Nan occidental et probablement aussi du Thibet.

Les Hoccos. — *Distribution géographique.* — Toutes les espèces de Hoccos habitent le sud et le centre de l'Amérique et le sud du Mexique.

Le Hocco alector (fig. 36) se trouve dans l'intérieur du Brésil, depuis la Guyane jusqu'au Paraguay ; le Hocco caronculé, sur la côte orientale du Brésil, depuis Rio-de-Janeiro jusqu'à Bahia ; le Hocco roux au Pérou et au Mexique.

Tous les Hoccos sont habitants des bois qu'ils ne quittent qu'accidentellement et pour quelques instants. On les rencontre fréquemment à terre où ils courent très rapidement ; le plus souvent on les voit perchés. En liberté, ils se nourrissent presque exclusivement de fruits.

Chasse. — La délicatesse de la chair du Hocco fait rechercher cet oiseau. C'est à l'époque des amours qu'il est le plus facile à approcher. En ce temps de passion, il perd toute prudence et toute circonspection ; il ne fait pas même attention au chasseur qui s'avance. A toute autre époque d'ailleurs, les Hoccos, qui vivent dans les forêts éloignées des habitations, ne paraissent pas avoir grand peur de l'homme ; ceux, au contraire, qui se tiennent plus près des lieux habités deviennent craintifs à l'excès et s'épouvantent au moindre bruit. On dit que, lorsqu'un, des leurs a été abattu d'un coup de feu, les survivants, avant de chercher à fuir, restent immobiles auprès du cadavre de leur compagnon et le regardent avec stupeur. Le chasseur profite de ce moment pour redoubler ses décharges.

Dans la plupart des établissements des Indiens, les Hoccos vivent en captivité. On raconte que ces Hoccos domestiqués proviennent d'œufs ramassés dans la forêt et qu'on fait couver par des poules. Nous ne savons ce qu'il peut y avoir de vrai dans cette opinion ; elle ne manque pas de vraisemblance, si l'on songe à la difficulté que l'on a éprouvée jusqu'ici à obtenir la reproduction des Hoccos en captivité.

Captivité. — De nombreux essais ont été tentés, cependant, dans le but d'acclimater ces oiseaux, de les faire nicher et couver en volière, en vue d'augmenter la population de nos basses-cours. Les amateurs ont, jusqu'à présent, éprouvé plus de mécomptes qu'ils n'ont remporté de succès. Cela est d'autant plus regrettable que les Hoccos se privent facilement et sont susceptibles d'attachement pour les personnes qui les soignent. En 1864, Aquarone est parvenu à élever un certain nombre de jeunes Hoccos, en les nourrissant comme des faisandeaux, les premiers jours d'œufs durs hachés avec de l'herbe et mélangés avec de la mie de pain ; un peu plus tard, de chènevis, de riz, de petit blé, de navette et d'alpiste. De temps en temps, il leur donnait des larves, des insectes, de petits mollusques et des baies d'arbustes. « Au résumé, dit-il, ces animaux ne sont pas difficiles sur la nourriture ; ils s'accommodent de tout ce que vous leur donnez. J'élève ces animaux comme les poulets, c'est-à-dire qu'ils courent les champs avec leur mère tout l'été et tout l'hiver ; mais, quand vient le printemps, je suis obligé de les tenir enfermés, sans quoi ils m'enlèveraient, dans très peu de temps, toutes les jeunes pousses des arbres. Ce sont des animaux qui ne pourront jamais vivre à l'état de liberté sans occasionner de grands dommages aux arbres ; ils négligent le sol, on les voit sans cesse perchés et s'amusant avec leur bec à casser les brindilles des arbres, et, pour peu qu'un arbre soit fragile, on voit bientôt la terre jonchée d'une grande quantité de petites branches de l'épaisseur de deux centimètres. Sans cet inconvénient, on pourrait très bien les laisser libres, car ils ne s'écartent jamais de leur

Fig. 36. — Le Hocco alector.

habitation; ils viennent quand on les appelle et, le soir, ils se perchent sur les arbres les plus élevés. »

Les Lophophores. — *Distribution géographique.* — Sur les monts Himalayens, depuis les premiers contreforts qui descendent vers l'Afghanistan jusque dans le Sikim et le Boutan, à une altitude de 2000 ou 2300 mètres au-dessus du niveau de la mer, habite le plus beau de tous les Gallinacés : le Lophophore resplendissant.

Ce magnifique oiseau a 72 centimètres de long et 91 centimètres d'envergure. Le vert métallique, le rouge pourpre ou carmin, le vert de bronze à reflets dorés, le vert violet ou bleuâtre dont se compose le plumage du mâle, lui font la plus éclatante, la plus merveilleuse parure que l'on puisse imaginer. La femelle, plus petite, porte un costume moins brillant (fig. 37).

Chasse. — Quoique abondant dans la montagne, l'été, le Lophophore s'y laisse rarement apercevoir; il s'y tient à l'abri des massifs de lianes touffues, que le regard ne peut pas pénétrer. L'hiver, au contraire, quand les frimas ont fait tomber les feuilles, la forêt paraît remplie de ces oiseaux que l'on rencontre par grandes bandes, si bien qu'on en peut faire lever plus de cent en un seul jour de chasse.

Tant que durent les beaux jours, les Lophophores sont prudents et craintifs; mais, lorsque l'hiver est venu et que le besoin les pousse, ils dépouillent leur défiance naturelle et se laissent voir et approcher plus volontiers. Pendant les grands froids, on les tue souvent à la course ou au perché.

Régime. — La nourriture de ces oiseaux consiste en racines, en feuilles, en jeunes pousses d'herbes, en baies de toute espèce, en noix, grains et insectes, et comme leur bec est parfaitement conformé pour qu'ils puissent fouir le sol, ils en usent, pour déterrer les larves qui y sont enfoncées. La femelle fait son nid au printemps, elle l'établit sur un buisson ou dans une touffe d'herbe et y pond cinq œufs d'un

Fig. 37. — Le Lophophore resplendissant.

blanc sale, semés de points et de taches brun rougeâtre. Les jeunes éclosent à la fin de mai.

Captivité. — La beauté du plumage du Lophophore, le prix élevé de sa dépouille, la saveur délicate de sa chair ont tenté les éleveurs, et de nombreux essais d'acclimatation ont été faits en Europe. Ce fut en Angleterre que l'on réussit, pour la première fois, à faire reproduire les Lophophores. Le jardin zoologique de Londres, plus tard celui d'Anvers, le jardin d'acclimatation de Paris ont obtenu des éclosions; mais la plupart des poussins, où et de quelque manière qu'ils aient été élevés, n'ont pas dépassé le mois d'octobre et ont crevé à la première mue. M. Pomme, cependant, plus heureux, a réussi, en 1866, à mener à bien quelques poussins d'une couvée de Lophophores. Il avait enfermé le couple reproducteur dans une volière de 250 mètres superficiels, contenant une cabane et plantée de quelques jeunes épicéas, sous l'épais feuillage desquels ces oiseaux se plaisaient à se réfugier. Leur nourriture consistait en froment, sarrasin et millet rond, mélangés par égales parts; en choux, salades, vers de terre, en pâtée d'œufs durs et de pain émietté. La femelle avait commencé à pondre le 23 avril et pondait successivement seize œufs, qui furent confiés à une poule anglaise. Sur les seize œufs, deux furent cassés, cinq étaient clairs, quatre contenaient un poussin complètement formé, mais trop faible pour avoir pu rompre la coquille; enfin, cinq poussins étaient éclos. Leur nourriture consistait en œufs de fourmis, mie de pain émietté, œufs durs hachés, blé, sarrasin, millet, baies, herbes et insectes, et « surtout une substance mystérieuse qu'ils cherchent avec ardeur en labourant la terre avec leur bec comme avec une pioche. Jeunes et vieux se livrent également à cette ardente recherche. Il m'a été impossible, dit M. Pomme, malgré toute mon assiduité, de pouvoir distinguer ce qu'ils trouvent et avalent... Sans doute, on pénétrerait ce mystère

Fig. 38. — Le Goura de Victoria.

en ouvrant l'estomac d'un Lophophore; mais ces oiseaux valent encore de 700 à 800 francs la pièce et il ne s'est pas trouvé de naturaliste assez curieux pour aller à la découverte. »

Des cinq poussins de M. Pomme, trois moururent d'accident, après avoir traversé les époques critiques et atteint leur grosseur. Les deux survivants sont devenus de beaux oiseaux : ce sont les premiers Lophophores que la France ait vus éclore et vivre.

Quoi qu'il en soit, les difficultés de l'élevage sont assez grandes pour qu'il soit à craindre que le Lophophore ne figure jamais dans nos basses-cours comme volatile domestique. Tout au plus peut-on, dès à présent, garantir qu'il sera possible d'entretenir le cheptel de nos jardins zoologiques au moyen des jeunes oiseaux issus de l'élevage français.

Les Gouras. — Les Gouras sont les plus grands de tous les Pigeons; leur taille égale celle de nos Poules. Ils portent sur la tête une huppe superbe, formée de plumes soyeuses disposées en éventail, qu'ils peuvent relever ou abaisser à volonté.

Classification. — Le genre Goura renferme deux espèces: le Goura couronné et le Goura de Victoria (fig. 38). L'un et l'autre sont des oiseaux lourds, chez lesquels le bleu ardoisé domine. Mais la huppe du premier est composée de plumes entièrement dépourvues de barbes, tandis que les plumes de la huppe du second sont munies, à leur extrémité, de barbes formant un petit triangle. Tous les deux sont propres à la Nouvelle-Guinée.

Mœurs. — Ces oiseaux ont à peu près les habitudes des Faisans; ils errent dans les forêts en petites troupes, se tenant surtout à terre et s'y nourrissant des fruits tombés. Le nid, mal fait, composé de bûchettes, grossièrement entrelacées, est établi sur les arbres.

D'un naturel peu farouche, les Gouras sont assez faciles à approcher. On les tue donc facilement.

Captivité. — Captifs, ils s'acclimatent bien. On en voit surtout en Hollande, notamment au jardin zoologique de Rotterdam. Le jardin d'acclimatation de Paris en a possédé et en possède encore. La femelle pond en volière, elle y couve même assidûment, mais, jusqu'à présent, les petits n'ont pu vivre longtemps. Presque toujours, ils périssent avant d'être sortis du nid.

CHAPITRE VIII

LES AUTRUCHES

Les Autruches. — *Caractères et distribution géographique.* — L'Autruche qui appartient à la catégorie des oiseaux coureurs, dépend de l'ordre des Brévipennes. Le genre que forme cet oiseau peut être considéré comme le type de la famille des Struthionidés. Les caractères particuliers de l'Autruche sont les suivants : corps volumineux; cou presque entièrement nu, bec de longueur moyenne, droit, obtus, arrondi à la pointe, aplati vers l'extrémité, couvert d'une lame cornée, à mandibules flexibles, et fendu jusqu'au-dessous de l'œil; narines oblongues se prolongeant jusqu'au milieu du bec; yeux grands et brillants, garnis de cils à la paupière supérieure ; oreilles nues, larges; jambes longues, très robustes, dépourvues de plumes ; tarses couverts de grandes écailles et se terminant par deux doigts, dont l'un (l'externe) n'a pas d'ongle, dont l'autre est pourvu d'un ongle long, large et mousse (fig. 39) ; ailes armées d'un double ergot, assez grandes, mais impropres au vol, les rémiges étant remplacées par des plumes longues, molles, pendantes ; queue formée de plumes analogues à celles des ailes ; plumes du corps lâches et crépues ; espace calleux, nu, au milieu de la poitrine.

Nous reviendrons par la suite, sur quelques-uns de ces caractères de l'Autruche.

Ce grand bête d'oiseau à la voix rauque et lugubre, si singulier dans ses formes et dans son allure que les naturalistes ont été tentés de le ranger dans une catégorie toute spéciale, n'est répandu que sous certains climats. On le trouve dans tout l'intérieur de l'Afrique, depuis l'Égypte et la Barbarie, jusqu'au cap de Bonne-Espérance, et, en Asie, depuis l'Arabie, où il est commun, jusque dans la partie de l'Inde, en deçà du Gange, où il est devenu rare.

Nous ne parlons quant à présent que de l'Autruche proprement dite. Cet oiseau, ainsi que les cinq ou six espèces qui s'en rapprochent par leurs caractères, semble par la structure de plusieurs de ses organes et la conformation de certains de ses os, ménager la transition entre la classe des mammifères et celles des reptiles et la classe des oiseaux. Ce qui est sûr, c'est que les analogies que l'Autruche présente avec le Chameau dans la courbure de son cou démesuré et flexible, dans la conformation de ses longues et robustes pattes, dans la forme des doigts qui les terminent, dans les callosités qu'elle porte à la poitrine et au bas ventre, dans la manière même de se coucher, donne à notre oiseau un faux air de Chameau emplumé, qui n'a pas plus échappé aux auteurs anciens qu'aux auteurs modernes. Longtemps, en raison de ces ressemblances, on a désigné l'Autruche par le nom d'Autruche-Chameau.

L'Autruche est le géant de la classe des oiseaux. Adulte, elle a jusqu'à deux mètres de haut et son poids peut dépasser 60 kilogrammes. C'est bien juste, si la grandeur de ses jambes, l'épaisseur de son corps, la dimension de son cou, nu, effilé et long de trois pieds, ne lui permettent point d'atteindre, en hauteur, celle d'un homme monté à cheval. Sa tête est petite, plate, presque chauve, munie de grands yeux à paupières mobiles et garnies de cils, comme les paupières de l'homme, et d'oreilles dont l'orifice est découvert. Les cuisses sont fortes, charnues et sans plumes jusqu'aux genoux, ainsi que le dessous des ailes. Celles-ci sont courtes, et bien qu'absolument inutiles pour voler, elles aident l'oiseau dans sa course rapide, lorsqu'il a le vent favorable.

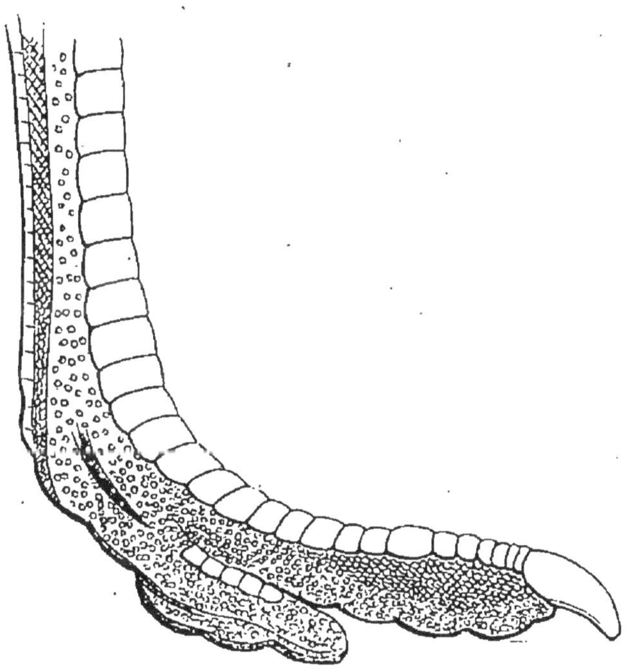

Fig. 39. — Pied d'Autruche.

Elles ne lui servent cependant point comme les voiles à un vaisseau, parce qu'elles ne sont point construites comme celles des autres oiseaux dont les barbes, d'une structure merveilleuse, s'accrochent les unes dans les autres et forment un corps continu capable de frapper l'air. Les fils des barbes de l'Autruche ne sont jamais unis les uns contre les autres, mais flottants et flexibles, n'étant point pourvus de ces crochets qui facilitent l'entrelacement des plumes. On remarque à l'extrémité de chaque aile, deux ergots à peu près semblables aux aiguillons des porcs-épics. On a prétendu que ces pointes servaient de défenses à l'Autruche; d'aucuns ont dit qu'elle s'en piquait comme d'un éperon pour accélérer sa course. Il faut mettre l'une et l'autre de ces opinions au rang des fables ; bien que la première ne manque pas de quelque vraisemblance.

Les plumes du dos sont noires chez le mâle, seulement brunes chez la femelle. Par leur mollesse, elles ressemblent à de la laine. Les pennes des ailes sont de la même couleur, mais très blanches à la partie supérieure. La queue est serrée, ronde, composée de pennes blanchâtres dans le mâle, brunâtres dans la femelle, blanches par le bout ; toutes sont fort recherchées.

Le cou et la tête de l'Autruche sont garnis d'une espèce de duvet ou de poils clairsemés, au lieu de plumes. Ce duvet est de deux sortes, le fin et le gros. Autrefois, le *fin* de l'Autruche entrait dans la fabrication des chapeaux communs. Le *gros* d'Autruche se filait et servait dans les manufactures de lainages pour faire les lisières des draps noirs les plus fins. Dans le commerce, on nommait ce duvet Laine Ploc ou poil d'Autruche, et, par corruption, *làine d'Autriche.*

Régime. — L'Autruche dévore à peu près indifféremment tout ce qu'on lui présente, du cuir, du pain, du poil, du bois, du fer même. Elle ne digère point le fer, bien entendu, ni les autres corps durs ou brillants qu'elle avale; mais ils lui servent, ainsi qu'à tous les animaux qui prennent une nourriture dure, sans mâcher, comme les oiseaux qui vivent de grains, à broyer dans son estomac par frottement contre ces corps résistants, ce que les autres triturent avec leurs dents. Que l'Autruche use mal de l'instinct que la nature lui a donné, lorsqu'elle avale du verre, du fer et principalement du cuivre, nul n'en doute, puisque le cuivre notamment se change en poison dans son estomac et verdit les légumes, le foin, les pierres et les os qu'on y retrouve à l'autopsie; mais qu'elle en absorbe en assez grande quantité, lorsque l'occasion s'en présente, cela est aujourd'hui prouvé par mainte constation officielle.

Cette propension qui porte notre oiseau à avaler gloutonnement ce qui lui tombe sous le bec, même le vieux linge qu'on laisse traîner, tendrait à prouver, comme on l'a prétendu, que l'Autruche est complètement dépourvue de goût. Il n'en est rien pourtant, car, en captivité, elle sait fort bien choisir, au milieu des herbages fort variés qu'on lui offre, ceux qui lui conviennent le mieux; et si l'on présente à une Autruche une herbe qu'elle ne connaît pas, elle la palpe deux ou trois fois avec son bec et la rejette ou l'accepte, suivant qu'elle est mauvaise ou bonne, après l'avoir expérimentée. Nous avons relevé dans la *Revue Britannique* quelques faits curieux qui ne font que confirmer la réputation de voracité que s'est faite l'Autruche: «Nous avons vu, il y a quelques années, dit l'auteur de l'article de cette revue, une Autruche du jardin d'Essai (à Alger) avaler un cadenas avec une chaîne, qu'elle rendit un peu déformés, mais brillants, comme si ces objets avaient été frottés et polis. Au palais d'été du gouverneur, à Mustapha, une Autruche qu'on laissait courir en liberté, avala un petit bougeoir avec sa bobèche qu'un domestique avait laissés sur la balustrade d'un parterre; l'animal rendit ces objets, détériorés, tordus et oxydés.

Bien que l'Autruche soit omnivore, et qu'elle s'accommode un peu de tout, elle préfère cependant les herbes alcalines, la luzerne, le trèfle, le chou, l'oxalis, et la feuille du cactus sans épines, à toute espèce de nourriture herbacée; elle mange avec avidité tous les grains, l'orge, le maïs, l'avoine, le blé, la vesce, et toute plante fourragère. Elle se montre très friande des plantes ligneuses salées, ne refuse ni les dattes ni les autres fruits sucrés. Insectes, larves, lézards, scorpions, serpents, coquillages, débris de viande et surtout d'os pulvérisés, ne sont point pour la rebuter. En captivité, on lui distribue alternativement de la verdure et de l'orge, de l'avoine et du maïs ; la distribution se fait, chaque jour, en deux fois, à des heures réglées. Quoi qu'on ait dit, l'Autruche boit souvent et beaucoup ; une Autruche absorbe, en effet, de six à huit litres d'eau par jour, en été, et de quatre à cinq litres, en hiver.

Irascibilité de l'Autruche. — On a dit du caractère de l'Autruche beaucoup de bien et beaucoup de mal. De part et d'autre on a eu tort. L'Autruche n'est ni un animal exceptionnellement bon, ni un être particulièrement mauvais. Si cet oiseau a ses travers et ses moments d'humeur, le fonds de son caractère le porte à la paix et à la douceur ; cependant, à certaines époques et sous l'influence de modifications organiques d'un ordre déterminé, à l'époque des amours, par exemple, il devient méchant. Le mâle surtout est ombrageux, et ses accès de colère sont à redouter. Il n'est pas rare de le voir fondre sur son gardien, l'assaillir à coups de pieds, parfois le blesser grièvement de son ongle qui a la dureté de l'acier. Quand l'Autruche veut attaquer son ennemi, elle se dresse de toute sa hauteur, se balance sur ses pattes, comme un boxeur qui va prendre son élan, et détache des coups de pieds en avant, jamais en arrière ni de côté. On a vu des Autruches tuer leur gardien.

Voici qui peut donner une idée de l'irascibilité des Autruches mâles. M. Crépu, alors capitaine au 2e régiment de tirailleurs algériens, chef du bureau arabe de Daya, près Sidi-Bel-Abbès, province d'Oran, écrit le 12 août 1873, à un de ses amis habitant Paris : « Dernièrement, en passant à Sidi-Bel-Abbès, j'ai voulu pénétrer dans le parc du couple qui n'a pas couvé, j'ai failli être abîmé par le mâle, malgré une porte que je tenais devant moi en guise de bouclier. On ne peut se faire une idée de la méchanceté de certains de ces oiseaux, sans les avoir vus. Le mâle en question, tournait autour de moi si vite, pour me frapper au défaut de la porte que j'en étais presque étourdi et ai été obligé de m'acculer à un angle de l'enclos ; là, il s'est précipité à coups de pieds sur la porte, si fortement que je n'ai plus eu la force, un instant, de maintenir mon bouclier et que je me suis cru perdu. Je porte encore sur les jambes et la poitrine, les traces de ma lutte. De guerre lasse, il a fini par se retirer tout seul, après s'être mis un pied en sang. »

Habitat. — L'Autruche vit dans le désert. Dans ces plaines arides qui semblent destinées à la soustraire à la domination de l'homme, elle vit comme elle peut, la pauvre bête. Si elle a cherché ainsi à s'isoler dans ces espaces sans bornes, embrasés par les feux d'un ciel pur, toujours sec et sans nuages, ce n'est point, croyons-nous, qu'elle ait un goût particulier pour les terrains brûlés, sans eau et sans verdure. La vérité, c'est qu'elle a été contrainte, par esprit de conservation, d'adopter cette patrie des sables, pour échapper, dans la mesure du possible, aux poursuites de l'homme et de ses auxiliaires, chiens et chevaux. On sait aujourd'hui qu'avant la conquête de l'Algérie on rencontrait dans les oasis peu éloignées du Tell de nombreux troupeaux d'Autruches qui venaient pâturer, pondre et couver dans les daïas, espèces de bas fonds où s'accumulent les eaux pluviales de l'hiver et qui, pendant la saison chaude, sont couverts de plantes et d'arbustes. Si, depuis la conquête, notre oiseau, d'un caractère naturellement timide et craintif, s'est enfoncé plus avant dans le sud, abandonnant à tout jamais la lisière des steppes sahariennes, c'est qu'il y a été refoulé par les chasses opiniâtres dont il a été l'objet, terrifié par les nombreuses hécatombes dont sa race était victime. Le général

Margueritte, mort si glorieusement pendant la guerre de 1870-1871, a largement contribué par son ardeur à poursuivre les Autruches, pendant son séjour en Algérie, à reléguer ces malheureux oiseaux jusque dans les profondeurs du désert. C'est donc là que la méchanceté de l'homme a forcé l'Autruche à se reproduire. Elle y vit en société, par troupes quelquefois fort nombreuses et semblables, comme on l'a dit, à autant d'escadrons de cavalerie. Et, là encore, elle n'est point à l'abri des poursuites de ses ennemis.

Nidification. — Comment elle fait son nid au désert, personne ne peut le dire exactement. On ne va point là, en touriste, où les mortelles insolations sont à redouter. On trouve le nid tout aménagé dans le sable, avec ou sans œufs et voilà tout. Mais, s'il n'a été donné jusqu'ici à aucun voyageur d'assister à la préparation du nid de l'Autruche en liberté, tous les éleveurs connaissent, et beaucoup d'amateurs ont observé la manière dont cet oiseau le construit dans les parcs où on le nourrit captif, en vue de la reproduction.

C'est le mâle qui commence à préparer le nid. Le capitaine Crépu, dont nous avons déjà parlé, a raconté qu'en 1872, à Daya, il avait déposé sous un gourbi, une grande quantité de sable fin et doré, semblable à celui du désert, espérant qu'un couple d'Autruches qu'il élevait adopterait cet endroit pour nicher. Son espoir ne fut point déçu. Le mâle se mit à creuser dans le sable un énorme trou. A cet effet, il s'accroupissait sur le sol, comme pour se coucher; puis, prenant un point d'appui sur son sternum, il lançait ses grandes jambes en arrière, en creusant le sol, comme eût pu le faire un homme avec ses mains. Lorsqu'il jugeait avoir suffisamment foui dans un sens, il changeait de position et opérait de même d'un autre côté, prenant ses mesures avec son corps, qui devait tenir tout entier dans le trou creusé. Cela fait, il allait chercher sa femelle, en lui faisant une invite du bec et des ailes, puis, tous deux perchés sur le bord du nid, ils prenaient avec leur bec, pour ainsi dire, des pelletées de sable qu'ils rejetaient dans le nid, comme pour l'ameublir et le tamiser. Quelquefois, la femelle quitte le nid dont la construction paraît l'intéresser beaucoup moins que son compagnon, mais celui-ci va la chercher et la ramène au travail. Ce manège très curieux paraît être la reproduction exacte de ce qui se passe au désert.

Lorsque le nid a été suffisamment agrandi et qu'il a atteint plus d'un mètre de diamètre, et en profondeur 30 centimètres environ, la femelle commence à pondre. Elle fait un œuf tous les deux jours. Au fur et à mesure que la ponte s'avance, son assiduité à couver s'accentue. Dès le quatrième ou cinquième œuf, elle s'occupe de l'exhaussement du nid. On peut l'y voir accroupie, creusant avec son bec un fossé circulaire autour d'elle, et rejetant sur ses ailes tout le sable qu'elle extrait. Peu à peu, le nid ainsi rechargé prend la forme d'un cône tronqué au sommet duquel se trouve l'oiseau. Ce travail, en général, a pour but de préserver le nid des inondations et des infiltrations d'eau. Le nombre d'œufs par couvée, sans être constant, paraît cependant fixé dans des limites qui varient peu. Il est de douze à quinze par couvée. Mais la femelle peut en produire bien davantage, si l'on a le soin de lui enlever les œufs aussitôt qu'ils sont pondus, comme on le fait pour provoquer les poules à pondre dans les poulaillers.

Un Français, M. Suquet, qui s'est beaucoup occupé de l'élevage de l'Autruche, parle d'une femelle qui a ainsi pondu jusqu'à quatre-vingt-deux œufs. Lorsque l'on songe que chaque œuf d'Autruche équivaut, à peu près, à trente œufs de poule on conçoit quelle ressource peuvent fournir à l'alimentation publique des pondeuses aussi fécondes.

Dès que le nid contient la plus grande partie de la couvée, le mâle et la femelle se partagent les soins de l'incubation. Ordinairement, le mâle se met sur le nid à quatre heures de l'après-midi et y reste jusqu'au lendemain vers dix heures. A ce moment, la femelle va le remplacer. L'incubation dure de quarante-deux à quarante-huit jours. Quand le moment de l'éclosion est arrivé, on entend les petits attaquer les parois de la coquille; mais cette coquille est dure à fendiller, et le père est souvent obligé d'intervenir et de la faire craquer en pesant sur l'œuf avec son sternum. Au Caire, dans l'installation des couvoirs que M. Lucien Merlato a faite dans la ferme de Matarieh pour le compte de la Société en vue de l'élevage de l'Autruche en Égypte, cet éleveur signale l'ingénieuse application qu'il a su faire du microphone pour avertir l'observateur des efforts que fait l'Autruchon pour rompre la coquille de l'œuf.

Une fois délivré, l'Autruchon reste quelque temps à peu près inerte; puis, après qu'il a été réchauffé sous les ailes de ses parents, il s'essaye à courir, d'une allure cahotée, tombant sur le bec et vacillant sur ses grandes jambes. encore inexpérimentées.

La plupart des oiseaux sont très soucieux de conserver tous leurs œufs dans le nid jusqu'à ce que l'éclosion soit faite; l'Autruche, au contraire, ne manque jamais d'en sacrifier quelques-uns qu'elle rejette volontairement au dehors. On a cherché à expliquer ce fait de bien des manières. Les Arabes prétendent que, si l'Autruche tient en réserve, à sa portée, hors du nid, quelques-uns de ses œufs, c'est qu'elle les destine à nourrir ses petits pendant les premiers jours, et jusqu'à ce qu'ils aient acquis la force nécessaire pour accompagner leurs parents au pâturage. Cette explication, quoique contestée, ne manque pas de vraisemblance; et on est disposé à la tenir pour bonne, quand on considère que l'Autruche niche, le plus souvent, au milieu de vastes solitudes. S'il fallait que des petits fraîchement éclos fissent sur leurs longues jambes titubantes un trajet parfois de plus de deux lieues, avant de rencontrer un brin d'herbe, pas un n'échapperait à la mort. Il est donc assez naturel de supposer qu'ils trouvent de quoi se suffire sur place, et comme il n'y a là rien qui puisse les sustenter, si ce n'est les œufs que la prévoyance de leurs parents semble avoir mis de côté à leur intention, il est présumable qu'ils vivent de ces œufs, pendant les premiers jours. Voici d'ailleurs ce que rapporte à ce sujet un éleveur algérien, qui a observé, en 1873, les faits suivants. Ils se rapportent à un couple d'Autruches parquées : « Aussitôt les petits éclos, dit cet éleveur, je fis déposer près du nid où ils s'abritaient, sous les ailes du père, de la salade hachée et du blé concassé; il n'y touchèrent pas, mais, le deuxième jour, la mère ayant cassé successivement plusieurs œufs avec son bec, et leur contenu s'étant mélangé avec le sable du nid, sur l'invitation qu'elle leur en fit, en leur donnant elle-même l'exemple, ils se mirent à picoter et à avaler de petites boulettes de sable mélangé avec le contenu des œufs cassés; ils avalaient également la peau intérieure des débris des coquilles d'œufs, et enfin, ils puisèrent dans les excréments de leurs parents les premiers éléments de leur nourriture, avant de toucher à celle que je leur avais fait préparer.

« C'est bien là, ajoute l'éleveur précité, ce qui doit se passer dans le désert pendant les premiers jours des jeunes Autruchons. La matière des œufs mis en réserve et les excréments des père et mère doivent composer uniquement la nourriture des petits, jusqu'au moment où ils ont la force de suivre leurs parents, ce qui a lieu au bout de huit à dix jours. »

Domestication. — Comme la plupart des animaux qui vivent en bandes, les Autruches sont susceptibles d'être apprivoisées. Les habitants de certaines contrées de l'Afrique en nourrissent des troupeaux. D'après les renseignements recueillis au commencement de ce siècle par les explorateurs qui ont parcouru le continent africain, ce serait au milieu de certaines tribus du Kordofan et du Wadou, que se serait d'abord développé le fermage régulier des Autruches. Ces tribus tiraient de ces oiseaux un produit important par le commerce des plumes.

Les Autruches s'apprivoisent par la seule habitude de voir des hommes, d'en recevoir la nourriture et de bons traitements. On est même parvenu à les dompter et à s'en servir en guise de monture (fig. 40). Adanson célèbre naturaliste, mort en 1806, a vu, sur le Niger, au comptoir de Podor, deux Autruches encore jeunes, dont la plus forte courait plus vite que le meilleur coureur Anglais, quoiqu'elle eût deux nègres sur le dos. Sparmann, de son côté, a vu, en 1775, au Cap, dans la ménagerie du gouverneur, plusieurs Autruches apprivoisées; elles se laissaient monter par tout le monde sans s'inquiéter de la pesanteur. Celles qui étaient très jeunes grimpaient même et se perchaient sur l'épaule de quiconque voulait les souffrir. D'après cette observation, dit ce voyageur, je ne doute nullement qu'on ne puisse dresser des Autruches à porter des fardeaux, ou les rendre, de quelque autre manière, utiles aux hommes. Cette appropriation possible de l'Autruche à l'utilité et à l'agrément de l'homme, n'avait point échappé aux anciens qui, dès les temps reculés, ont employé cet oiseau aux travaux de force. Vers la fin du IIIe siècle, un tyran qui régnait en Égypte se faisait porter par de grandes Autruches. A une époque moins lointaine, l'anglais Moore a vu à Joar, en Afrique, un voyageur qui faisait d'un de ces oiseaux le même usage. Aujourd'hui l'Autruche est fréquemment employée comme monture, voire comme bête de trait. Il n'est personne qui n'ait vu l'Autruche attelée du Jardin d'acclimatation de Paris, ou qui n'en ait entendu parler.

Emploi de la viande, des œufs et de la graisse de l'Autruche. — En ce siècle où l'on cherche à tout utiliser pour augmenter le bien-être des populations et pour leur

FIG. 40. — Autruche montée.

fournir l'abondance, beaucoup de savants, de philanthropes et d'économistes, ont songé à introduire la viande d'Autruche dans l'alimentation publique, comme viande de boucherie. Cette viande a ses partisans et ses détracteurs. Ceux-ci la disent mauvaise, ceux-là la trouvent excellente. En tout cas, elle est fort saine, très nourrissante, et, lorsqu'elle est bien accomodée, digne de figurer sur une bonne table. D'aucuns prétendent qu'elle est parfumée comme celle du lièvre, comparable à celle du bœuf, supérieure à celle du cheval, du buffle et du chameau; qu'elle peut être préparée en daube, en civet et en rôti, et qu'on s'en lèche les doigts. A Grenoble, où l'éducation des Autruches a été tentée, toutes les personnes qui ont mangé de la chair de l'animal l'ont trouvée très appétissante. Ce qu'il y a de certain, c'est que l'on mange de la chair d'Autruche, depuis que le monde est monde. Cette chair devait probablement passser pour un aliment malsain, puisque la législation des Juifs l'a classée parmi les nourritures immondes, et que les anciens médecins l'interdisaient généralement. Des peuples entiers, dans l'antiquité, ont cependant mérité le nom de *Strutophages*, mangeurs d'Autruche, par l'habitude où ils étaient de manger de l'Autruche, comme leurs voisins les *Éléphantophages* avaient contracté celle de se nourrir de la chair de l'éléphant. Les auteurs anciens nous apprennent que ces peuples habitaient vers l'Éthiopie, au-delà de l'Égypte. On cite aussi un certain Firmius qui, en un seul jour, dévora une Autruche entière, et le féroce empereur romain Héliogabale, qui se fit, à ce que rapportent les historiens du temps, servir, en une fois, la cervelle de six cents Autruches, avec une sauce appropriée à ce morceau de choix.

La viande de l'Autruche n'est pas le seul produit comestible de l'animal ; ses œufs ont, sous ce rapport, une grande valeur. Un œuf d'Autruche sur le plat est un mets déjà très appétissant, mais, en omelette, cet œuf est supérieur à celui de la poule et son jaune est incomparable pour la préparation des crèmes et pour la pâtisserie. Le blanc est moins engageant, et le jour où la production permettrait la vente en gros d'œufs frais d'Autruches, cette partie devrait être livrée aux fabricants d'albumine.

Un œuf d'Autruche de bonne dimension renferme 350 grammes de jaune et 1000 à 1100 grammes d'albumine liquide. Quant à la coquille, qui est fort épaisse, on la sculpte pour en faire des vases à boire ou des ornements. Les Turcs et les Persans suspendaient jadis des œufs d'Autruche à la voûte de leurs mosquées. L'œuf d'Autruche plein vaut, en moyenne, en Algérie, 5 francs la pièce.

« La graisse d'Autruche est, pour les Arabes, un objet de luxe, et ce produit dont le prix, dans certains endroits du Sahara, varie de 1 fr. 50 à 2 francs le kilogramme, s'élève dans d'autres régions à 6, 7 et 8 francs. Dans le Sebdou, elle se vendrait même jusqu'à 20 francs, d'après les documents recueillis sur les lieux. Les Arabes se servent de la graisse d'Autruche fraîche ou salée, en guise de beurre dans leur cuisine. Ils l'emploient aussi comme remède dans toutes les blessures, contre certaines morsures venimeuses, et en friction dans les maladies rhumatiques; ils l'administrent à l'intérieur, lorsqu'elle est fondue et salée, dans quelques maladies du foie. La moelle des os est réservée pour les accès de goutte et les maladies nerveuses; et, dans leur opinion, la cervelle aurait une propriété des plus malfaisantes. Ils prétendent que cette cervelle mangée par l'homme, le rend fou furieux et lui donne des accès d'hydrophobie incurables; aussi ont-ils soin de l'enterrer lorsqu'ils tuent une Autruche, à moins qu'ils ne veuillent s'en servir pour se venger d'un ennemi mortel[1]. »

[1] Brehm, *les Oiseaux*, t. II, p. 512, édition française, revue par Gerbe.

La dépouille. — Après les produits alimentaires, vient le produit de la dépouille qui n'est pas le moins important. Les plumes d'Autruche sont, en effet, les grands matériaux qu'emploient les plumassiers dans leurs ouvrages. Nous en indiquerons plus loin les différents usages et la préparation. Disons, en passant, sauf à y revenir ultérieurement, que les belles plumes s'apprêtent, se blanchissent et se teignent en diverses couleurs; que les plumes des mâles sont les plus estimées, parce qu'elles sont les plus larges et les mieux fournies; qu'elles ont le bout plus touffu, et la soie plus fine.

Maintenant que l'art de la parure s'est développé en raison du goût mieux cultivé et du luxe qui s'est accru, on utilise les plumes de l'Autruche à maints usages inconnus au temps passé.

Chasse. — C'est précisément parce que l'Autruche peut servir à satisfaire la gourmandise et la vanité de l'homme, qu'une guerre à mort a été, dans le début, déclarée à ce malheureux oiseau. On l'a chassé à outrance et on le chasse encore activement, mais, aujourd'hui, on cherche plus fréquemment à le prendre vivant pour en tirer profit pendant plus longtemps, et pour en faire la souche d'Autruches domestiques.

Les Arabes donnent aux Autruches la chasse à cheval, En les inquiétant sans cesse, en ayant l'air de les observer, mais non de les poursuivre, ils les empêchent de manger, les fatiguent et finissent par fondre sur elles et par les assommer à coups de bâton, afin que leur sang ne gâte point leurs belles plumes blanches. On ne fait cette chasse qu'après que les oiseaux ont mué et que leur plumage est sec. Autrement la plume ne vaudrait rien. D'autres fois, les Africains poussent les Autruches de toute la vitesse de leurs chevaux; elles tâchent de gagner les montagnes et font à chaque instant de brusques détours qui obligent les chasseurs à

Fig. 41. — Chasse à l'Autruche.

tourner si court et à faire des contre-temps si violents que d'autres que ces merveilleux cavaliers seraient, sur le coup, désarçonnés (fig. 41).

Bien que la vitesse des chevaux arabes soit extrême, souvent les chasseurs auraient de la peine à joindre les Autruches, s'ils ne lâchaient à leurs trousses des lévriers qui leur barrent la route et en facilitent la capture.

L'Autruche morte, dit Brehm, le chasseur la dépouille, retourne la peau et s'en sert comme d'un sac pour conserver les plumes. Il enlève ensuite autant de chair qu'il lui en faut pour ses besoins, et suspend le reste à un arbre, pour le faire sécher ; c'est une provision qu'il laisse pour le premier voyageur qui passera. Pendant ce temps, les chameaux d'escorte sont arrivés ; chasseurs et chevaux se reposent de leurs fatigues, se rafraîchissent, puis retournent chez eux chargés de leur butin.

Une fois arrivés, on sépare les plumes selon la qualité. Celles qui ont le plus de prix, les blanches, dont une Autruche adulte ne fournit pas plus de quatorze, sont attachées ensemble et gardées soigneusement dans la tente pour être vendues à l'occasion. Le marchand pour se les procurer doit s'adresser lui-même au chasseur, et encore ne les obtient-il qu'après des instances vraiment ridicules. Mais le soin avec lequel l'Arabe cache le produit de sa chasse paraît bien fondé à qui connaît les mœurs du pays ; tous les souverains, tous les employés du gouvernement en Afrique, aujourd'hui comme au temps des Égyptiens, exigent de leurs sujets ou de leurs administrés un impôt régulier en plumes d'Autruches et ne se font nul scrupule de les faire enlever de force par leurs subordonnés. Dans celui qui vient lui demander des plumes d'Autruche, l'Arabe voit donc tout d'abord un employé du fisc, il ne consent à les lui donner que quand il s'est convaincu, par un interrogatoire approfondi, de sa loyauté et de son honorabilité.

On attrape quelquefois ces oiseaux vivants avec des fourches faites exprès ; une fois pris, ils ne sont pas longs à s'apprivoiser ; ils se laissent parquer et mettre en troupeaux.

Les Struthophages chassaient les Autruches en se couvrant de la peau d'un de ces oiseaux.

Voici, d'après Moffat ; de quelle façon exacte s'accoutraient les Boschismans qui chassaient plutôt l'Autruche à l'affût qu'à force ouverte. S'embusquant près de son nid, ou aux approches de l'endroit où elle va s'abreuver, ils se déguisaient en Autruche, et, pour cela, remplissaient de paille une sorte de double coussin, agencé en manière de selle ; cet attirail était revêtu de plumes. Puis sur un bâton entouré de paille, étaient disposés le cou et la tête d'une Autruche. Cela fait, le Boschisman, après s'être peint les jambes en blanc, s'affublait de la selle qu'il avait façonnée, et s'avançait tenant le cou de l'Autruche de la main droite, et son arc de la main gauche. L'adroit chasseur savait si bien imiter les mouvements de l'oiseau vivant que les Autruches se laissaient tromper et approcher de très près.

Élevage. — Nos fermes en Algérie. — Au lieu de continuer à tolérer, à favoriser même les hécatombes d'Autruches auxquelles se livraient les indigènes et les officiers français, depuis la conquête de l'Algérie, on a pensé mieux faire, en cherchant à parquer ces oiseaux, à les domestiquer et à tirer d'eux avec moins de peine, moins de cruauté et plus de profit, tout ce qu'ils pouvaient rendre. On y a réussi, non sans difficulté, et après une longue période d'épreuves douteuses et de tâtonnements infructueux.

Aujourd'hui, l'acclimatation et la domestication de l'Autruche est un fait acquis, et si, en ce genre d'élevage, les Anglais, au Cap, sont encore actuellement nos maîtres ; ils ne le sont devenus qu'après avoir été nos élèves, ou du moins après s'être inspirés de nos procédés, qu'ils ont plus adroitement su mettre en pratique.

C'est, en effet, à la suite d'un fait purement accidentel qui se produisit, en 1857, à la pépinière du gouvernement d'Alger que la possibilité d'obtenir la reproduction de l'Autruche à l'état domestique fut entrevue. Un couple d'Autruches, entretenu dans un parc, près des bâtiments d'exploitation de la pépinière du Hamma, avait pondu huit œufs, sur lesquels un seul donnait un poussin vigoureux; trois Autruchons étaient morts dans la coquille et les autres œufs paraissaient clairs. Les années suivantes, M. Hardy, gérant de l'établissement du Hamma, obtint des reproductions plus nombreuses.

A la même époque, des essais plus ou moins heureux étaient également tentés par le prince Demidoff, dans son domaine de San-Donato, près Florence; par M. Noël Suquet, à Marseille; par M. Graëlls, au jardin du Buen-Retiro, à Madrid; enfin, par M. Bouteille, à Grenoble. C'est à la suite de ces expériences faites par des Français et grâce aux conseils de deux Français, les frères Verreaux, que les colons du Cap ont pu réaliser les colossales fortunes qu'ils ont édifiées sur l'élevage des Autruches.

Pour donner aux plumes de leurs oiseaux la qualité qui leur manquait d'abord, les habitants du Cap n'ont rien négligé. Afin de donner à leurs produits un rang supérieur à celui qu'ils occupaient antérieurement, plusieurs éleveurs ont même fait venir, à grands frais, des oiseaux de l'Afrique du Nord. Mais, en 1883, les produits de cet accouplement n'étaient encore que peu répandus en Europe : ils le sont aujourd'hui davantage. Quoi qu'il en soit, l'activité avec laquelle l'élevage des Autruches a été poussé à la colonie du Cap est digne de remarque. D'après un recensement fait en 1865, il n'y avait que 85 Autruches domestiques dans toute l'étendue de la colonie ; en 1875, on évaluait le nombre des Autruches apprivoisées à 21.751 ; en 1879, plus de 70.000 de ces oiseaux étaient répartis sur les fermes du Cap, dans la province de Natal et au Transwaal. M. Lavessère, consul de France au Cap, dans un rapport cité au *Journal officiel* du 20 décembre 1883, estime qu'à cette date (1883) les possessions anglaises de l'Afrique australe devaient compter près de 100.000 Autruches; ce chiffre énorme doit aujourd'hui avoir été dépassé. Ce qui est hors de doute, c'est qu'au début, c'est-à-dire il y a vingt ou vingt-cinq ans, quoique l'Autruche ne fût pas alors très commune dans la colonie, on pouvait acheter un jeune pour 6 ou 7 francs. Dès 1875, le jour même de l'éclosion, l'oiseau vaut 125 francs, et une Autruche qui a atteint, sans accident, l'âge d'une semaine, vaut le double. Cette même année 1875, un beau mâle adulte privé et deux femelles n'étaient point trop payés au prix de 25.000 francs.

Inquiétés par les succès toujours croissants des colons du Cap, les éleveurs algériens, à la tête desquels se placèrent bientôt deux Français, M. Rivière père, puis M. Rivière fils, reprirent avec plus d'intelligence et plus de soins la domestication de l'Autruche. Dans leur jardin d'essai, ils firent tout pour conserver cette précieuse race du Sahara, aujourd'hui si rare, et pour l'améliorer par un choix minutieux dans les animaux reproducteurs. Non contents d'avoir recours à la reproduction naturelle qui donne bien des mécomptes, comme nous le verrons, ils employèrent l'incubation artificielle à l'aide d'appareils spéciaux, déjà expérimentés avec succès au Cap, par M. Arthur Douglas. Depuis lors, le Hamma a pu satisfaire aux nombreuses demandes des jardins zoologiques d'Europe et aussi fournir le cheptel qui a alimenté les quelques grands parcs à Autruches qui ont été fondés depuis par des particuliers en Algérie, et qui sont connus sous les noms de parcs de Zéralda, d'Aïn-Marmora, de Misserghin et du Planteur. La figure 42 représente un de ces parcs. La ferme de Misserghin a été créée par un officier français, M. Crépu, elle est en voie de prospérité et s'accroît tous les ans. Quant à la ferme d'Aïn-Marmora, fondée par un groupe de fabricants de plumes parisiens, elle donne d'excellents résultats et prend une grande extension. M. A. Laloue, qui dirige l'établissement, possédait, en 1882, plus de cent cinquante oiseaux, tant jeunes qu'adultes, répartis sur un territoire de 200 hectares.

A l'île Maurice, l'élevage de l'Autruche a été introduit par M. Chéri-Liénard, propriétaire d'un domaine situé à Chibel. L'établissement qu'il y a fondé est habilement administré par M. Paul Lepervanche qui, ces années dernières, possédait déjà un petit troupeau de onze individus adultes parfaitement acclimatés et fournissant de la plume de choix. Au mois de décembre de la même année, ce troupeau s'était augmenté et comptait, outre dix couples reproducteurs, six jeunes Autruches en bonne santé. « Nous serions plus avancés, écrit M. Lepervanche à M. Geoffroy Saint-Hilaire, secrétaire général de la Société d'acclimatation, si la dernière ponte ne s'était effectuée dans des conditions défavorables ; trois mois de pluies torrentielles accompagnées de violents orages ont compromis les couvées. Quelques bêtes affolées ont abandonné les nids et ne les ont pas repris ; d'autres nerveuses, ont continué l'incubation jusqu'à la dernière limite, mais sans résultat ; les œufs étaient corrompus.

« Dans certaines années, les pontes de mars qui coïncident avec la saison d'hivernage sont exposées à des échecs ; celles de septembre offriront beaucoup plus de chances de succès.

« D'un autre côté, les jeunes nous réservent quelquefois les déceptions les plus inattendues. Tantôt c'est un bel oiseau de six mois qui s'étrangle avec un escargot gros comme le poing, après en avoir avalé toute une série ; un autre se brise une jambe en courant, sans que la plus légère aspérité du sol puisse expliquer cet accident ; d'autres, bien portants le soir, ne se lèvent pas le lendemain matin, ils refusent leur nourriture, et c'est fini : quelque temps après,

Fig. 42. — Parc à Autruche.

ils sont morts. Je crois que, pour éviter de fâcheux mécomptes, on ne doit considérer comme sauvés que les oiseaux d'un an; ils sont alors assez forts, assez robustes pour qu'on n'ait plus à craindre les funestes conséquences de leur folle gaîté et surtout de leur gloutonnerie à laquelle j'attribue la majeure partie des mortalités pendant le premier âge.

« Ceux qui tenteront l'acclimatation des Autruches feront bien d'avoir toujours à leur portée un champ de luzerne et de l'orge perlé. J'ai plusieurs fois relevé des oiseaux qui s'étaient couchés et semblaient gravement atteints, en les forçant à manger de l'orge et de la luzerne que je leur faisais présenter dans la main. Lorsqu'ils ont consenti à faire les premières becquées, on peut les considérer comme en voie de rétablissement.

« Un éleveur, dont la propriété, située à Roche-Bois, est à quelques milles de Chibel, vient de créer des parcs et possède une dizaine de bêtes qu'on a tirées du Cap. Les études comparatives qui pourront être faites sur les deux stations seront utiles à ceux qui viendront après nous et faciliteront leur succès ».

Dans le pays de Sennaar, en Égypte, l'élevage des Autruches en vue de la production des plumes est très prospère. Il n'est pas jusqu'à l'Australie qui n'ait entrepris le fermage de l'Autruche, sur l'initiative de la Société d'acclimatation de Melbourne.

Les parcs à Autruches. — Il est aujourd'hui démontré qu'une ferme ne saurait donner des résultats avantageux sans un système complet de clôture. Il n'est pas nécessaire que les enclos soient très spacieux, mais il est d'une haute importance de séparer et de tenir dans des parcs treillagés les couples reproducteurs. Ils ne manqueraient pas, s'ils étaient réunis dans un même endroit, de se jalouser, de se battre, de troubler la confection du nid, la ponte et l'éclosion. C'est ce système de parc restreint que M. Rivière, au jardin d'essai d'Alger, à l'imitation de ce qui avait été fait au Cap par M. Douglas, a adopté d'une manière définitive.

La ferme qu'il exploite est divisée en autant de parcs distincts qu'il y a de couples reproducteurs; laissant quelques fois deux femelles pour un mâle, s'il destine les œufs de ces femelles à l'incubation artificielle. L'exemple de M. Rivière a été suivi par les autres fermiers qui, en présence des excellents résultats obtenus par cet éleveur distingué, n'ont pas tardé à abandonner le procédé de grands parcours autrefois en usage, pour adopter le système de l'enclos restreint.

L'incubation artificielle. — Au fermage des Autruches se rattache intimement la question de l'incubation artificielle. C'est à elle que la colonie du Cap a dû le rapide accroissement de son cheptel. Étant donné, en effet, qu'un couple reproducteur peut donner jusqu'à soixante œufs, et que la femelle n'en peut couver utilement plus de dix, on voit quelle énorme perte serait causée par l'abandon des œufs en excédent ; près des quatre cinquièmes seraient perdus pour la reproduction. Pendant fort longtemps le secret de la réussite des Anglais du Cap est resté impénétrable pour nos éleveurs algériens ; on connaissait leurs appareils, mais on ignorait les procédés spéciaux et le tour de main particulier qui leur permettaient d'obtenir leurs merveilleux résultats. Si perfectionnés qu'ils fussent, ces appareils demeuraient inutiles entre les mains inhabiles de nos éleveurs.

L'appareil Oudot. — Cette situation fâcheuse n'existe plus aujourd'hui. Grâce aux patientes recherches et aux savantes expérimentations de M. Oudot, ingénieur civil, résidant à Alger, le problème de l'incubation artificielle productive a été enfin résolu. Un appareil de son invention permet maintenant aux colons Algériens qui s'occupent de l'élevage des Autruches, d'obtenir facilement des résultats fort capables de faire présager le succès prochain de leurs entreprises. Nous pouvons ajouter que les soins constants donnés aux reproducteurs, que la sélection dont ils sont l'objet, n'ont pas laissé que de donner aux plumes des Autruches domestiques, en Algérie, une valeur plus grande que celle qu'elles avaient auparavant.

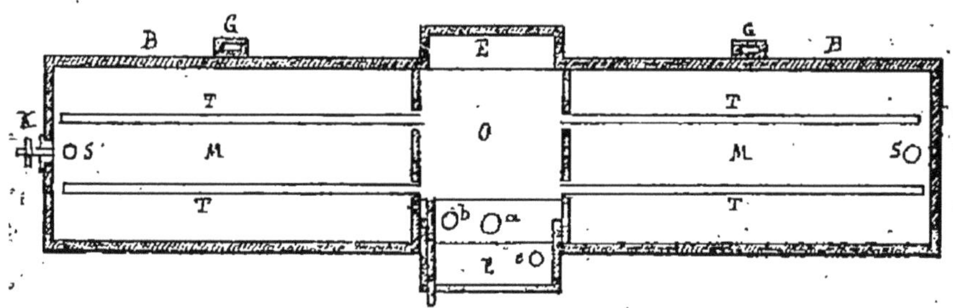

FIG. 43. — Projection horizontale.

B, Coffres de l'appareil; E, Boîte à fumée; O, Chambre à air sec; M, Cuve; T, Conduits de l'air sec; S, Echappement à vapeur; K, Robinet de vidange; *a*, Introduction de l'eau; *b*, Refoulement de l'eau et de la vapeur; *c*, Niveau d'eau.

Il nous a paru intéressant d'emprunter à M. Oudot lui-même la description qu'il fait de son appareil incubateur. (fig. 43, 44 et 45).

Là voici :

« L'appareil que j'ai inventé, dit M. Oudot, en dehors de la facilité de sa construction, de la modicité de son prix d'établissement, et de sa conduite aussi simple que facile, se trouve à la portée de tout le monde, et peut servir en même temps à l'incubation artificielle de toute espèce d'œufs d'oiseaux de basse-cour.

« Il suffit, en effet, d'apporter quelques soins dans le contrôle des thermomètres, et d'observer quelques conditions indispensables dans le choix de l'emplacement, pour y établir l'appareil qui doit être tenu, autant que possible, dans un endroit peu ouvert, très propre, bien clos, et surtout éloigné de toute espèce d'odeur, pour mener à bonne fin cette opération.

« Dans l'origine, en 1876, j'ai employé, pour mes expériences, un incubateur établi d'après le système du couvoir Thick, perfectionné par M. Douglas, tel qu'il est décrit par M. Julius de Mosenthal[1]. Mais je reconnus bientôt que cet appareil ne répondait pas à mon attente. J'en construisis successivement deux autres, dont les résultats ont dépassé toutes mes espérances.

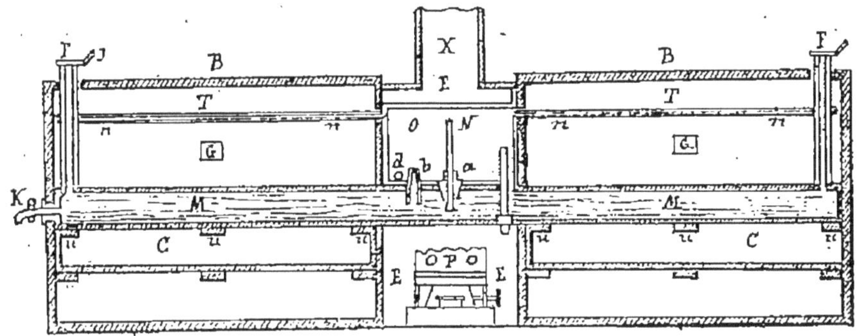

FIG. 44. — Coupe verticale.

B, Coffres de l'appareil; E, Boîte à fumée; O, Boîte à air sec; M, Cuve; T, Conduits de l'air sec dans l'intérieur de l'appareil; F, Echappement de vapeur; K, Robinet de vidange; *a*, Introduction de l'eau dans la cuve; *b*, Refoulement de l'eau et de la vapeur; *c*, Niveau d'eau; *d*, Introduction de l'air froid dans la chambre à air sec; P, Foyer; G, Echappement modérateur de l'air chaud et purgeur; *n*, *n*, Echappement de l'air sec au-dessus des œufs; N, Thermomètre plongeur; X, Chambre d'appel de fumée; J, Valve de l'échappement de vapeur; *u*, *u*, Tasseaux de soutien de la cuve; C, Tiroir pour œufs d'oiseaux de basse-cour.

« Cet appareil (fig. 44) consiste dans un coffre, ou la réunion de deux coffres, sur un même plan, feutrés intérieurement sur toutes leurs parois et recouverts d'une légère étoffe en feutre, ou en caoutchouc, de telle sorte, que la température extérieure ait le moins d'influence possible sur la température développée à l'intérieur, en conservant la chaleur emmagasinée.

[1] Julius de Mosenthal, *Ostriches and Ostrich Farming*, Londres, 1876.

« Ces coffres ont pour bases une seule cuve en cuivre, ou en zinc, de 8 centimètres de hauteur, avec circulation d'eau chaude servant à chauffer un bain d'air légérement humide dans lequel se trouvent placés les œufs.

« Un courant d'air sec, produit par l'air chauffé, dans une chambre placée au-dessus de la cuve, dans l'axe du foyer, mais en retraite sur la face antérieure de la cuve, est distribué dans l'intérieur des coffres par des conduits horizontaux, placés au-dessus des œufs ; ces conduits sont percés de petits trous permettant la distribution de la chaleur sèche.

« Des thermomètres au mercure placés sur le plan inférieur des œufs, à la ligne de leur centre et au-dessus, sont disposés de manière à être consultés, sans avoir besoin d'ouvrir les coffres, et indiquent à l'opérateur la marche de son appareil, en lui permettant d'augmenter ou de diminuer l'intensité de son foyer de chauffage.

« La cuve est armée d'un niveau d'eau, ainsi que d'un thermomètre plongeant dans la cuve, servant à constater l'évaporation de l'eau et sa température.

« Une relation constante doit exister entre tous les thermomètres, disposés comme je viens de l'indiquer, et la température de la chambre où se trouve l'appareil.

« Des ouvertures ménagées sur les côtés et au couvercle des coffres de l'appareil, pouvant se fermer à volonté par une valve, déterminent des courants d'air qui contribuent à purger l'incubateur de l'excès d'humidité ou d'air sec, qui s'y trouverait emmagasiné, en même temps qu'elles procurent le volume d'air nécessaire à l'échange des gaz et aux évolutions des œufs.

« L'appareil de chauffage de l'étuve consiste dans un petit fourneau à pétrole, à deux becs, actuellement en usage dans les ménages.

« J'ai apporté à ce fourneau des modifications qui permettent d'en régler la marche (fig. 45) : la mèche du bec, au lieu d'être sollicitée, dans son mouvement, par une molette cannelée placée dans l'axe de la mêche qui détermine des mouvements gauches, est entraînée au moyen de deux cylindres, l'un uni, l'autre cannelé, entre lesquels la mèche se meut dans un plan exactement vertical ; le cylindre cannelé est commandé par une tige à bouton comme dans les fourneaux ordinaires.

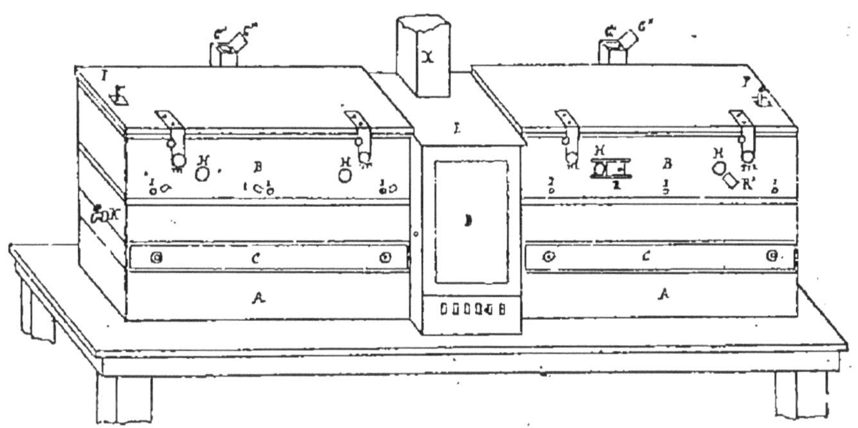

Fig. 45. — Elévation.

B, Coffres de l'appareil ; E, Boîte à fumée ; D, Porte vitrée ; F, Echappement de l'air chaud, purgeurs ; K, Robinet de vidange ; R, Porte à coulisseaux ; R', Taquet pour fermeture ; *i*, Introduction des thermomètres dans l'intérieur de l'appareil ; *t*, Taquets pour fermeture ; G', Cheminées d'appel de la chaleur intérieure ; G'', Obturateurs de ladite cheminée ; C, Tiroirs ; A, Socles ; *m*, Verroux à manette ; X, Cheminée d'appel.

« Si j'insiste sur ce point, c'est que la régularité du foyer est un des principaux éléments de l'appareil et de sa conduite. Une des mèches est suffisante pour chauffer l'appareil et maintenir la température voulue ; l'autre mèche ne sert qu'à parer aux accidents qui pourraient survenir à la première.

« Avant d'introduire les œufs dans l'incubateur, qui peut contenir cinq, dix ou vingt œufs d'Autruche, sans que ce nombre puisse être dépassé, il est nécessaire de le faire fonctionner *à vide*, pendant plusieurs jours, à la température de 50 degrés centigrades, en garnissant l'appareil des couvertures de laine et de ouate qui doivent envelopper les œufs à l'intérieur, de façon à bien faire pénétrer la chaleur dans toutes les parties et dans tous les objets de l'appareil.

« Cette chaleur étant maintenue pendant un jour ou deux, on fera descendre la température intérieure à 39°,85 pour la maintenir à ce degré exact pendant les dix-huit premiers jours, en ayant bien le soin de ne pas franchir ce nombre de degrés.

« Il faut remarquer que l'introduction des œufs froids dans l'incubateur fera descendre la température intérieure d'un certain nombre de degrés. Suivant les observations que j'ai faites sur quatre œufs, mais que j'aurai à répéter, avant de l'établir en fait, avec relations de calcul à l'appui, cet abaissement graduel de la température correspond à un degré centigrade par œuf, durant une période de quatre heures, pour regagner ensuite son point de départ de 39°,85, après douze heures.

« La perturbation de la température de l'appareil persiste pendant un certain temps, qui est proportionnel au nombre des œufs, à leur volume, et au degré de chaleur qu'ils possédaient avant leur introduction dans l'appareil.

« La température nécessaire à l'éclosion des œufs d'Autruche comprend trois périodes :

« La première est de dix-huit jours ; la chaleur voulue pour cette période est de 39°,85 ;

La deuxième est de quatorze jours, elle exige une chaleur de 38°,70 ;

« La troisième, qui comprend la période de temps qui reste à courir jusqu'à l'éclosion, exige une température de 36°,60.

« Les degrés, indiqués ci-dessus, se rapportent aux thermomètres placés sur le plan inférieur des œufs ; les thermomètres placés au-dessus des œufs devant toujours avoir 8 degrés de moins que les premiers.

« La transition entre ces périodes doit se faire graduellement, dans l'espace de vingt-quatre heures.

« Il est nécessaire, le matin et le soir, à la même heure, d'ouvrir les coffres, d'enlever les couvertures supérieures et de tourner les œufs d'une demi-révolution pour leur faire prendre l'air pendant 15 minutes. Cette opération doit être régulière et faite à heure fixe.

« La période d'incubation peut varier de quarante-deux à quarante-six jours ; toutefois, elle peut atteindre cinquante jours, suivant que la saison est plus ou moins avancée, mais rarement et très rarement au delà.

« Vers le trente-cinquième jour, il convient de mirer les œufs, afin de rejeter ceux qui seraient clairs, et de tracer exactement, avec un crayon, la section de la chambre à air.

« Le mirage des œufs d'Autruche est une opération qui, avec les appareils ordinaires, demande une certaine pratique pour reconnaître l'état d'avancement de l'embryon. J'ai inventé, à cet effet, un appareil qui permet de mirer très distinctement les œufs d'Autruche, malgré l'opacité de leur coquille, qui varie de 2 millimètres à 2^{mm},5 d'épaisseur.

« Dès le trente-cinquième jour, l'œuf acquiert une chaleur intensive qui indique, au toucher, la vitalité de l'embryon, et réclame de la part de l'opérateur une scrupuleuse surveillance dans la conduite de son appareil.

« A partir du quarantième jour, il convient de ne pas quitter l'appareil, afin de suivre attentivement la marche de l'incubation et vérifier si quelques mouvements, bruits ou tressaillements, ne se manifestent pas dans les œufs.

« Au quarante-troisième jour, il faut percer la coquille vers la chambre d'air, au moyen d'un vilebrequin agissant par un arçon qui se meut sur une vis d'Archimède, à filets allongés.

L'œuf, ainsi percé, est remis dans l'incubateur et recouvert de ses couches de laine ou de ouate; cette petite ouverture permet de surveiller plus facilement l'évolution du poussin.

« Le lendemain, le trou est agrandi de façon à présenter une ouverture de 2 à 3 centimètres de diamètre. Si, à ce moment, le fœtus fait quelques mouvements saccadés de plus en plus rapprochés, en soulevant fréquemment la membrane séreuse qui l'enveloppe, il faut procéder à sa mise au monde, déchirer l'enveloppe et l'aider vivement à sortir de prison, par un tour de main adroit qui réclame une habileté de praticien accoucheur, en prenant le plus grand soin de ne pas porter les mains vers l'abdomen du poussin, ou de le blesser dans ses parties vives.

« Cette opération, qui demande une grande pratique, est extrêmement délicate, et représente la partie la plus difficile de l'incubation artificielle. »

Élevage à la colonie du Cap. — Les colons du Cap de Bonne-Espérance, sur lesquels les éleveurs algériens peuvent encore prendre modèle, laissent à l'état libre, le jour et la nuit, les Autruches adultes de l'âge de six à huit mois. Ces oiseaux pourvoient eux-mêmes à leur nourriture, et ce n'est que de temps en temps qu'on leur jette quelques poignées de grains ou de maïs, pour les habituer aux personnes qui les élèveront et les familiariser avec leurs éducateurs. Les jeunes Autruches s'accoutument si bien à leurs pourvoyeurs qu'elles donnent, s'ils s'absentent trop longtemps, des marques non équivoques d'inquiétude, d'impatience et de tristesse.

Ces Autruches sont élevées de la manière suivante : très peu de temps après leur éclosion, on les attire en imitant le cri de la mère, afin de leur donner de la nourriture. Cette nourriture consiste en feuilles coupées menues, en légumes de toutes sortes, carottes, salades, etc.; outre cela, on leur donne un peu plus tard quelques poignées de maïs, de blé ou d'orge. On a soin de les tenir chaudement la nuit, sur de la paille, du foin ou de la laine, et de plus dans une chambre chaude. On ne les laisse point sortir avant que le soleil soit déjà un peu ardent, enfin on leur donne à manger toute la journée.

Maladies des jeunes Autruches. Moyens de les prévenir et de les combattre. — Malgré tous les soins qu'on leur prodigue, la maladie les décime parfois.

Les poussins en bas âge sont sujets à l'inflammation de l'estomac et des instestins, et surtout à l'anémie, qu'ils soient venus naturellement ou par incubation artificielle. On leur administre comme remèdes de la rhubarbe, du fer et du quinquina. Cette médication a produit, jusqu'à présent, des résultats sensiblement meilleurs que l'emploi des phosphates de chaux. A partir du troisième jusqu'au cinquième mois, les Autruchons sont sujets à ce qu'on appelle communément la maladie des pattes; elle n'est autre chose que le rachitisme; le Dr Merlato, ex-sous-directeur du parc à Autruches du Caire, plus tard directeur du parc d'Aïn-Marmora (province d'Alger), parait l'avoir démontré dans plusieurs des notes qu'il a publiées. Il prévient et guérit les effets du rachitisme qui se traduisent par l'enflure du talon, le déboitement du jarret et la fracture des jambes, au moyen du phosphore pur, en dissolution dans de l'huile, administré pendant trente ou quarante jours, à raison d'un milligramme par jour et par bête.

Nous avons dit plus haut que les éleveurs avaient coutume d'appeler à leur aide les couveuses artificielles et qu'ainsi ils arrivaient à tirer parti d'œufs abandonnés par les Autruches dérangées dans leur ponte. Le hasard qui fait bien des choses s'est chargé, au moins une fois, de favoriser une éclosion, sans le secours d'un appareil préparé à dessein. En 1862, à Géryville, à quelques lieues du petit Sahara, se trouvait un israélite, nommé Mardoché, qui était commissionné par une maison d'Alger pour l'achat des plumes et des œufs d'Autruches. Un jour ce juif, revenant d'une oasis appelée El-Abriod-Sidi-Cheik, avec un chargement d'œufs frais et de dépouilles d'Autruches, n'eut pas le temps de faire vider tous ses œufs, comme il en avait l'habitude, par les soldats de la garnison, et il déposa dans un trou de la muraille de sa chambre quatre œufs encore pleins. Il les trouvait trop lourds pour les emporter à Alger, où une dépêche l'appelait, sans délai. Un mois et demi se passe, Mardoché revient; il rentre chez lui, et trouve à la place des œufs qu'il avait laissés quatre Autruchons fort bien portants. L'explication de ce mystère, la voici : la muraille de la chambre de Mardoché était contiguë au four du boulanger de la localité, chaud de jour et de nuit. Les œufs avaient été artificiellement couvés et étaient éclos à la faveur de cette douce température.

Maintenant eussiez-vous jamais pensé que les Autruches fussent expertes en l'art de la danse, non! n'est-ce pas ? cela est pourtant, et au dire d'un officier français, fort digne de foi, rien n'est plus curieux que de voir jouer ensemble deux Autruches adultes par un beau clair de lune d'été. « Elles valsent, tournent, sautent, dit-il, vont à la rencontre l'une de l'autre comme deux lutteurs, s'évitent et se recherchent avec une légéreté et une rapidité telles qu'on a peine à suivre leurs mouvements. A chaque course, on se demande si elles ne vont pas briser leur enclos ou se tuer sur le mur ; il n'en est rien; elles évitent tous les obstacles, et ressemblent alors à de véritables oiseaux voltigeant d'une branche à l'autre. »

Nous emprunterons au remarquable ouvrage publié par le Dr Pennetier quelques-uns des renseignements qui suivent.

Différentes catégories de plumes. — Les plumes d'Auche peuvent revêtir des couleurs naturelles différentes suivant qu'elles ont été prises sur l'Autruche femelle ou sur l'Autruche mâle. Le plumage de l'Autruche jeune est pommelé de brun noir et de jaune; il devient gris foncé chez la femelle, et chez le mâle, il est noir sur le corps et blanc sur les ailes et la queue. Les plumes, avant toute préparation, sont donc blanches, grises ou noires. Les plus estimées sont celles qui ont été recueillies sur les mâles adultes ; celles des jeunes mâles et des femelles n'occupant que le second rang. D'un autre côté, les plumes enlevées sur l'animal vivant sont préférées à celles qui sont arrachées à l'oiseau mort; et les plumes de l'Autruche sauvage ont une plus grande valeur que les plumes de l'Autruche domestique. La dépréciation peut être évaluée à 30 pour 100. Les plus belles plumes courantes dans le commerce proviennent des Autruches vivant dans les régions les plus arides et sablonneuses, privées, le plus possible, d'arbustes, ronces et plantes épineuses susceptibles d'arracher les plumes au passage des animaux.

Le caractère de la plume varie d'ailleurs suivant la région du corps à laquelle elle appartient. Une Autruche fournit environ 250 grammes de plumes blanches et 1 kilogramme et demi de plumes noires. Celles des ailes sont les plus longues, les plus onduleuses ; elles sont d'un blanc plus ou moins pur. Celles de la queue sont inférieures, en qualité, leur coloration est blanc sale ; celles qui garnissent la région dorsale et le dessus des ailes sont plus courtes et moins souples, mais d'un beau noir lustré; il en est de même des plumes de la poitrine et de la croupe ; ces dernières occupent le dernier rang.

Les plumes blanches, qui varient du blanc mat au blanc jaunâtre, sont les plus estimées de toutes ; elles se vendent à la pièce et se classent comme il suit : n° 1, plumes d'ailes de parfaite conservation, à tête bien garnie, et dont le duvet est épais, long et soyeux ; n° 2 (sorte dite femelle), plumes d'ailes légèrement altérées, à tête un peu moins fournie et à duvet moins abondant ; n° 3, plumes d'ailes également, mais manquant de tête; n° 4, plumes de queue valant dix fois moins que la première sorte. Les plumes noires arrivent assorties en longueur ainsi que les plumes grises; ces dernières comprennent toutes celles dont la nuance varie entre le blanc et le noir.

Récolte des plumes. — On enlève les plumes mûres tous les huit mois, soit en les arrachant, soit en les coupant au niveau de la peau et en laissant la base tomber naturellement. Elles sont néanmoins fort recherchées avant leur maturité, et désignées alors sous le nom de sanguinolentes, parce que l'extrémité du tuyau renferme un peu de sang. Nous trouvons dans le journal *le Chasseur français*, de curieux détails sur le procédé employé par les éleveurs pour l'enlèvement des plumes.

Dans les établissements d'élevage américains, la première récolte s'effectue dès que les animaux ont atteint l'âge d'un an; on répète l'opération tous les huit mois.

La force des Autruches et les terribles coups de pied qu'elles peuvent décocher par devant, font de l'enlèvement des plumes une opération assez dangereuse; aussi deux individus doivent-ils s'en charger en procédant de la façon suivante: dans un des angles de chaque parc à Autruches, on voit une sorte de guérite assez haute, ayant 1^{m},50 de côté. Un des hommes entre dans la guérite, où il répand une poignée de grains sur le sol, l'autre reste à l'extérieur. Une Autruche s'approche, allonge son cou dans la guérite et se met à picorer le grain. L'homme resté dans l'enclos la pousse alors vivement, mais sans violence, vers l'intérieur, pendant que son compagnon la saisissant par le cou, lui enfonce la tête dans une sorte de chausse en tissus épais, de sac long et étroit, fixé à la paroi faisant face à la porte. L'animal aveuglé ne cherche plus à se défendre, et la récolte peut aussitôt commencer; mais les deux hommes ont soin de toujours se tenir derrière l'Autruche, afin de ne pas s'exposer à la lame redoutable qui prolonge son orteil. Les plumes sont arrachées ou coupées. Chaque aile en fournit d'ordinaire vingt-cinq grandes et la queue une dizaine, sans compter un certain nombre de petites. Une espèce de mite qui vit sur les Autruches attaquerait les plumes si on les emmagasinait immédiatement; aussi les expose-t-on pendant une semaine aux rayons ardents du soleil qui font périr l'insecte.

A la colonie du Cap, l'époque reconnue la plus favorable pour l'enlèvement des plumes est le mois d'août et de septembre, correspondant avec les mois de février et mars en France; et l'on ne fait pas l'extraction avant l'âge de dix-huit mois des animaux ni avant leur accouplement. Ces deux mois d'août et de septembre précèdent l'époque des couvées, et passé cette saison, les plumes perdent les qualités requises pour une bonne vente. Les plumes ne doivent être enlevées que lorsqu'elles sont arrivées à maturité, ce qui se reconnaît quand elles viennent aisément à la main, sans être accompagnées de sang ni de chair.

« *Récolte, tirage et triage des plumes*[1]. — La récolte des plumes est une opération qui nécessite chez le fermier une certaine expérience, expérience qu'il acquerra rapidement avec un peu d'observation. Il faut que les plumes ne soient pas arrachées trop tôt, autrement l'oiseau en souffrirait, et la plume n'aurait pas toute sa beauté. Il faut, en un mot, qu'elle soit arrivée à maturité, ce que le fermier reconnaîtra facilement, car l'extraction d'une plume mûre ne doit jamais faire saigner l'Autruche.

On récolte les plumes au moment de la mue, c'est-à-dire vers le mois de juin ou de juillet, suivant que l'hiver a été plus ou moins rigoureux, et que, pour les reproducteurs, la

[1] *Notes sur l'élevage et le fermage des Autruches en Algérie et au Sénégal*, brochure publiée par les soins de la Chambre syndicale des fleurs, plumes et modes de Paris.

couvée a été plus ou moins longue. Si l'on arrachait la plume avant cette époque, sur la peau irritée de l'Autruche apparaîtrait une sorte gale qui la fatiguerait inutilement.

Différents procédés de tirage des plumes. — Les procédés de tirage des plumes employés jusqu'à ce jour offrent tous de graves inconvénients que nous allons examiner.

Voici comment on procède généralement au Cap : un gardien attire à l'écart l'Autruche en lui jetant du grain. Pendant que l'animal baisse la tête, le gardien la saisit par le cou. En même temps quelques hommes vigoureux se jettent sur la bête, se cramponnent aux pattes, aux ailes et la forcent à s'accroupir. Maintenue dans cet état, on lui arrache les plumes des ailes et de la queue. Ce procédé barbare est souvent fatal à l'Autruche qui, en se défendant, peut se briser une jambe, et à ses bourreaux à qui elle n'épargne pas de vigoureux coups de pied lancés en avant.

Un autre procédé moins brutal consiste à occuper l'Autruche avec des friandises. Pendant ce temps, au moyen d'un couteau à lame très tranchante, on coupe les plumes au ras de la peau. Quelques semaines plus tard, on détache les douilles qui ne sont pas tombées d'elles-mêmes.

Ce système, très préconisé, offre de nombreux inconvénients. L'oiseau, il est vrai, ne souffre pas pendant la récolte, mais celles des douilles qui ne sont pas tombées naturellement devront être extraites, si l'on veut que la plume repousse à leur place. Par quel moyen ? Il faudra donc en revenir au système précédent, terrasser l'animal et avec des pinces extraire les douilles ! Autant valait tout de suite employer le premier procédé dont le second n'est que la complication.

Ajoutons que le tirage brutal et non raisonné des plumes déforme l'alvéole et est la cause que la plume de la pousse suivante est inférieure et déformée ne se trouvant plus dans des conditions normales de développement.

Le système qu'emploie M. Rivière, au jardin d'essai d'Alger, nous paraît de beaucoup préférable en ce qu'il ne soumet pas la bête à un traitement barbare, préserve les hommes de redoutables coups de pied, et permet de faire le tirage des plumes dans de meilleures conditions pour la santé de l'oiseau.

On construit un box d'environ 1m,50 à 2 mètres de haut, sur 2 mètres de long et 1 mètre de large, semblable à ceux dont on se sert pour embarquer les chevaux sur les navires. Il est garni sur ses quatre faces de planches mobiles qui peuvent s'enlever à volonté. Devant et derrière se trouve une porte dont les planches sont aussi indépendantes et mobiles.

On cerne alors l'Autruche et on la contraint d'entrer dans ce box étroit, où on l'enferme. Aussitôt entrée, on lui passe des courroies sous le ventre et sur le dos, qui la rendent immobile. Les planches de côté et de derrière pouvant s'enlever, on retire celles qui sont à la hauteur des ailes et de la queue, et par les ouvertures on tire les plumes à l'abri des coups de pieds. L'opération terminée, on retire les courroies, on ouvre le box par devant, et l'Autruche reprend sa liberté, trop heureuse de pouvoir retourner au milieu du troupeau sans avoir été maltraitée.

Pour tirer une plume, il faut la prendre le plus près possible de la peau, et, en appuyant légèrement comme pour l'enfoncer dans les chairs, on lui fait faire un demi-tour. Ce double mouvement détache de son alvéole la plume qui vient facilement sans blesser ni faire souffrir la bête. Il faut une certaine souplesse de main pour cette opération que l'on arrive à faire très rapidement. Nous recommandons les femmes pour ce genre de travail.

On n'opère le tirage que sur les plumes de la queue et des ailes; les plumes du dos et du ventre tombent naturellement à l'époque de la mue. Les gardiens devront les ramasser tous les jours et les mettre en paquets.

Triage des plumes. — Généralement les fermiers ont la

mauvaise habitude de vouloir classer eux-mêmes leurs produits en lots de différentes valeurs. C'est une erreur qui leur cause de fréquentes déceptions au moment de la vente et qui leur est plus préjudiciable que favorable. Pour faire un triage judicieux de plumes, il faut l'expérience que donne une longue manipulation de cette marchandise. Aussi nous recommandons aux fermiers de laisser de côté toute idée de triage et de classer leurs produits dans l'ordre naturel suivant :

MALE	FEMELLES
Plumes de queue.	Plumes de queue unies.
Plumes d'ailes.	Plumes d'ailes unies.
Plumes du dos et du ventre.	Plumes de queue mouchetées.
	Plumes d'ailes mouchetées.
	Plumes du dos et du ventre.

Les plumes trop défectueuses pourront être mises à part. Cette classification est la plus simple et la meilleure. »

CHAPITRE IX

LES NANDOUS. — LES CASOARS

Les Nandous. — Il n'y a que depuis les voyages de Darwin et de d'Orbigny que l'on s'accorde à distinguer plusieurs espèces de Nandous. A l'espèce unique du début deux autres sont venues se joindre, en sorte qu'on divise aujourd'hui les Nandous, en Nandous d'Amérique, proprement dits, Nandous de Darwin et Nandous à long bec.

Caractères. — Voici les caractères du Nandou d'Amérique (fig. 46) : haut de la tête et du cou, nuque, partie

Fig. 46. — Le Nandou d'Amérique.

antérieure de la poitrine et ligne naso-oculaire, noirs ; milieu du cou jaune ; gorge, joues et haut des côtés du cou, gris de plomb clair ; dos, côtés de la poitrine et ailes d'un cendré brunâtre ; face inférieure du corps blanc sale ; l'œil gris de perle ; parties nues de la face couleur de chair ; bec gris brun, pattes grises.

Le Nandou de Darwin ou Nandou nain est le plus petit du genre : son plumage est gris brunâtre clair, à rayures plus claires, toutes les plumes ayant près de leur extrémité un liseré blanchâtre.

Quant au Nandou à long bec, il est brun foncé, a le bas du cou noir et le haut blanchâtre.

Le Nandou proprement dit, qu'il ne faut pas confondre avec l'Emeu, comme l'appellent improprement les Portugais du Brésil, a reçu différents noms. On l'appelle ici Nandu, là Autruche d'Amérique, Autruche de Magellan, Autruche d'Occident, Autruche de la Guyane, et de bien d'autres manières encore. Il est plus petit que l'Autruche d'Afrique. La tête est faite comme celle de l'Oie ; mais, si ce n'est qu'il porte aux pattes trois doigts en avant, tandis que les Autruches n'en ont que deux placés de la même manière, aucun caractère saillant ne le distingue complètement de ces derniers oiseaux. Cependant, on peut dire qu'il a les ailes encore plus courtes que celles de l'Autruche, le bec aussi long que la tête, et l'ouverture du conduit auditif externe munie de soies. Il ne dépasse guère 1^{m},60 en hauteur et les femelles sont plus petites que les mâles. La couleur générale des Nandous est, comme nous l'avons dit, gris cendré bleuâtre, avec des teintes plus foncées sur certaines parties du corps, plus pâles, au contraire, et presque blanchâtres sur d'autres.

Mœurs. — Ces grands, oiseaux à la démarche grave, au cou élevé, au dos arrondi, qui habitent les vallées les plus froides du Brésil, du Chili, du Pérou et de Magellan ne pénètrent guère dans les bois épais, mais ils aiment les forêts clairsemées d'algarrobes et visitent volontiers les bosquets de myrtes et de palmiers, isolés au milieu des espaces couverts de hautes herbes. On les rencontre surtout dans les vastes plaines découvertes, dans les terrains marécageux et sur les bords des ruisseaux qui se jettent dans les grandes rivières. On les y trouve soit par petites troupes, composées d'un mâle accompagné d'une demi-douzaine de femelles, soit, après la saison des amours, par bandes assez nombreuses, composées de 30 à 60 individus.

Les Nandous étaient autrefois très communs sur les bords du Rio-de-la-Plata, dans les plaines de Montévidéo et dans les pampas de Buenos-Ayres. Mais la grande culture qui a envahi si rapidement ces vastes contrées les a rejetés peu à peu plus loin des villes.

Là où l'on ne chasse pas les Nandous, ils s'approchent des villes.

« D'après Bœcking, cet oiseau est un excellent observateur, et il sait comment se conduire suivant les circonstances. Autour des habitations où on le laisse en paix, il devient assez confiant pour circuler au milieu des chevaux et des bœufs, et ne s'écarte que du chemin de l'homme ou d'un chien. Il paît au milieu des troupeaux, sans crainte : il est en quelque sorte à demi domestique. Il évite les cavaliers ; mais il ne fuit pas devant le blanc qui n'est pas accompagné de chiens ; c'est tout au plus s'il se détourne d'une centaine de pas en regardant avec curiosité plutôt qu'avec crainte. Il fuit, au contraire, avec anxiété le gaucho qui le chasse, et emploie toutes les ruses dont il est capable pour lui échapper. Jamais on ne le voit auprès du rancho d'un indigène, et il ne se mêle à ses troupeaux que loin de sa demeure. On l'aperçoit plus souvent au milieu des bandes de cerfs des steppes, et l'on voit alors tantôt un Nandou, tantôt un cerf lever la tête, et à l'approche d'un danger, tous fuient dans la même direction. L'arrivée d'une tribu d'Indiens cause au Nandou une frayeur incroyable. Il s'enfuit avec rapidité à plusieurs lieues de distance et fait partager son effroi à d'autres bandes, les entraîne dans sa fuite, et souvent aussi entraîne avec elles des troupeaux de bœufs ou de chevaux. Dans les contrées désertes, là où il voit rarement l'homme, il a peur du cavalier, tandis que le piéton ne l'effraie pas ; il semble ne pas faire grand cas de celui-ci. »

Chasse. — Les gauchos s'adonnent avec passion à la chasse des Nandous, ils fondent à toute vitesse sur les pauvres bêtes qui fuient avec une extraordinaire rapidité, disposant leurs ailes en arrière, afin de donner prise au vent et pour accélérer leur course. Elles font feinte sur feinte pour tromper le chasseur, jusqu'à ce qu'elles succombent empêtrées dans le lazzo que l'adroit gaucho fait vivement tournoyer au-dessus de sa tête, avant de l'abattre sur sa proie. « J'avais souvent vu les gauchos chasser aux Nandous avec toute l'adresse imaginable, dit un voyageur, parlant d'une chasse à laquelle il venait d'assister ; mais, cette fois, les chasseurs indiens mirent une telle dextérité dans le maniement de leurs *bolas* que presque dans le même instant, trois ou quatre de ces oiseaux étaient pris et dépouillés de leur peau et de leurs plumes. » La bola est une espèce de lazzo composé d'une longue corde terminée à chaque bout par un poids en forme de poire qui vient se nouer sur la corde une fois qu'il s'est enroulé autour de l'objet visé par le chasseur. Celui-ci a souvent à souffrir des atteintes du bec du Nandou, arme d'une trempe si solide qu'elle briserait une pierre. Les ruades de cet oiseau ne sont pas moins à redouter que les atteintes de son bec : elles peuvent meurtrir et terrasser l'homme le plus robuste.

On chasse aussi le Nandou au fusil, mais cet oiseau a une force de résistance considérable et bien souvent, quoique grièvement blessé, il s'enfuit au loin sans qu'on puisse le capturer. Pour aborder une bande de Nandous et les surprendre, le chasseur doit s'avancer toujours sous le vent et en rampant pour se dissimuler. De temps à autres, il agite un morceau d'étoffe destiné à attirer et à fixer l'attention de ces oiseaux, qui, plus curieux que défiants, s'approchent peu à peu, tendant le cou comme des bêtes inquiètes, poussant en avant, puis reculant, pour revenir bientôt à bonne portée du chasseur qui les guette. La détonation de l'arme ne paraît pas effrayer les Nandous, et si quelqu'un d'eux est tombé frappé d'une balle, les autres accourent et se livrent autour de leur camarade blessé à des gesticulations grotesques, à des mouvements et à des sauts désordonnés. Un second coup de feu vient d'ordinaire interrompre cette danse funèbre.

C'est grand'pitié que l'on détruise aussi inconsidérément un oiseau véritablement utile. Sans doute on peut reprocher aux Nandous les déprédations qu'ils commettent dans les jardins potagers des habitants ; mais, d'une part, ces actes de pillage sont assez rares, et d'autre part, il dépend des colons d'en prévenir ou d'en empêcher le retour, en clôturant leurs domaines. Tout bien considéré, les services que rend cet oiseau compensent largement les dégâts qu'il peut commettre. D'abord il dévore un grand nombre d'insectes nuisibles, et surtout il se repaît des graines des plantes épineuses qui, dans certaines localités, sont un fléau pour les éleveurs de bétail. Ces graines crochues s'attachent au crins des chevaux et des bœufs et à la laine de moutons, gâtent ces produits en les agglomérant et en les nouant entre eux et les rendent plus difficiles à mettre en œuvre. D'un autre côté la présence de ces piquants irrite la peau des animaux, y attire la vermine et occasionne chez la plupart des maladies qui se terminent souvent par la mort. Ne fut-ce qu'à ce titre, la vie des Nandous devrait être protégée. Malheureusement l'imprévoyance des bergers, qui à l'époque de la reproduction de cet oiseau mettent le feu aux chaumes des steppes, dans le but de détruire les animaux nuisibles, fait périr quantité de couvées et nombre d'adultes, sans préjudice de ceux qui meurent victimes de certaines espèces de moustiques et d'un entozoaire qui s'installe entre la peau et les muscles de ce volatile.

Domestication. — Les Nandous, surtout lorsqu'ils ont été pris jeunes, s'apprivoisent facilement. Ils parcourent les appartements et les rues et s'éloignent dans la campagne quelquefois à la distance d'une lieue, toujours sûrs de retrouver leur asile. Ils sont fort curieux, s'arrêtent devant les fenêtres et devant les maisons pour regarder ce qui s'y passe.

On les nourrit d'herbes et de viande, en captivité ; à l'état sauvage, ils sont essentiellement herbivores. De même que les Autruches proprement dites, ils sont gloutons, recherchent les objets brillants et avalent volontiers des pièces de métal et de petites pierres.

Le Nandou niche dans la pampa, il y creuse un nid dans le sol, qu'il tapisse quelquefois d'un peu de paille et de brindilles de bois ; très souvent la femelle dépose simplement ses œufs dans les excavations qu'ont laissées les taureaux sauvages en se roulant dans la poussière, pour s'y débarasser de la vermine. Le nid est ordinairement établi en un lieu sec, bien gardé des inondations, et protégé contre les regards indiscrets par des chardons et de hautes herbes. Le nombre des œufs est de quinze en moyenne ; ils sont d'un blanc jaunâtre, semés de petits points d'un jaune vert ; mais cette coloration ne résiste pas aux ardeurs du soleil, et tourne au bout de huit jours au blanc pur.

Le mâle seul se charge de l'incubation et de l'éducation des petits, c'est lui qui les conduit aux champs et qui leur choisit la nourriture qui convient à leurs jeunes estomacs.

On dit qu'il défend ses œufs et ses poussins avec une rare énergie contre les mouflettes, les rats à poche et les serpents. Quant à la femelle, elle estime sans doute, qu'une fois sa ponte faite, elle a rempli tout son devoir et qu'elle n'a plus à s'inquiéter de soigner sa jeune famille.

Dans les essais de domestication qui ont été tentés, ces années dernières, au Jardin des Plantes de Toulouse et dans divers parcs appartenant, en France, à des particuliers, de curieuses observations ont pu être faites sur des couples de Nandous reproducteurs.

Un éleveur a vu la femelle venir déposer ses œufs auprès du mâle accroupi sur le nid, ce mâle les rapprocher avec son bec, sans se lever, et les faire couler doucement sous lui pour les tenir au chaud ; il arrive parfois que plusieurs femelles font leur ponte dans le même nid, et le pauvre mâle a la constance de couver assidûment tous ces œufs, et après l'éclosion, d'élever avec la plus tendre sollicitude, toutes ces nichées issues de différentes épouses.

Emploi de la viande, des œufs et de la graisse. — Les œufs du Nandou ont une saveur agréable ; ils sont fort estimés des indigènes. Pour faire cuire ces œufs, dont chacun équivaut à quinze œufs de poule, ils cassent un des bouts, enlèvent le blanc, brouillent le jaune qu'ils assaisonnent d'un peu de graisse, de sel et de poivre et font chauffer le tout dans la coquille même.

Quant à la chair de cet oiseau, elle ressemble un peu à la chair du cheval; elle n'est donc pas très appréciée par les Européens. Les Indiens, au contraire, s'en régalent. Pour la graisse, elle sert à tous les usages culinaires, mais elle rancit vite.

Les Nandous de l'Amérique du Sud ne sauraient résister longtemps à la guerre acharnée qui leur est faite ; ils ne pourraient être sauvés que si l'on se décidait à les élever dans des fermes, comme cela se pratique pour les Autruches ;

malheureusement la domestication du Nandou, dont le plumage est infiniment moins recherché que celui de l'Autruche, paraît ne devoir prendre que peu d'extension. De plus, le caractère autoritaire de cet oiseau qui veut régner en maître dans la basse-cour, et qui distribue à tous les volatiles qui lui déplaisent de magistrales et souvent mortelles corrections, le font tenir par les éleveurs en moindre estime que l'Autruche.

« La destruction de cet oiseau est très prochaine, dit M. Oudot, si l'on ne prend les mesures nécessaires pour l'empêcher; c'est par deux cent ou trois cent mille que ces oiseaux sont abattus chaque année, pour en exporter les plumes sur les marchés de l'Europe. Aujourd'hui on n'en rencontre presque plus, et l'on peut traverser les pampas de Buenos-Ayres, pendant des centaines de lieues, sans en apercevoir un seul.

« Il serait très facile d'établir un fermage de Nandous, soit dans leur pays originaire, soit sur les Hauts-Plateaux de l'Algérie, dont le sol et l'immense étendue seraient tout particulièrement favorables à cet élevage.

« Ces oiseaux sont faciles à domestiquer, mais au moment du rut ils ont une grande tendance à s'chapper de leurs enclos pour courir la campagne, afin d'aller pondre et couver dans les buissons, loin de toute habitation.

« Un fermier de la Plata a remarqué que, si l'on pouvait recueillir les œufs, dans un nid d'oiseaux sauvages, quinze jours avant leur éclosion, et les garder dans une chambre chaude au milieu de couvertures de laine et de coton, ces œufs viendraient facilement à l'éclosion.

« Cette observation n'a rien qui me surprenne, car dans les derniers temps de l'incubation, les œufs acquièrent une telle chaleur par le développement de l'embryon que, la plupart du temps, j'ai été obligé, pendant le jour d'éteindre le foyer ou la lampe de mon incubateur, pour ne pas être débordé par l'excès de température qui se développait dans mon appareil.

« Il n'existe pas de fermage proprement dit de Nandous dans la Plata ; plusieurs fermiers cependant en entretiennent quelques couples pour la ponte des œufs, qui constituent une alimentation excellente.

« Il y a bien, quelque part, dans l'arsenal des lois et des décrets des républiques hispano-américaines, une loi qui interdit la chasse des Nandous pendant l'époque de la ponte, mais cette loi n'est pas appliquée, et la destruction complète de ces oiseaux est imminente, si l'on s'en rapporte au chiffre que j'ai donné plus haut et qui se trouve encore au-dessous de la vérité.

La plume de Nandou. — Le tableau d'exportation des plumes de Nandou, en 1874, démontre les quantités considérables qui ont été exportées uniquement des ports de la République Argentine :

Aux État-Unis. . . .	19.000	kilogrammes.	208.400	francs.
France.	18.000	—	198.400	—
Angleterre.	2.000	—	27.250	—
Autres contrées. . .	21.000	—	233.500	—

Mais, depuis 1874, l'exportation des plumes de Nandou a diminué d'une manière considérable, par suite de la folle destruction de ces oiseaux.

M. Carel, du Havre, un des plus grands importateurs de plumes de Casoars, a donné quelques détails à ce sujet qui méritent d'être consignés :

Nous recevons chaque année, dit-il, de l'Amérique et de l'Australie, près de 35.000 kilogrammes de plumes qui représentent à peu près 1.200.000 francs. De cette quantité, la moitié environ est réexportée. Ces plumes nous arrivent de Baya-Blanca, de Entre-Rios, et, en plus petite quantité, de la Patagonie ; — je ne sais pas quelles sont les quantités qui sont expédiées sur New-York, mais je pense qu'elles sont moindres que celles qui sont expédiées en France. Comme le Nandou est plus généralement désigné sous le nom d'*Autruche d'Amérique*, ses plumes sont connues dans le commerce sous le nom de plumes de Vautour pour les distinguer de celles de l'Autruche d'Afrique.

Les plumes moitié blanches et noires sont appelées *Gerbes indiennes* ; les grises foncées, qui sont les plus communes, sont liées en paquets, et vendues pour faire des plumeaux.

L'idée du fermage de ces oiseaux en France et en Angleterre est déjà ancienne ; elle a été tentée, mais sans grand succès. »

Les Casoars. — Les Casoars se distinguent des struthionidés en ce que leur bec est fléchi à la pointe et que leur tête est surmontée d'un appendice osseux. Ils portent aux ailes des baguettes arrondies, pointues, ébarbées, ont le cou court et épais, et l'ongle du doigt interne beaucoup plus long que le doigt lui-même.

Dans cette famille qui ne comporte qu'un seul genre, on distingue, aujourd'hui, cinq espèces, parmi lesquelles le Casoar à casque qui nous intéresse (fig. 47).

Le Casoar est un oiseau de l'Inde. Il est, après l'Autruche, le plus grand des volatiles. On n'en avait point encore vu en Europe avant 1597, et aucun auteur n'en avait fait mention. Les Hollandais, au retour de leur premier voyage aux Indes en rapportèrent un qui leur avait été donné comme une rareté par un prince de l'île de Java. Le gouverneur de Madagascar en acheta un des marchands qui retournaient des Indes, et il l'envoya, en 1671, à la ménagerie de Versailles, où cet oiseau vécut quatre ans.

Le Casoar est surtout singulier par ses plumes d'un brun noir luisant que l'on prendrait, au premier coup d'œil, pour du poil d'ours ou pour des soies de sanglier. Leur longueur, qui s'accroît à partir du cou jusqu'au croupion, leur fait

Fig. 47. — Le Casoar à casque.

cacher complètement cette partie qui est dépourvue de queue. On remarque à l'endroit des ailes cinq piquants courbés en arc, suivant la figure du corps. L'animal peut les redresser à volonté. On dit qu'il en use comme de défense en cas d'attaque.

S'il vole mal, cet oiseau est fort vite à la course. Ses pattes, d'une grosseur extrême, ont trois doigts devant à chaque pied, munis d'ergots très forts, droits et pointus. Il s'en sert comme d'armes dangereuses, et au Muséum d'histoire naturelle de Paris, où l'on a, depuis longtemps, des Casoars en captivité, plus d'un gardien a eu à compter avec ces animaux ombrageux et méchants. On cite un Casoar du Jardin des Plantes qui avait pris en grippe les gens mal vêtus, et que la vue de costumes et de pantalons rouges faisait entrer en fureur. Il cherchait à frapper les visiteurs avec ses pieds brusquement portés en avant ; il lui arriva, une fois de franchir la clôture de son parc et de déchirer les jambes d'un homme avec ses ongles. Une autre fois, d'un coup de pied, il faussa la boîte de montre du gardien qui lui donnait les soins journaliers.

Le Casoar a $1^{m},50$ de hauteur environ. Sa tête et le haut de son cou sont absolument dénués de plumes; la peau du cou est teinte d'un bleu céleste très vif et d'une belle couleur de feu. Le bleu occupe le haut et le rouge le bas, dont la surface inégale présente des espèces de verrues ou des tubercules arrondis. Une proéminence osseuse forme sur sa tête une espèce de casque, comprimé par les côtés et coupé en demi-ovale. C'est cette particularité qui lui a valu le nom de Casoar à casque.

Distribution géographique. — Le midi de la partie orientale de l'Asie paraît être le vrai climat du Casoar. Son domaine, dit Buffon, commence où finit celui de l'Autruche qui n'a jamais dépassé le Gange, au lieu que celui-ci se trouve dans les îles Moluques, celles de Banda, de Java, de

Sumatra et dans les parties correspondantes du continent. Les îles de l'Archipel indien sont donc sa demeure de prédilection. On le trouve surtout en abondance dans les forêts profondes de l'île de Ceram.

Domestication. — Bien que cet oiseau soit fort difficile à vivre, il s'apprivoise cependant ; mais, il demeure stupide et glouton, et d'un commerce, aussi bien que d'une odeur désagréables. Malgré ces travers et cette infirmité, il semble se croire fort au-dessus du reste des animaux, si l'on en juge par les airs prétentieux qu'il se donne et par sa démarche bizarre et étudiée. On dit des gens vaniteux qu'ils s'écoutent parler, on peut dire de cet oiseau qu'il se contemple marcher. A l'état libre, le Casoar vit de fruits, d'œufs et même, à ce que l'on prétend, de petits animaux. Poivre, qui en a élevé un en liberté à l'île de France, dit l'avoir vu plusieurs fois frapper de ses pieds des arbres chargés de fruits qu'il ne pouvait atteindre, afin de les en détacher. En captivité, il mange de tout, se montre fort amateur de pommes et de carottes, qu'il avale sans les triturer. Il a, d'ailleurs, les intestins si complaisants et le trajet des aliments à travers son corps se fait si rapidement, qu'il lui arrive de rendre des pommes et des carottes entières. Quant aux œufs de poule, dont il se montre très friand, on l'a vu les rendre, parfois, sans les briser.

Chasse. — M. Thomas Anquetil[1], dans le récit qu'il a publié de ses *Aventures et chasses en extrême Orient*, relate une chasse au Casoar à laquelle il prit part en Birmanie. Poussée par d'habiles traqueurs, une troupe de ces oiseaux arriva, en courant, en poussant des cris rauques et des grognements plaintifs, jusqu'à proximité de l'embuscade où les chasseurs se tenaient cachés. « A cinquante pas, dit M. Thomas An-

[1] Thomas Anquetil, *Aventures et chasses dans l'extrême Orient*, Paris, 1874.

quetil, j'abattis un volatile à la course avec du gros plomb. Ensuite, j'en tirai un autre; il s'affaissa doucement. Nous eûmes à peine le temps, mes domestiques et moi, de tirer chacun nos deux coups de fusil. Les volatiles ayant réussi à gagner la forêt, nous les perdîmes de vue. »

De même que les Autruches et les Nandous, les Casoars, surtout lorsqu'ils sont blessés, sont quelquefois dangereux à approcher. L'exemple suivant, que nous empruntons au voyageur dont nous venons de parler, est là pour le démontrer. Le domestique de ce voyageur, transporté de joie d'avoir abattu d'un coup de feu un magnifique Casoar à casque, se précipita sur l'oiseau, qui n'était que blessé. Celui-ci se mit à pousser des grognements intraduisibles, à se débattre avec tant de violence que son agresseur eut ses vêtements déchirés, les bras meurtris, et qu'il reçut à la tête un coup d'aile qui l'étourdit.

La sauvagerie du Casoar a empêché les voyageurs de l'observer facilement; aussi ne sait-on que peu de choses de sa manière de vivre, soit isolé, soit en famille, et de son mode de reproduction en liberté. Captifs, ces oiseaux s'accouplent; la femelle pond et couve; mais, le ménage est troublé par des querelles perpétuelles, et il est rare que les petits soient amenés à bien. Ils n'échappent que difficilement aux fureurs du père. Jusqu'à présent, à Londres seulement, on a réussi à élever de jeunes Casoars à casque.

CHAPITRE X

LES MARABOUTS. — LES ARDÉIDÉS. — LES HÉRONS LES AIGRETTES. — LES BIHOREAUX

Les Marabouts. — A l'exception du Marabout, que l'on élève en domesticité, pour en obtenir ces panaches légers qui servent de parure aux femmes, les Cigognes ne sont point utilisées dans le commerce. C'est donc le Marabout que nous choisirons dans l'ordre des échassiers pour en donner la description et en indiquer les mœurs, bien que de tous les ciconiidés, il soit le plus hideux. On le connaît sous les différents noms de Marabout, Cigogne à jabot ou à sac et Argala (fig. 48). Il habite le sud de l'Asie et l'Afrique centrale.

Ce qui frappe d'abord les voyageurs qui passent à Calcutta, c'est la grande quantité de ces oiseaux que l'on voit se promener sur les tertres, demeurer perchés sur les glacis de la citadelle, et cheminer sur les voies publiques. Dans le pays, on les surnomme adjudants à cause de la gravité de leur démarche.

Caractères. — La longueur de cet oiseau va jusqu'à 1m,65, y compris le bec, qui compte pour 50 centimètres, et la queue qui en mesure 33. Il a la peau teigneuse, la tête rougeâtre, couleur de chair ; sa tête et son col dénudés portent, plutôt que des plumes, des poils noirs, courts et clairsemés ; la poitrine, le ventre, le haut des ailes et quelques plumes de la queue sont gris, le reste est d'un bleu foncé ; son bec triangulaire, pointu, devient rude au toucher, par l'exfoliation de sa substance ; ses tarses sont noirs, mais ils paraissent ordinairement blancs, en raison de l'épaisse couche d'excréments dont ils sont presque toujours recouverts. Mais, ce qui le distingue de tous les autres oiseaux, c'est une poche membraneuse cylindrique qui pend de la base du col, tandis que la partie supérieure paraît comme un goitre entre les épaules. L'animal peut enfler et dégonfler ce sac à volonté. Dans le premier cas, il se développe jusqu'à une longueur de 18 pouces sur 4 de diamètre. L'utilité de ce singulier appendice n'a pas encore été bien définie. On croit généralement que c'est le magasin où les os, qui font une grande partie de la nourriture de l'oiseau, sont macérés et conservés. Toutefois des observations assez exactes contredisent cette donnée populaire.

Habitudes. — Les adjudants marchent dans les rues de Calcutta d'une manière digne et processionnelle. Loin d'avoir peur de la foule, ils ne se dérangent pas pour elle, et viennent s'embarrasser dans les jambes des hommes et des chevaux. Ils pénètrent dans les maisons, vont aux abattoirs. A certaines heures, ils se dirigent vers les endroits où ils sont sûrs de trouver à manger, vers les casernes, par exemple, pour y recevoir les débris des repas. Ils sont les hôtes réguliers des voiries, ils y disputent les charognes aux vautours. La protection dont ils jouissent les a rendus non seulement hardis, mais intolérants, et presque agressifs, et ils ne supportent des passants aucune injure sans en tirer vengeance. Dans certains villages des Indes, on les élève en troupeaux pour se procurer leurs plumes précieuses.

A Calcutta, le séjour de prédilection des adjudants est le fort William, où les débris de l'abattoir militaire leur fournissent une proie sûre et quotidienne. Chaque jour, à une heure, ils se portent en masse vers les casernes, et se disputent à grands coups de bec les os énormes que leur jettent les soldats. Quelquefois, les loustics de la garnison imaginent contre eux des plaisanteries plus ou moins déplacées. L'une de ces facéties, que les chefs répriment sévèrement, consiste à jeter, au milieu des Marabouts, un os

FIG. 48 — Le Marabout à sac.

chargé de poudre, et pourvu d'une fusée allumée. Le malheureux oiseau qui avale ce pétard saute en l'air comme un fourneau de mine. Hors des heures des repas, les Marabouts se tiennent immobiles sur les glacis de la forteresse avec cet air stupide et apathique qui caractérise les individus de cette famille. Ils restent là une demi-journée entière, les uns sur une seule jambe, les autres sur les deux, ou bien étendus sur le ventre ou sur le flanc.

Nul oiseau n'égale pour la voracité la Cigogne à sac. A l'autopsie, on lui retire de l'œsophage des oreilles de bœuf entières, des pieds de bœuf avec leurs sabots, et des os d'une extraordinaire grosseur. Blessés grièvement, ils continuent à manger, et l'on cite un de ces oiseaux, qui, les deux ailes et une patte fracassées par des coups de feu, songeait encore à avaler d'énormes masses de chair. Hardis à la bataille, ils sont toujours en lutte avec les chiens et les Vautours, qui cherchent à partager la proie.

Ils nichent dans les forêts, quelquefois sur les rochers.

Chasse. — Le Marabout, si familier dans les localités où il se sent protégé, est cependant un oiseau défiant et fort difficile à capturer, quand il se voit pourchassé. Bien qu'il ne semble fuir que pas à pas devant celui qui cherche à l'atteindre, il a toujours soin de ménager entre lui et son agresseur une distance suffisante pour éviter d'être pris. Dans une plaine, il se laisse rarement approcher à portée de fusil, et, s'il ne s'envole pas, il reste toujours à 300 ou 400 pas du chasseur. D'un accès difficile pendant le jour, il se garde bien pendant la nuit, et il ne se laisse guère approcher dans les endroits où il se retire, vers le soir, pour reposer. Une fois dérangés, les Marabouts se contentent de voleter, hors de portée, au-dessus des arbres qui leur servent de refuge ; et il est rare qu'ils consentent à s'y poser, s'ils soupçonnent quelque danger. On réussit mieux à prendre ces oiseaux en vie, et les indigènes dont ils se défient moins, y parviennent avec plus d'aisance que les étrangers. Le procédé qu'on emploie pour les capturer est le suivant : au bout d'une ficelle mince, mais solide, on attache un os de mouton, que l'on jette au milieu de débris de viande ; l'os est bientôt gobé ; il ne reste plus qu'à tirer à soi l'oiseau gourmand, avant qu'il n'ait eu le loisir de régurgiter l'appât.

Les Ardéidés. — *Distribution géographique.* — Les Ardéidés composent la famille la plus riche en espèces de tout l'ordre des échassiers. On les trouve partout, sauf dans les contrées de l'extrême Nord ; ils sont nombreux dans la zone tempérée et, dans les régions tropicales, ils constituent la majeure partie de la population ailée des marais et des cours d'eau.

Caractères. — On les reconnait à leur corps mince et très comprimé par les flancs, à un long bec enmanché d'un long cou, à une tête étroite, petite et aplatie ; enfin aux échasses qui supportent leur disgracieuse carcasse. Chez beaucoup, les plumes du haut de la tête, du dos et du haut de la poitrine sont très longues et quelquefois ébarbées, et, de chaque côté du corps, au pli de l'aile, sur les côtés du thorax et sur les flancs se trouvent deux espaces couverts d'un duvet soyeux et floconneux jaune clair ou blanc jaunâtre.

Mœurs. — Bien que les Ardéidés soient, pour l'observateur, curieux à considérer, en raison de la singularité de leurs poses, les imperfections de leur caractère, la gaucherie de leur dégaine, ne sont point pour leur attirer les sympathies. Quoiqu'agiles, ils semblent lourds et maladroits : lents dans leur démarche, mous dans leur vol, ils paraissent toujours, en leurs allures inquiètes, tourmentés par quelque remords ou obsédés par une amère pensée. Leur vue est excellente ; mais leur regard incisif et rusé, chargé de haines inassouvies, gâte la pureté de leurs beaux yeux clairs. Aussi bien sont-ils fort méchants à l'égard des faibles et se montrent-ils poltrons devant les animaux plus robustes qu'eux. Dans les troupes-

qu'ils forment, ils jalousent leurs voisins et ne laissent pas que de leur chercher noise, à l'occasion, surtout lorsqu'ils les sentent inférieurs en force ou en adresse.

Régime. — Le fond de la nourriture de la plupart des espèces est le poisson : mais les plus petites vivent surtout d'insectes. On peut cependant dire que tous les Ardéidés, quelle que soit leur taille, font indifféremment profit de ce qui leur tombe sous le bec, les petits mammifères aussi bien que les jeunes oiseaux, les reptiles, les mollusques et les vers, comme les crustacés. On dit pourtant qu'ils respectent les crapauds ; par compensation, ils font une guerre acharnée aux grenouilles. A l'aide de leurs longs doigts, ils palpent la vase, et la foulent pour en faire sortir les animalcules qu'elle renferme, et l'écartement de ces doigts est assez prononcé pour que ces oiseaux puissent se soutenir, sans y enfoncer, même sur les boues liquides qui sembleraient devoir les supporter avec peine. Lorsque les Ardéidés s'avancent dans un cours d'eau, c'est toujours à pas comptés, d'une marche indécise, l'oreille tendue, l'œil au guet, inspectant l'eau d'un regard inquisiteur. Puis, ils s'arrêtent et demeurent engoncés, la tête dans les épaules, comme insouciants de ce qui se passe autour d'eux. Cependant, ils veillent, et rien n'échappe à leur ouïe fine et à leur vue perçante. Cela est si vrai que, à l'improviste, ce feint assoupissement se dissipe, ce cou se replie, se détend, comme mû par un ressort, et le bec acéré va frapper et transpercer la proie. Le genre d'attaque des Ardéidés rappelle la manière des serpents venimeux. Lorsqu'ils ont eux-mêmes à se défendre contre leurs ennemis, les Ardéidés usent de ce même procédé et cherchent à crever les yeux de leurs agresseurs.

Bien que peu sociables, les Ardéidés vivent en société et nichent, en compagnie de beaucoup d'autres oiseaux, tantôt sur les roseaux, tantôt sur des arbustes ou sur des arbres élevés. Leurs nids spacieux, mais mal faits, contiennent de 3 à 6 œufs unicolores d'un blanc ou d'un bleu verdâtre que la femelle couve seule, pendant que le mâle la nourrit. Les jeunes restent au nid jusqu'à ce qu'ils puissent voler, et presque aussitôt après qu'ils l'ont quitté, les parents les laissent vivre à leur compte sans plus se soucier d'eux.

Les Hérons. — *Caractères.* — Les Hérons proprement dits sont caractérisés par un corps assez élancé, un cou long, grêle, emplumé sur toutes ses faces et dans toute son étendue, un bec plus long que la tête et vigoureux, un plumage, sauf quelques exceptions, partiellement varié de longues taches foncées, et dans lequel le cendré ou le gris, distribué par grandes masses, domine généralement. Les adultes ont ordinairement les plumes de l'occiput effilées et formant une huppe pendante, celles du jabot tombant en fanons, et les scapulaires allongées et comme décomposées.

LE HÉRON CENDRÉ. — De tous les Hérons, le Héron cendré (fig. 51) est celui qui vit le plus isolé et qui cependant est le plus répandu sur la surface du globe. On l'a trouvé en Égypte, sur les côtes d'Afrique, en Guinée, au Congo, au Malabar, en Perse, au Japon, au Tonkin, aux Antilles, au Chili, à O Taïti, en Sibérie, jusque dans les régions arctiques. En Europe, il est surtout très abondant dans la Hollande.

Dans le Nord, le Héron cendré est migrateur; dans le Sud, il est à peine erratique. Cet oiseau a $1^m,15$ de long, $2^m,06$ d'envergure; il a le front et le sommet de la tête blancs, le cou blanchâtre, le dos d'un gris cendré bleuâtre, rayé de blanc. L'occiput est orné d'une huppe composée de longues plumes effilées, noires, flexibles et flottantes; le bas du cou est garni de plumes semblables d'un gris blanc lustré. C'est une des espèces les moins belles et les plus méchantes.

LE HÉRON GOLIATH. — Encore plus méchant que le Héron cendré, dont il a les mœurs, le régime et les habitudes solitaires, le Héron Goliath vit au bord des eaux douces du centre de l'Afrique. Il mesure $1^m,40$ de long et $1^m,95$ d'envergure. Il a la tête, le haut du cou, le milieu de la poitrine et le ventre d'un gris cannelle, le dos et la partie antérieure de la poitrine d'un roux cendré, la gorge blanche.

Le Héron pourpré. — On rencontre assez communément en France, dans le Midi et dans l'Ouest, le Héron pourpré. Il établit fréquemment son nid dans les marais de la Basse-Loire, au milieu des grands massifs de roseaux, sur les roseaux eux-mêmes ou sur les arbustes avoisinants.

Les Aigrettes, aussi connues sous le nom de Hérons superbes, sont plus sveltes que les Hérons proprement dits. Leur plumage est blanc à tous les âges et à toutes les saisons, et les plumes du dos forment, à l'époque des amours, des aigrettes qui ont fait donner à ces oiseaux le nom qu'ils portent.

L'Aigrette blanche ou Héron argenté. — L'Aigrette blanche ou Héron aigrette (fig. 49), Héron argenté, Héron blanc, Héron noble, a de $1^m,03$ à $1^m,08$ de longueur; tout son plumage est d'un blanc pur; la tête est revêtue d'une petite huppe de plumes pendantes. Quelques plumes scapulaires, longues de 49 centimètres, prennent naissance, en forme de touffe soyeuse, sur chaque épaule, s'étendent sur le dos, dépassent la queue et peuvent se relever, quand l'oiseau est agité; les tiges qui les soutiennent sont fortes et droites, et garnies de longues barbes rares et effilées. Ces plumes, qui naissent au printemps et tombent en automne, sont très recherchées.

Cette espèce habite en Hongrie, en Pologne, en Turquie, dans l'Archipel et en Sardaigne; on la voit accidentellement en Allemagne; elle ne se montre jamais dans les contrées occidentales; elle est commune en Asie, dans le Nord de l'Afrique et dans l'Amérique septentrionale.

L'Aigrette garzette ou Héron soyeux (fig. 50). — L'Aigrette garzette, Héron soyeux, petit Héron blanc ou argenté, a, comme la précédente, tout le plumage d'un blanc pur, et porte aussi sur le dos une touffe de plumes longues de 16 à 22 centimètres, qui naissent sur trois rangées et sont for-

Fig. 49. — L'Aigrette blanche.

mées de tiges faibles, contournées et relevées vers la pointe, à barbes rares, soyeuses et effilées, moins longues que chez l'Aigrette. La grandeur totale de l'oiseau est de 66 centimètres. De l'occiput tombe une huppe pendante, formée de deux ou trois plumes longues et étroites, et le bas du cou porte un grand bouquet de semblables plumes, fort étroites aussi et lustrées.

La Garzette habite les confins de l'Asie, est assez abondante en Turquie, dans l'Archipel, en Sardaigne, dans quelques parties de l'Italie et en Sicile. Elle passe périodiquement en Suisse et dans le Midi de la France, et accidentellement en Allemagne. C'est une des espèces les plus nombreuses dans les héronnières.

Les Bihoreaux. — Les Bihoreaux ne ressemblent aux autres Ardéidés ni par leur forme, ni par leurs mœurs. Ils ont le corps ramassé, le bec court et épais à la base surtout, et courbé vers le bout; des ailes très larges, le cou dégarni de plumes en dessus, sur le tiers de son étendue, et l'occiput orné de trois longues plumes filiformes; le plumage est abondant.

L'aire de distribution des Bihoreaux d'Europe est très étendue. En été, ils fréquentent, en grand nombre, la Hollande; accidentellement et en petit nombre l'Allemagne; par masses, les provinces danubiennes, les bords de la mer Noire et de la mer Caspienne ; ils ne sont que de passage en Italie, en Espagne et dans le midi de la France. Tous les hivers, ils s'installent en Égypte, près des lacs, sur les grands arbres, plus particulièrement sur les sycomores plantés à l'entrée et au milieu des villages. Ils y restent engourdis tout le jour, s'y laissent volontiers approcher par l'homme, à moins qu'ils n'aient été déjà opiniâtrement pourchassés. Le soir venu, ces oiseaux secouent leur torpeur, s'étirent, font leur toilette. Leur défiance, qui n'était qu'assoupie, s'éveille; l'homme leur devient suspect, et, tout à coup, comme à un signal donné, toute la bande quitte les grands arbres, en poussant des cris perçants, et gagne à tire-d'aile son rendez-vous de pêche. Les Bihoreaux ne pêchent que la nuit. Cependant, à l'époque où ils ont des

FIG. 50. — L'Aigrette garzette.

petits, on les voit pêcher en plein jour pour assurer la pitance à leur progéniture.

Le Bihoreau d'Europe (fig. 51) a de 58 à 60 centimètres de longueur, le haut de la tête, la nuque, le haut du dos, les épaules d'un noir verdâtre; le reste de la face supérieure du corps et les côtés du cou d'un gris cendré; le bas ventre d'un jaune roux clair, les parties nues de la tête vertes, les longues plumes de l'occiput blanches, rarement noires dans une partie de leur longueur. Ce sont les trois plumes blanches de sa huppe qui le font rechercher.

Le Bihoreau niche en compagnie d'autres oiseaux, les Hérons, les Aigrettes. Quelquefois il colonise seulement avec les individus de son espèce. Dans les héronnières de Hongrie, le Bihoreau est toujours l'espèce la plus nombreuse. Ainsi sur un seul saule, sur seize nids, Baldamus trouva onze nids de Bihoreau. A l'époque de la nidification, l'air retentit des querelles de ces oiseaux plus hargneux que méchants, mais une fois les petits éclos, le concert devient assourdissant et les cris se répètent sans discontinuité. A ces clameurs discordantes vient se mêler un bruit singulier et indéfinissable, c'est celui que produit sur le sol la chute des excréments des jeunes oiseaux. Leurs déjections sont si fréquentes et si copieuses que le terrain au-dessus duquel les nids ont été construits n'est bientôt plus qu'un marécage d'ordures dont la puanteur est insupportable.

Dans les héronnières, aux Hérons cendrés, aux Aigrettes, aux Bihoreaux viennent se mêler les Blongios (fig. 51), les Spatules, les Ibis, les Cormorans, les Sternes, les Mouettes, les Oies et les Pélicans. Sur les branches les plus fortes des saules, aussi haut que possible, se trouvent les nids des Hérons cendrés, puis à côté, souvent bord à bord, ceux des Bihoreaux. Les branches plus faibles, mais très élevées, supportent les nids de la Garzette et du Cormoran ; plus bas sont construits les nids transparents du Blongios; sur les

FIG. 51. — Le Bihoreau d'Europe. — Le Héron cendré. — Le Blongios nain. — L'Aigrette blanche.

roseaux, ou au milieu de l'inextricable fouillis des lianes, s'établit, suivant sa fantaisie et son instinct, le reste de la bande.

Chasse. — En raison de leur vue perçante, de leur caractère inquiet et de leur esprit défiant, les Hérons, à quelque catégorie qu'ils appartiennent, sont extrêmement difficiles à approcher, tant qu'ils ne sont point réunis en colonies. Lorsqu'on les rencontre isolés le long des cours d'eau ou sur les bords des marais, on ne peut guère les atteindre au fusil que par surprise. Mais lorsqu'ils sont venus, d'eux-mêmes, se fixer en nombre en quelque endroit marécageux, ou quand on a ménagé des terrains spéciaux sur lesquels ils ont consenti à nicher et à se reproduire, on peut aller les fusiller à domicile, ou, si l'on ne veut risquer de les empêcher de revenir les années suivantes, tenter d'en attirer à quelque distance au moyen d'appâts. L'attitude que prennent les Hérons, lorsqu'ils guettent l'appât, laisse en effet, à l'affûteur bien caché, tout le temps d'ajuster et de tirer commodément ces oiseaux. Quand la proie est facile à emporter, le Héron se précipite vers elle, la tête renversée sur le dos, les jambes en arrière: à bonne distance, il redresse la tête, saisit l'objet et s'envole. Si l'appât est menu et divisé, l'oiseau plonge à peine ses pieds dans l'eau, agite ses ailes pour se maintenir à la surface et le dévore avidement. C'est le moment de faire feu.

Malheureusement, en France, les héronnières ne sont plus nombreuses comme au temps de François Ier; les chasseurs ne peuvent donc plus exercer leur adresse aux alentours d'aires qu'on ne construit plus à l'intention de ces oiseaux. Au temps où il existait des héronnières patronnées par l'autorité, le Héron était gibier royal et sa chair, quoique peu savoureuse, était réservée à la table des princes. On le chassait alors au Faucon. Le Héron, une fois levé, au moment où on lâche après lui l'oiseau de proie, se déleste

FIG. 52. — Héron pris par un Gerfaut.

l'estomac, pour s'alléger, et alors commence un vol endiablé à travers les airs, le Héron piquant droit aux nues, avec une étonnante rapidité, le rapace s'élevant avec lui plus vite encore, et cherchant à dominer cette proie vivante, qui menace et se défend de son long bec acéré. Après une lutte mouvementée, coupée d'acoups, d'alternatives diverses, de crochets nombreux, le Héron, à bout de force, se laisse lier par son ennemi, et les deux oiseaux culbutant, tourbillonnant, viennent s'abattre aux pieds des chasseurs. Bien souvent, les Hérons, ainsi capturés, n'étaient pas tués du coup; s'ils étaient en état de survivre à leurs blessures, on les relâchait, après leur avoir enlevé leurs plus belles plumes, ou bien, on leur rivait à la patte un anneau sur lequel on gravait la date de la prise. Cela permettait de les reconnaître, lorsqu'ils étaient capturés de nouveau. C'est même à cette pratique que l'on doit de savoir que ces oiseaux peuvent vivre jusqu'à cinquante ans. D'autres fois, on gardait ces pauvres bêtes pour les faire servir d'instruments de dressage aux jeunes faucons.

De nos jours, on a tenté de remettre en honneur cette chasse du Héron au moyen du Faucon. Les Hollandais, de leur côté les Anglais se sont essayés en ce genre de sport, mais, il ne semble pas que leurs tentatives aient régénéré et fait revivre en Europe l'art de la fauconnerie, qui y brilla jadis d'un si vif éclat. Cet art n'est point perdu cependant; il est encore très prospère dans l'Afrique du Nord, en Asie, surtout dans les Indes, où il compte de fervents disciples (fig. 52).

Héronnières. — Si en France aujourd'hui, il ne reste plus guère que les héronnières des comtes de Sainte-Suzanne à Ecury-le-Grand (Marne), on en rencontre à l'étranger, en Hongrie, surtout. On peut dire de toutes les installations qui existent en quelque lieu qu'elles se trouvent, qu'elles offrent un vilain spectacle, et que les arbres, les buissons et les roseaux, destinés à recevoir les nids des oiseaux qui viennent s'y reproduire, sont d'une saleté repoussante. Les feuilles sont brûlées par la fiente caustique de ces volatiles, et les branches sont recouvertes d'une épaisse couche blanche de guano aussi désagréable à l'œil qu'à l'odorat. Ajoutons que le sol, couvert de déjections, de détritus de poissons, et des cadavres empestés de poussins, tombés du nid, dégage une odeur insupportable.

En Birmanie, il n'est pas rare de rencontrer des canaux et des îlots, spécialement aménagés pour la reproduction des oiseaux dont les plumes sont utilisées dans le commerce. En dehors des Pélicans et d'autres oiseaux qui y nichent à terre, beaucoup (les Hérons et les Aigrettes sont du nombre) nichent sur les arbres. Des mesures particulières sont prises, dans le but de préserver ces exploitations des bêtes féroces, des gros reptiles et des oiseaux de proie. On fait à ces animaux nuisibles la chasse aux pièges et aux lacets et des équipes d'hommes, de femmes et d'enfants sont chargées de les effrayer tantôt à une place tantôt à une autre, au moyen d'instruments variés qui font un infernal tapage.

En dehors de ces pratiques plus ou moins efficaces, il en est une très ingénieuse qui a pour effet de protéger des rapaces et notamment des Vautours, les colonies d'oiseaux dont on recueille le duvet ou les plumes. Elle consiste, de la part des indigènes, à choisir une forte tige de bambou qu'ils taillent en pointe à l'une de ses extrémités et qu'ils garnissent à l'autre de branchages solidement liés. Ce lacis de branches est enduit de glu marine; le bambou est dressé et enfoncé solidement en terre. Au pied de cet arbre factice est installée une cage, contenant quelque oiseau affamé, que le besoin de nourriture rend criard. Au bruit, le Vautour accourt, mais, comme il est encore plus méfiant que vorace, avant de se précipiter sur la proie, il se perche sur l'arbre préparé d'où il pense pouvoir mieux observer. Le reste se devine, le Vautour, empêtré, s'englue d'autant plus qu'il se débat davantage. Le chasseur met un terme à ses convulsions en le tuant à coups de trique, l'arbre une fois abaissé. Il arrive que, pour s'éviter de la peine, le guetteur attend que plusieurs Vautours se soient pris, au même piège; mais, en tardant trop, on court le risque de laisser à quelques-uns de ces oiseaux robustes le temps de se dégager.

Chasse aux Hérons et aux Aigrettes en Birmanie. — La chasse des Hérons, des Aigrettes, des Pélicans, des Flamants, des Cigognes-Marabouts, surtout lorsque l'on en veut au duvet de ces oiseaux, se pratique en Birmanie deux fois par an, aux époques qui suivent la ponte. On connaît, à quelques jours près, le moment où les petits seront en état de quitter leurs nids, et c'est le moment d'avant que l'on choisit pour s'en emparer. On capture tous ceux que l'on peut atteindre, afin d'exploiter leur duvet, mais on a soin d'éviter de tourmenter les pères et mères de peur de leur faire abandonner pour jamais la colonie. Quand le temps de cette chasse, qui demande plusieurs jours, est arrivé, on s'en va, de nuit, avec des torches; on entoure l'emplacement où nichent les oiseaux qui font leur nid à terre; on allume des feux de toutes parts; on pousse les petits, déjà forts, au milieu d'une enceinte de claies, que l'on restreint peu à peu, et lorsque le lieu du massacre est suffisamment circonscrit, à la lueur des torches, on commence la tuerie de ces oiselets, qui ne peuvent encore voler. On ne tord le cou qu'à ceux qui sont suffisamment emplumés, sauf à faire, à quelques jours d'intervalle, une nouvelle hécatombe des plus jeunes, dont le duvet n'était point à maturité à la première campagne.

La chasse aux oiseaux qui nichent sur les arbres, comme le *Marabout*, cause moins de souci, bien qu'elle se pratique également de nuit. Un homme monte sur l'arbre où se trouvent les nids; il enlève les petits, les étrangle, les jette à bas où ils sont plumés séance tenante. Il échappe beaucoup de cigogneaux à la tuerie, en raison de la situation élevée et inaccessible qu'occupent certains nids. Les Hérons, notamment, qui ont besoin de se laisser tomber de haut, pour s'envoler, n'établissent jamais leurs nids sur des arbustes de trop petite taille; aussi dans les terrains affectés, en Birmanie, à l'habitation des oiseaux qui fournissent la plume de luxe, laisse-t-on pousser quelques grands arbres, par exemple le sapan, le talipot ou coryphe parasol, qui appartient à la famille des palmiers.

Les plumes de Héron et d'Aigrette constituent une part importante des revenus des industriels qui exploitent la plume en Birmanie; mais, pour ne pas épuiser l'article, les Birmans ne prennent guère ces oiseaux qu'au lacet, pour ne pas effrayer toute la bande par les explosions d'armes à feu, et encore ne le font-ils que lorsque les poussins sont en état de chercher leur nourriture. Ils procèdent de même pour la plupart des oiseaux de commerce.

Chasse à l'Aigrette en Annam. — En un autre pays, en Annam, le gouvernement local vient d'accorder à plusieurs Français une autorisation spéciale pour chasser l'Aigrette dans l'étendue des douze provinces. Ces beaux oiseaux, au plumage blanc de neige, sont abondants en Annam, mais il faut en moyenne en tuer 700 pour recueillir un kilogramme d'aigrette, qui vaut dans le commerce 2500 francs, et que les marchands de détail revendent ensuite, au brin, aux modistes. Les concessionnaires qui viennent d'obtenir le droit de chasse représentent de grandes maisons de Paris. Ils ont levé des brigades de chasseurs indigènes qu'ils arment à leurs frais de fusils Lefaucheux et auxquels ils fournissent les cartouches. Chaque escouade est dirigée par un Européen responsable de la conduite et de la discipline de ses hommes. A la fin de la journée, fusils et cartouches sont retirés à leurs possesseurs, pour ne leur être rendus que le lendemain matin quand la chasse recommence.

Toutes les mesures convenables sont d'ailleurs prises pour que les accidents soient évités et pour que la chasse n'ait lieu que sur le territoire déterminé d'avance par l'autorité locale. Les pagodes et les grands arbres sacrés qui les ombragent ne doivent pas être profanés par les coups de fusil. Et le bel oiseau peut reposer en paix, protégé par le génie du lieu.

Dans notre colonie de la Basse-Cochinchine, il est procédé, chaque année, à l'adjudication sous soumission cachetée du monopole de la chasse des oiseaux et de l'exploitation de leurs plumes, produit d'une grande valeur et très recherché en Chine. La chasse du territoire du Rach-Gia, généralement affermée par des Chinois, rapporte annuellement environ 30.000 francs au gouvernement. Le territoire du Rach-Gia est très étendu, aussi fort insalubre, à cause des immenses marais qu'il renferme. Il se trouve compris dans la vaste province d'Hatien, limitrophe de celles de Nangiang et de Vinghlong, qui furent toutes trois annexées à notre colonie en 1867 sous le gouvernement de l'amiral de la Grandière. Au milieu de ce pays de roseaux, de joncs, de rotins et de palétuviers, que les moustiques et les sangsues rendent à peu près inhabitables, se dressent pourtant, de loin en loin, des monticules élevés, composés d'un sol imperméable et ferrugineux, où pousse une herbe grossière appelée herbe des éléphants. Nous laissons ici la parole à M. Ed. Renard, ancien délégué du commerce dans l'extrême Orient [1]. « Ce sont ces élévations, dit M. Renard, ayant souvent une étendue de plusieurs hectares, que choisissent des multitudes d'oiseaux aquatiques de différentes espèces qui y viennent, chaque année, pour y construire leurs nids et y élever leurs petits. Ces oiseaux sont des

1 Renard, *Bulletin mensuel de la Société d'acclimatation*, 3e série, t. IV, no 4, avril 1877.

Aigrettes, des Hérons, des Cigognes, des Marabouts, des Grues de différentes tailles et de beaucoup d'espèces, puis des palmipèdes, Cormorans, Pélicans, etc... L'arrivée des grands oiseaux a lieu au commencement de la saison des pluies, en avril; ces oiseaux viennent en quantité surprenante par milliers à la fois; c'est un spectacle grandiose que ces longues lignes qui paraissent d'un horizon à l'autre, car les Grues, quand le temps est calme, ne volent pas en triangles, mais elles forment un cordon sans fin, qu'on penserait pouvoir enceindre le monde entier. Les Grues au plumage blanc arrivent de l'intérieur de l'Inde, et celles à tête rouge, dites de Mantchourie, que les Chinois appellent l'Oiseau Sacré, viennent des contrées du Thibet, de la Mongolie, etc... Ces milliers d'oiseaux réunis se prêtent un mutuel appui, car ils ont à se défendre non seulement des attaques des Milans, des Vautours, des Aigles, mais aussi des nombreux serpents, caïmans, singes, sangliers, tigres, etc... très friands de leurs œufs comme de leur chair. Mais dès qu'un ennemi apparaît, dès qu'il est signalé dans le lointain, cette masse d'oiseaux s'élève dans les airs, et des cris perçants, aigus, remplacent alors le silence habituel de ces solitudes. Il est intéressant pour l'observateur de voir, en ce moment, l'attaque de ces quantités d'oiseaux de toutes tailles, dont les plus petits, souvent les plus agiles, ne sont pas les moins braves; si c'est un oiseau de proie, ils passent et repassent au-dessus de sa tête, ils le frappent de vigoureux coups d'ailes et de coups de bec; si c'est un quadrupède, c'est aux yeux qu'ils s'attaqueront, et si l'animal ne s'enfuyait, il serait aveuglé en peu de temps, car le bec fort et effilé de ces oiseaux égale la pointe d'un poignard.

Ce qui n'est pas moins curieux à voir, c'est lorsque les oiseaux sont éclos et déjà grands, quand les parents, qui les ont quittés le matin pour aller à la pêche, rentrent au moment du crépuscule; ils arrivent en vols longs et serrés, les Pélicans se distinguent surtout au sac gonflé qu'ils ont sous le bec et qui contient jusqu'à 15 kilogrammes de poisson... Quand la distribution commence, le bruit du dégorgement comme de la déglutition de ces miliers d'affamés est tellement grand qu'il peut s'entendre à plusieurs kilomètres à la ronde.

Vers la fin de mai, tous ces oiseaux sont élevés, sont grands et ont pris leurs plumes ; mais, généralement lourds, ils ne peuvent s'enlever de terre ; puis il leur faut auparavant apprendre à voler ; à cet effet, on les voit prendre leurs ébats, frapper l'air de leur longue envergure, ils se livrent aussi souvent à une danse folle très comique et très singulière à voir, mais toujours en famille et sans se mêler aux autres couvées.

Chasse aux Ardéidés par les Chinois. — C'est cette phase de l'existence des oiseaux que saisissent les fermiers de la chasse, qui du haut de leurs guets élevés et formés de perches en bambou, ont observé, chaque jour, la croissance rapide de leur éducation et ont veillé à leur tranquillité, à leur conservation. Alors commence bientôt une chasse effrénée, la destruction des jeunes oiseaux, réelle boucherie de basse-cour, que rien n'égale et que je décrirai en peu de mots. Quand les Chinois savent qu'ils sont adjudicataires de la ferme de la chasse et une fois certains de l'arrivée des oiseaux, ils se jettent dans leurs bateaux et vont explorer ces terrains élevés dont j'ai parlé, ils en reconnaissent facilement les divers emplacement choisis par le va-et-vient continuel des oiseaux.

Pendant le temps de la durée des couvées, ils entourent de claies légères en bambou tout l'espace occupé par les nids ; ces terrains comme je l'ai dit, varient entre 4 à 5 hectares, les claies sont naturellement dissimulées par la hauteur des végétaux. A la suite de cette enceinte, ils enlèvent les herbes, les plantes, et une fois la place bien appropriée, ils entourent le terrain et forment ainsi à côté une autre enceinte, mais très réduite. C'est là l'emplacement désigné et dans lequel tous les oiseaux à une heure voulue devront forcément se rendre. Puis, un beau soir, après le coucher du soleil et suivant ce qui arrive journellement sous les tropiques, les vents de terre, ayant tout à coup cessé, sont remplacés bientôt par ceux venant du côté de la mer; c'est alors le moment fatal; les Chinois ont amoncelé des plantes sèches, et y mettent le feu dans vingt, trente endroits différents. Bientôt le sol envahi est en combustion, les herbes se tordent crépitent et pétillent; les flammes, la fumée en longues traînées lèchent et suivent la surface de la terre; c'est un coup d'œil imposant et qui ferait croire à l'aspect d'un pays en état de conflagration générale.

Comme on le pense, les oiseaux adultes saisis d'épouvante, ont pris leur vol, ils planent au-dessus de leur jeune famille et par leur cris répétés, ils entraînent leur progéniture, qui, les ailes déployées, les suit en marchant; ils sont bientôt réunis dans la deuxième enceinte, où ils s'entassent les uns sur les autres et sont ensuite complètement enfermés par de nouvelles claies. Les Chinois, qui ont engagé de nombreux Annamites pour l'exécution des oiseaux, pénètrent dans cette deuxième enceinte, et tous munis de lourds bâtons, s'avancent en ligne et frappent à la tête de gauche et de droite ces pauvres jeunes oiseaux, qui sans défense, tombent assommés; dans l'espace d'une demi-heure, plusieurs milliers de cadavres couvrent le sol; c'est, comme ou le voit, une réelle boucherie... En 1870, il a été tué 18.000 oiseaux, dont les ailes ont servi à la confection de 18.000 écrans. Le prix sur place est d'environ 2 francs la paire d'ailes en moyenne. Les plumes sans choix valent 5 francs le kilogramme.

Usages. — Bientôt les cadavres sont empilés dans des bateaux et transportés en masse sous les paillotes des marchés voisins; le lendemain, au jour, on procède au choix des plumes, les ailes sont coupées au ras du corps, comme aussi la queue, et on les enfile à de longues ficelles pour les faire sécher au soleil.

Les gorges, les plumes du croupion, les Marabouts enfin sont soigneusement séparés et mis dans des sacs ; les corps des oiseaux morts, à moitié déplumés, sont vidés, salés ou fumés et jetés dans des tonneaux.

Les plumes de ces oiseaux sont ensuite dirigées vers l'industrieuse et grande ville de Canton, où elles servent à la fabrication si importante des écrans ; on voit dans les rues, occupées par les nombreux fabricants, des boutiques où ces plumes sont empilées et nouées par taille ; on sait que l'écran en plumes déplaçant une grande quantité d'air est très apprécié des Orientaux. Quant aux corps, une partie est consommée sur place, l'autre est expédiée dans les provinces de l'intérieur de la Chine, où on les reconnaît à leurs plumes humides, souillées par le sel et suspendues aux étalages des marchands de comestibles ; ce mets est peu appétissant, mais il est recherché et a une certaine valeur, car il communique au riz le goût de poisson si apprécié dans tout assaisonnement en Chine et au Japon. »

CHAPITRE XI

LES PÉLICANS. — LES PHAÉTONS. — LES GOÉLANDS. LES MOUETTES

Les Pélicans. — La légende qui nous représente le Pélican sacrifiant sa propre existence pour sauver la vie de ses enfants, et nourrissant ses petits en détresse de sa chair et de son sang, est vieille comme le monde. On en retrouve encore la trace dans les peintures murales de nos vieilles cathédrales de France. Cette légende pourtant n'est qu'une légende ; et elle est loin d'être conforme à la vérité des faits. Sans doute, le Pélican est un bon père de famille, sa femelle est une nourrice dévouée ; l'un et l'autre montrent à l'égard de leur progéniture des sentiments d'affection qu'il est bon de noter ; mais cet attachement ne tient nullement du prodige, il n'a rien d'excessif, on peut même dire que le Pélican pourrait recevoir de beaucoup d'oiseaux, moins célèbres dans l'histoire, des leçons d'abnégation et de dévouement. Ce qui a fait la réputation du Pélican, c'est son sac œsophagien, membrane large et dilatable, capable de contenir une quantité considérable d'aliments. On l'a vu presser ce sac contre sa poitrine, en faire sortir devant ses petits affamés, une nourriture abondante, et l'on a crié au miracle ; on a conclu qu'il s'ouvrait les flancs pour nourrir ses enfants de sa propre substance. Voilà tout le mystère.

On en a dit bien d'autres au sujet de notre oiseau. N'est-ce pas lui qui, lors de la construction de la Kaaba, à la Mecque, tira d'affaire les maçons embarrassés? L'eau était loin ; la course fatigante ; les porteurs s'étaient mis en grève, et le bâtiment ne marchait plus. Heureusement, Allah veillait ; il ne put consentir à ce que tant de braves maçons qui n'étaient d'aucune loge, restassent inoccupés ; il tint la main à ce que le saint édifice se terminât ; et pour arriver à cette fin, il envoya des millions de Pélicans qui remplirent leur gosier d'eau, pour l'apporter aux maçons qui purent ainsi délayer leur mortier. Tout est bien qui finit bien.

Distribution géographique. — Les Pélicans sont les plus grands et les plus intéressants de l'ordre des stéganopodes ; ils habitent la zone torride et les parties voisines des zones tempérées, visitent toutes les contrées et se répandent sur des étendues immenses. Les mœurs des différentes espèces, sans être identiques, ont assez de points de ressemblance, pour que la description des deux espèces européennes (le Pélican onocrotale ou Pélican blanc, et le Pélican huppé ou frisé) puisse donner une idée très suffisante des espèces exotiques.

De tout temps, les voyageurs qui ont visité l'Égypte et les contrées du nord de l'Afrique ont été frappés d'étonnement à la vue des bandes énormes de Pélicans qui couvrent les lacs côtiers, le Nil, pendant la période des inondations, le Nil bleu, le Nil blanc et la mer Rouge. C'est par milliers que se rencontrent ces oiseaux en ces divers endroits ; et leurs cohortes sont si étendues et si serrées que l'on croirait voir une immense muraille blanche s'avançant sur les flots. A terre, quand ils se sont retirés sur les îlots ou sur les plages de sable pour digérer, se reposer et faire leur toilette, le sol disparaît sous leurs corps cylindriques. Malgré la conformation de leurs pieds qui paraissent peu propres à saisir, les Pélicans ont la faculté de pouvoir se percher sur les arbres, il s'y tiennent même en rangs si pressés qu'ils en marquent complètement les branches et les feuilles.

Mœurs. — Les Pélicans, comme on le voit, aiment à vivre en société, et, tant que dure l'hiver, la cohésion est complète ; mais, au printemps, ces oiseaux dédoublent leurs colonies et s'en vont, par bandes plus ou moins nombreuses, pour nicher et se reproduire. Ils émigrent alors vers le sud de l'Europe, où ils paraissent en abondance à la fin d'avril et au commencement de mai. En Hongrie, notamment, ils arrivent par vols de quatre à six cents individus ; s'établissent sur les marais et les lacs pour y construire leurs nids, dans les endroits dont l'accès est le plus difficile et sur les îlots.

Ces nids, très rapprochés les uns des autres, sont formés d'un lacis grossier de joncs et de roseaux; la femelle dépose dans cette couche mal construite de trois à cinq œufs, plus petits que les œufs du cygne, également pointus aux deux bouts et d'un blanc bleuâtre. De ces œufs, toujours sales, il sort, après une assez longue incubation, des petits mal bâtis, fort laids et très criards. Chose curieuse, il se trouve quelquefois dans le même nid des petits d'âge complètement différent, ce qui paraît donner raison aux voyageurs qui prétendent avoir vu plusieurs femelles couver de compagnie dans le même amas de roseaux.

Pendant la période de reproduction des Pélicans, la région qu'ils ont adoptée devient un foyer d'infection. Une couche d'excréments liquides, de débris de poissons pourris, des cadavres de jeunes oiseaux tombés du nid et putréfiés, forme une épaisse purée de laquelle se dégagent des odeurs pestilentielles.

Quoique les Pélicans soient des marcheurs médiocres, ils ne laissent pas que de parcourir sur leurs pattes robustes d'assez longs espaces; ils font ces courses en se balançant avec lenteur et indolence. Mais s'ils sont assez piètres marcheurs, ils ont un vol facile et soutenu, et très léger eu égard à leur taille.

C'est tantôt au vol, tantôt à la nage qu'ils pêchent le poisson, fonds de leur alimentation. D'après M. Roulin, le *Pélican brun*, lorsqu'il est en pêche, tourne à 15 ou 20 pieds au-dessus de la surface de la mer, et dès qu'il a aperçu l'objet de sa convoitise, il se laisse tomber à l'eau avec la roideur d'un oiseau foudroyé. S'il a manqué son coup, il s'élève de nouveau, s'enfonce une seconde fois, puis une troisième, jusqu'à ce qu'il soit arrivé à ses fins. La capture opérée, l'oiseau gagne le rivage pour savourer sa proie plus à son aise. D'autres espèces de Pélican pratiquent la pêche en commun, et M. Nordmann, en particulier, a souvent suivi, avec intérêt, la manière de faire des *Pélicans huppés ou frisés.*

Manière de pêcher des Pélicans huppés. — « Je fus plusieurs fois, dit-il, et notamment le 2 avril 1836, témoin de la pêche extraordinaire des Pélicans sur un des lacs Limans, éloigné de 40 verstes d'Odessa. C'est ordinairement dans la matinée ou le soir que ces oiseaux se réunissent dans ce but, procédant d'après un plan systématique qui est apparemment le résultat d'une espèce de convention. Après avoir choisi un endroit convenable, une baie où l'eau soit basse et le fond lisse, ils se placent tout autour, en formant un grand croissant ou un fer à cheval; la distance d'un oiseau à l'autre semble être mesurée; elle équivaut à son envergure. En battant fréquemment la surface de l'eau avec leurs ailes déployées, et en plongeant de temps en temps, avec la moitié du corps, le cou tendu en avant, les Pélicans s'approchent lentement du rivage, jusqu'à ce que les poissons réunis de la sorte se trouvent réduits à un espace étroit; alors commence le repas commun. Outre les quarante-neuf Pélicans dont la compagnie se composait ce jour-là, il s'était rassemblé sur des tas de coquilles rejetées par les vagues et amoncelées sur le rivage, des centaines de *Larus minutus*, *ridibundus*, *Sterna minuta* et *Corvus monedula*, qui se préparaient à happer les poissons chassés hors de l'eau, et à partager entre eux les restes du repas. Enfin plusieurs *Podiceps rubricollis* et *Podiceps minutus* nagèrent dans l'espace circonscrit par le demi-cercle tant que cet espace fut encore assez grand, et prirent, eux aussi, leur part du festin en plongeant fréquemment après les poissons effrayés et étourdis. Quand tous furent rassasiés, la compagnie entière se rassembla sur le rivage pour attendre le commencement de la digestion. Les Pélicans dressaient leur plumage, recourbaient leur cou pour le laisser reposer sur le dos. De temps en temps l'un ou l'autre de ces oiseaux, vidant sa

Fig. 53. — Le Pélican onocrotale.

poche bien garnie, en étendait le contenu devant lui, et se plaisait à examiner et à contempler les poissons ; ceux qui se débattaient encore eurent la tête écrasée entre les mandibules. »

Dans le cours de leur existence journalière, les Pélicans paraissent suivre un programme qui ne varie jamais. Le matin, ils entrent en pêche; vers dix heures, la pêche est terminée; chacun est repu, et l'on regagne en bon ordre les bancs de sable ou les arbres sur lesquels se fera la digestion, la toilette et la sieste. Le mouvement de retour n'est guère parachevé que vers midi. A cette heure, la colonie est au complet. Entre trois et quatre heures, les départs par groupes recommencent, et l'on pêche de compagnie jusqu'au coucher du soleil. A la nuit, tous les Pélicans ont regagné leur gîte habituel. Certains de ces oiseaux tiennent tant au lieu qu'ils se sont d'abord choisi pour habiter, qu'ils continuent d'y revenir à midi et le soir, bien que leurs parages de pêche en soient parfois fort éloignés.

Les Pélicans de la même espèce vivent entre eux en bonne intelligence, et il est rare que les rixes, si fréquentes entre oiseaux, viennent troubler la paix de la colonie. Les espèces différentes, se tenant à l'écart les unes des autres, la paix de ce côté se trouve aussi assurée. En captivité, le caractère de ces oiseaux demeure paisible et pacifique; ils restent sur la réserve avec les autres animaux, sans toutefois que cette réserve dégénère jamais en couardise; ils savent, en effet, fort bien se défendre des agressions et les repousser avec énergie :

« Mes deux chiens, dit Nordmann, dont l'un de race de Terre-Neuve et l'autre un chien d'arrêt, évitaient et craignaient un Pélican que j'avais et se retiraient à son approche. Cet oiseau devait, en effet, leur imposer, car, abstraction faite de sa posture singulièrement bizarre et menaçante, et de sa gueule béante, il poussait de temps en temps un cri terrible qui n'avait rien de la voix d'un oiseau, et ressemblait plutôt au rugissement d'un des grands carnassiers, tel que l'Hyène. » (Nordmann.)

Captivité. — En captivité, surtout s'il a été pris de jeunesse, le Pélican est susceptible d'une certaine éducation; on cite un de ces oiseaux qui, nourri à la cour de Bavière, y resta quarante ans, aimable compagnon et grand amateur de musique. Belon en vit un autre dans l'île de Rhodes, qui se promenait familièrement dans la ville, et Gesner raconte, d'après Culmann, l'histoire d'un Pélican qui suivait l'empereur Maximilien, en marche avec son armée. Ce Pélican fameux vécut jusqu'à l'âge de quatre-vingts ans; dans sa vieillesse il eut une liste civile de quatre écus par jour; il fut ainsi nourri aux frais de l'État jusqu'à sa mort.

Chasse. — On se livre à la chasse du Pélican surtout dans le sud de l'Europe; elle se pratique presque toujours à l'affût dans les endroits où ces oiseaux viennent digérer et dormir. On en massacre ainsi de grandes quantités, et il n'est pas besoin pour tuer l'animal de charger à gros plomb, un coup de petite grenaille suffit à l'abattre. Mais quand les Pélicans ont entendu siffler le plomb à plusieurs reprises, ils deviennent inquiets, farouches, et bien qu'ils ne quittent la place adoptée qu'à la dernière extrémité, ils ne s'y laissent plus surprendre que difficilement. Sur l'eau, après les premières poursuites, ils deviennent inabordables.

La loi de Mahomet prohibe l'usage de la viande de Pélican; toutefois les Mahométans ne craignent pas de chasser cet oiseau pour le manger. Mais il paraît que les pêcheurs arabes se montrent à l'égard de ce malheureux volatile d'une impitoyable cruauté. Lorsqu'ils ont capturé un Pélican, ils lui crèvent les yeux avec une aiguille, passent un fil au travers de la blessure et attachent les deux bouts du fil sur le sommet de la tête. Une grave inflammation ne tarde pas à survenir, qui, après de cruelles souffrances, occasionne la mort de l'oiseau. On envoie le corps au marché, où il est vendu de 20 à 25 sous.

Classification. — Les Pélicans se divisent en cinq espèces :

1° Le Pélican ordinaire ou onocrotale (fig. 53), dont le plumage est d'un beau blanc nuancé de rose clair sur toutes les parties. Il vit habituellement dans les contrées orientales de l'Europe, est très commun sur les lacs et sur les rivières de Hongrie et de Russie, et se rencontre accidentellement en France. On le trouve aussi en Afrique et en Amérique.

2° Le Pélican huppé ou frisé, à plumage blanc nuancé de roux sur la poitrine. Il doit son nom aux plumes de sa tête et de la partie supérieure de son cou qui sont crispées et croisées entre elles ; de façon à former une touffe assez grosse. La mer Noire, les îles voisines de l'embouchure du Danube, sont les contrées qu'il habite communément ; on le voit aussi au Sénégal.

3° Le Pélican brun qui se trouve aux Antilles, sur les côtes du Pérou, au Bengale et à la Caroline du Sud. Plus petit que le Pélican ordinaire, il est aussi d'une coloration différente. Il a la tête blanche, le cou marron ; le dos et les ailes flammés de brun ; le thorax et l'abdomen marron, flammés de blanc.

4° Le Pélican à lunettes, au plumage blanc, légèrement teint de roussâtre sur la poitrine, qu'on trouve dans les terres australes.

5° Une cinquième espèce habite le Mexique et le Chili. Le plumage est blanc et noir, comme celui du Pélican ordinaire. Il ne diffère du reste de cet oiseau que par les dentelures de ses mandibules, dont les bords sont découpés en scie.

Les Phaétons. — *Caractères et mœurs.* — Les Phaétons, *fils du soleil*, dont les longues pennes de la queue sont très recherchées par les habitants des îles de l'océan Indien, ont excité l'enthousiasme de la plupart des naturalistes. Quelques-uns, plus sceptiques, ont donné à ces oiseaux le nom assez vulgaire de Paille en queue, à cause des deux rectrices très longues, très minces, simulant des brins qu'ils portent à l'extrémité de cet appendice. On les connaît aussi sous le nom d'Oiseaux des tropiques, parce qu'ils apprennent au marin que le navire qui le porte a atteint la zone torride. En fait, le Phaéton, abandonne bien rarement cette zone pour les régions tempérées du globe et c'est par accident qu'il s'y égare. Voici comment s'exprime Bennett sur notre oiseau : « Les oiseaux du tropique appartiennent incontestablement aux plus jolis oiseaux de mer et soulèvent l'admiration générale, quand le soleil se joue dans leurs admirables couleurs. Leurs habitudes sont aussi douces et aimables que leur vol est gracieux, et c'est un véritable plaisir que d'admirer leurs évolutions. Les navires semblent souvent attirer leur attention ; ils s'en approchent, les entourent, descendent du haut des airs en spirales de plus en plus étroites, se balancent alors un certain temps, à une petite hauteur et vont même, mais rarement, se poser sur les vergues. Quand ils ne sont pas inquiétés, ils accompagnent souvent les navigateurs des jours entiers, jusqu'à ce que le bâtiment ait dépassé leur circonscripiton ou qu'une autre cause les force à s'éloigner. »

Les Phaétons, comme les autres oiseaux pélagiens, tels que les Fous, les Pétrels et les Frégates, sont presque exclusivement piscivores. C'est donc vers la pêche que sont tendues toutes leurs facultés, et sur les flots que se passe la plus grande partie de leur existence. Aussi les voit-on presque sans relâche voltiger au-dessus des eaux, guetter et poursuivre les poissons volants, et prendre, sans plonger, toutes les proies grosses et petites que la vague tire du fond pour les amener à la surface. Sortis de l'eau, ils recherchent les arbres et les rochers escarpés, d'où ils peuvent, à la faveur de l'air qui s'engouffre dans leurs ailes énormes, se laisser tomber sans danger et prendre un essor facile. Des flots, où ils viennent s'abattre souvent pour se reposer, ils ne peuvent s'élever qu'en profitant des hautes lames qui les emportent, et du sommet desquelles ils reprennent leur volée.

Les Phaétons choisissent, de préférence, pour nidifier et se reproduire, les îles les moins fréquentées. Là, où ils ne sont point dérangés, ils déposent leurs deux ou trois œufs, par terre, sous d'épais fourrés ; s'ils craignent les visites de l'homme, ils choisissent pour y faire leurs nids les excavations et les crevasses des rochers les plus escarpés.

Les petits, à ce que dit Bennett, ressemblent plutôt à une houppe à poudrer en duvet de cygne qu'à un oiseau : « Ils sont ronds comme une balle et recouverts d'un abondant duvet, d'une grande souplesse et d'une blancheur de neige. » Au bout de trois ans seulement apparaissent les belles couleurs qui en font des oiseaux recherchés, et les longues pennes de la queue qui les distinguent.

Classification. — La plupart des naturalistes s'accordent à reconnaître trois espèces dans les Phaétons :

1° Le *Phaéton à brins rouges*, habitant les mers de l'Inde et de l'Amérique, Madagascar, l'île de France et l'océan Pacifique. Son plumage, généralement blanc, est nuancé d'une légère teinte rose ; la région oculaire et les couvertures des ailes sont noires ; les deux longues pennes de la queue et le bec sont rouges. Cet oiseau mesure $2^m,11$ de long ; $2^m,33$ d'envergure ; la grandeur des plus longues pennes de la queue est de 31 centimètres.

2° Le *Phaéton à brins blancs*, ou *Phaéton éthéré* (fig. 53), l'Oiseau des tropiques des navigateurs, il se trouve dans l'océan Atlantique ; son plumage est blanc, son bec rouge ; la région oculaire et le haut des ailes noirs ; les deux longues pennes de la queue blanches, à tiges brunes. Il mesure 80 centimètres de longueur, 1^{m},12 d'envergure ; les longues pennes de la queue ont à elles seules 47 centimètres.

3° Le *Phaéton à bec jaune*, qui se rencontre dans les parages des îles Bourbon et Maurice.

Fig. 54. — Le Phaéton éthéré.

Les Laridés. — *Caractères.* — Au fur et à mesure que les navires s'éloignent de la haute mer pour se rapprocher de la terre ferme, ils sont entourés, précédés, suivis par une multitude d'oiseaux côtiers qui viennent, comme pour signaler aux marins que le rivage n'est plus éloigné : ce sont les Laridés. On les reconnaît à leurs ailes aiguës, grandes, longues et larges, taillées en pointe effilée, à leur plumage épais, à leur manteau gris bleuâtre qui peut revêtir les teintes les plus variées, passer du blanc au bleu de mouette et atteindre le noir ardoisé. Les flancs et, chez certaines espèces, la tête et le cou son blanc éclatant, ou teintés de rose sur fond blanc ; chez d'autres, un capuchon de couleur foncée orne la tête et la partie supérieure du cou. Tous ont le bec fendu jusqu'aux yeux, presque tous portent quatre doigts, les trois antérieurs palmés, le pouce libre. Les plus petits ont l'envergure des Choucas, les plus grands celle des Aigles.

Mœurs et habitation.— On les trouve d'ailleurs sur toutes les mers, quoique plus particulièrement dans les régions septentrionales ; ils s'éloignent peu de la terre ferme, et, bien qu'on en voie souvent en pleine mer, on peut dire qu'ils préfèrent le voisinage de la côte et des grands fleuves dont ils se plaisent à remonter le cours en volant. A terre, leur démarche est noble et rapide ; à la surface des flots, ils se posent et glissent avec la légèreté de bulles d'écume ; en l'air, leur vol est ondulé, plein de gracieuseté et de souplesse ; ils l'interrompent pour se précipiter, avec une vigueur telle, qu'ils plongent dans la mer jusqu'à deux pieds de profondeur, à la poursuite de leur proie.

Les Laridés ont la vue perçante et l'ouïe fine ; de l'intelligence, de la prudence et une certaine sagacité qui leur fait deviner les intentions de l'homme à leur égard ; entre eux, ils se montrent jaloux quoique sociables ; avec les autres oiseaux, ils sont désagréables, et cependant on les voit rechercher la compagnie des Pingouins et des Plongeons au milieu desquels ils font leur couvée.

Plusieurs espèces de Laridés sont des oiseaux voyageurs, et, en fait, aucune n'est absolument sédentaire ; la plupart de celles qui émigrent s'en vont à la recherche d'une nourriture plus abondante, et les déplacements périodiques se remarquent surtout chez les espèces qui, ne vivant pas exclusivement de poisson, font entrer les insectes, pour une large part, dans leur alimentation. Pour beaucoup tout est régal, les corps morts aussi bien que les animaux vivants; et comme les Laridés paraissent tourmentés sans cesse par une insatiable faim, ils tiennent plus à la quantité qu'à la qualité.

Les Laridés sont courageux; ils tiennent tête à leurs ennemis, et parviennent souvent à mettre en fuite des oiseaux de proie de forte taille; en cas de besoin, ils s'entr'aident et c'est par colonnes serrées qu'ils s'élancent à l'attaque.

Au moment de la reproduction, les Laridés gagnent fréquemment les eaux intérieures; mais, ils se tiennent surtout sur les côtes où ils s'établissent en innombrables colonies. Sur les falaises immenses, leurs nids faits de lichen desséché, se touchent, et leurs œufs sont si nombreux qu'ils constituent pour les habitants de certaines contrées du Nord une précieuse ressource alimentaire. Les propriétaires norvégiens regardent les œufs des Laridés comme une partie essentielle du revenu de leur terre. Chaque nid contient de deux à quatre œufs à coquille épaisse et granuleuse, tachetée de gris cendré ou de brun noir sur un fond vert ou tirant sur le brun. L'incubation dure de trois à quatre semaines. Les petits qui naissent couverts de duvet, ne se jettent point à l'eau, sitôt éclos, à la manière de beaucoup de palmipèdes; ils ne quittent l'endroit où ils sont nés qu'au bout d'un certain temps, après qu'ils ont essayé leur premier vol. Les père et mère les nourrissent, durant cette période de première jeunesse, d'abord d'aliments à moitié digérés, et un peu plus tard de proies fraîches.

Les plumes des Laridés sont employées dans les pays du

Nord, comme duvet de literie, et y remplacent, quoique imparfaitement, l'édredon.

Chasse. — La chasse des Laridés au fusil ne présente aucune difficulté, il suffit de jeter en l'air un mouchoir blanc pour attirer ces oiseaux. Lorsque quelques-uns ont été abattus, ces corps blancs flottant sur la mer servent d'amorce aux autres Laridés qui s'approchent curieusement, comptant rencontrer une proie facile. On capture aussi ces oiseaux à l'aide de collets tendus sur les bancs de sable; au filet et à l'hameçon appâté avec du poisson. En captivité, ils vivent et s'accoutument, reconnaissent le pourvoyeur qui les soigne, et s'habituent facilement à rester dans l'enclos où on les a parqués. Ils s'y reproduisent, à la condition qu'il soit vaste.

Les Goélands. — Les plus grands Laridés sont les Goélands ou Mouettes pêcheuses; ils sont de formes relativement massives, et tous ils sont dépourvus de capuchon. Leur couleur dominante est le gris cendré ou le bleuâtre pâle, chez les uns ; chez les autres le gris ardoisé. Les espèces les mieux connues sont : le Goéland marin (fig. 55) ; le Goéland brun ; le Goéland argenté (fig. 55); le Goéland bourgmestre; le Goéland leucoptère. On les trouve tous dans les régions septentrionales entre le 70e et le 60e degré.

Les Pagophiles. — Après les Goélands, citons les Pagophiles ou Mouettes des plaines glaciales. Elles ont le corps de forme très élancée, et dans leur vieillesse, leur plumage devient d'une blancheur éclatante. La Pagophile blanche, Mouette d'ivoire ou Sénateur, d'un blanc pur, avec les ailes nuancées de rose, habite les hautes régions septentrionales du globe. Elle est commune au Spitzberg, dans l'océan Glacial d'Asie, dans le nord du Groenland, mais on ne la rencontre déjà plus en Islande. Elle se repaît avidemment des cadavres des animaux tués par les chasseurs d'ours blancs et de phoques, et dévore gloutonnement les déjections laissées sur la glace par les morses, à leurs places de repos.

FIG. 55. — Le Goéland marin. Le Goéland argenté.

Les Risses. — Les Risses ou Mouettes tridactyles, presque exclusivement piscivores, se distinguent des autres par un esprit de sociabilité plus développé et par le besoin qu'elles paraissent éprouver de crier continuellement. Le gris cendré bleuâtre au manteau, le blanc éclatant à la tête, au cou, aux flancs, au croupion et à la queue, le noir à la pointe des ailes sont, avec le rouge corail de l'iris, le jaune citron du bec, les couleurs de ce gracieux oiseau du Nord, qui fait de fréquentes apparitions sur nos côtes, et jusque dans les régions tout à fait méridionales. Plus souvent que les autres Mouettes, la Risse tridactyle se montre dans l'intérieur des terres, et s'avance très loin, en remontant les rivières et les fleuves.

Il existe beaucoup d'autres espèces de Mouettes, notamment les Chroïcocéphales ou Mouettes à capuchon, dont l'espèce la mieux connue et la plus répandue est la Mouette rieuse, appelée aussi Mouette des lacs, Corneille de mer et Mouette à tête noire. Disons, sans insister davantage, que toutes les Mouettes à capuchon se tiennent dans les régions tempérées qu'elles ne quittent qu'exceptionnellement pour les contrées du Nord.

Voici un fait des plus curieux rapporté par M. Sabin Berthelot, membre honoraire de la Société d'acclimation, ancien directeur du Jardin d'acclimation d'Orotava (Canaries). Le récit de M. Berthelot a pour objet de montrer quel désir irrésistible de déplacement éprouvent les oiseaux à l'époque des migrations qui précèdent les nichées :

« Un oiseau de l'espèce des grands Goélands à manteau noir, assez communs dans les régions septentrionales de l'Amérique, avait été pris tout jeune et donné en cadeau au Dr Néill (d'Edimbourg). Cet oiseau s'éleva avec des canards domestiques ; il partageait leur nourriture et se fit tellement familier qu'il se présentait de lui-même à la fenêtre de la cuisine pour recevoir des débris de poisson et autres rejets.

Devenu adulte est très fort, il prit son vol au printemps de 1822, mais revint en octobre de la même année, quand on le croyait perdu pour toujours. Depuis cette époque, ce Goéland continua ses échappées temporaires et revint même une année avec un jeune de sa race, un de ses petits sans doute, blessé à l'aile et qui mourut bientôt. Le vieux reprit ses excursions vers les régions inconnues où il allait prendre ses ébats et rester tout le temps des nichées. Cet oiseau était connu de tous les enfants du village de Canounille, qui l'appelaient le Goéland de Néill. L'instinct qui guidait périodiquement cet oiseau dans ses migrations lointaines, à l'époque des accouplements, est des plus admirables, car ce Goéland, en partant, au printemps, des environs d'Edimbourg, ne pouvait aller nicher que sur la côte de Labrador ou à Terre-Neuve, c'est-à-dire à mille lieues au moins de son point de départ! Et pourtant, pendant vingt-sept ans, il continue ce même manège, passant alternativement de la vie libre à la vie privée. Le journal dans lequel le Dr Néill tenait compte de ses observations s'arrête à 1837: « Maintenant, écrivait-il à cette date, je ne l'attends plus qu'en novembre. Mais il ne revint plus. [1] »

CHAPITRE XII

LES CYGNES. — LES OIES. — LE CANARD TADORNE
LES EIDERS. — LES GRÈBES. — LES GUILLEMOTS

Les Cygnes. — *Distribution géographique.* — Ces beaux oiseaux, qui nagent plus qu'ils ne marchent, se rencontrent

1 Sabin Berthelot, *Oiseaux voyageurs*, Paris, 1875, Challamel.

dans presque toutes les régions de la terre, à l'exception des pays tropicaux. Mais, c'est sous les zones froide et tempérée qu'ils sont le plus abondants.

Mœurs. — Il en existe plusieurs espèces qui toutes émigrent à certaines époques et se transportent, fort loin de leur pays d'origine, dans les grands lacs et les marais profonds. La femelle niche sur un îlot ou bien établit, près des rives des lacs, un nid flottant composé de plantes aquatiques, de joncs et de roseaux entrelacés et bien tapissé de duvet. Ce nid, qui est assez grand pour contenir le couple, reçoit six ou huit œufs à coque épaisse, blanc sale ou vert pâle, d'où sortent, après environ six semaines d'incubation des poussins bien duvetés. Dès le lendemain de leur naissance, les jeunes sont conduits à l'eau et commencent, sous la surveillance des parents, à chercher, en barbotant, la nourriture qui leur convient. Pendant quelque temps, ils rentrent, la nuit, sous les ailes de la mère, qui les réchauffe jusqu'au lendemain. La femelle ne se sépare de ses petits qu'après qu'ils ont revêtu leur plumage complet, et qu'ils sont en état de se passer de ses soins. A dater du moment de la séparation, les petits et leurs père et mère semblent ne plus se connaître; ils se traitent en indifférents, sinon en ennemis.

Les Cygnes ne restent point toujours cantonnés sur les lacs et les marais qu'ils se sont d'abord choisis pour demeure. Après la saison des amours, ils gagnent souvent la mer, où ils trouvent une nourriture plus variée et plus abondante. Mais, en quelques circonstances qu'ils se déplacent, ce n'est jamais que pendant le jour. Leur véritable élément est l'eau; ils ne descendent à terre, autant dire, que contre leur gré et jamais pour longtemps. Aussi bien, ils y cheminent difficilement, et leur conformation particulière les empêche de s'en enlever commodément. Sur l'eau même, leur essor est pénible, et ce n'est qu'au prix de grands efforts, et après avoir traîné quelque temps à la surface qu'ils parviennent à s'élever. Par exemple, dès qu'ils ont atteint une certaine hauteur, leur vol devient rapide et puissant.

Régime. — Les Cygnes vivent de végétaux aquatiques, de racines, de feuilles, de graines, d'insectes, de larves, de vers, de mollusques, de petits reptiles et de poissons. Ils souffrent difficilement le voisinage des autres oiseaux d'eau qu'ils maltraitent cruellement et qu'ils tuent sans motifs. Entre eux-mêmes, les cygnes se querellent et les mâles se livrent de violents combats, à l'époque des accouplements. Une fois l'union consommée, le mâle et la femelle qui se sont associés se témoignent, pour la vie, une fidélité qui ne se dément pas. Les Cygnes sont intelligents, prudents, judicieux; et, la preuve, c'est qu'ils sont longtemps avant de dépouiller la défiance naturelle que l'homme leur inspire. Même en captivité, après qu'ils se sont apprivoisés, ils se tiennent le plus souvent sur la réserve, il n'est pas rare de les voir abuser de leur force à l'égard des enfants qui les approchent. Leurs caresses sont, d'ordinaire, assez violentes pour que l'on ait à s'en défier; et l'on est jamais sûr que ce bel oiseau, si recherché à cause de son élégance, ait entièrement dépouillé sa méchanceté instinctive et la brutalité dont il est coutumier.

Les Cygnes, les jeunes surtout, ont à redouter les attaques de la Pygargue et du grand Aigle. Ils se défendent avec courage contre ces rapaces, et les obligent, plus d'une fois, à quitter la partie. Mais l'ennemi le plus redoutable du Cygne est incontestablement l'homme qui le recherche, et pour sa chair, et pour son duvet. Le plumage du Cygne est, en effet, très abondant et mou, velouté à la tête et au cou, très serré et comme feutré au ventre, composé de grandes plumes au dos, et partout accompagné d'un duvet très épais.

Chasse. — La chasse du Cygne est assez difficile, et cet oiseau, craintif et toujours sur le qui-vive, se laisse rare-

Fig. 56. — Le Cygne chanteur.

FIG. 57. — Le Cygne à cou noir.

ment approcher. Dans les pays du Nord cependant, les chasseurs, qui savent que les Cygnes volent toujours contre le vent, tentent, par les fortes brises, d'approcher ces oiseaux en canots. Il arrive que, serrés de près, les Cygnes prennent leur volée et viennent passer à portée. Lorsque ces chasses ont lieu au moment de la mue, elles constituent de véritables tueries. Les pauvres oiseaux ayant à cette époque, perdu la plupart de leurs pennes, sont poursuivis à force de rames et tués à coups de bâton. En Australie, la chasse que l'on fait aux Cygnes noirs est sans mesure. On leur prend leurs œufs ; on les décime pendant la mue ; on tue tout ce que l'on peut attraper, sans besoin, par plaisir. Gould raconte que les canots d'un baleinier ayant remonté un fleuve, revinrent de leur expédition remplis jusqu'aux bords des cadavres des Cygnes noirs. En Algérie, les Arabes prennent les Cygnes en étendant un filet de pêche ordinaire entre deux barques qui se dirigent, de conserve, sur la troupe des oiseaux. Ceux-ci, effrayés, se jettent dans les filets et y sont pris ou tués par les chasseurs. D'autres fois, les Arabes plantent des poteaux aux bords des baies de la mer ; attachent à ces poteaux des fils en poil de chameau ; à chacun de ces fils un hameçon, amorcé avec du pain, de la viande ou du poisson, et les Cygnes viennent se ferrer d'eux-mêmes et se prendre à la ligne. « Les indigènes, dit M. le baron d'Hamonville, les recherchaient autrefois pendant toute l'année sur les lacs de l'Algérie, mais aujourd'hui, cette chasse est heureusement soumise à un règlement protecteur. Pour les approcher, les Arabes avaient recours à un stratagème assez ingénieux : ils se couvraient la tête et le haut du corps avec des joncs dressés et attachés autour d'eux, puis s'avançaient dans le lac, soit courbés, soit debout, suivant les circonstances, et marchaient avec une sage lenteur dans la direction des oiseaux qu'ils convoitaient ; habituellement, ils arrivaient ainsi à portée.

Il fallait cependant au chasseur une certaine dose d'énergie pour se livrer à cet exercice, car, il était exposé à la morsure des sangsues, très communes en ce pays, et à la piqûre d'un insecte venimeux, connu sous le nom de gale d'eau, dont il est extrêmement difficile de se préserver. »

Classification. — Il existe un certain nombre d'espèces de Cygnes : le Cygne muet, le Cygne chanteur (fig. 56), le Cygne nain, le Cygne à cou noir (fig. 57), le Cygne de la Nouvelle-Hollande.

Le Cygne muet vit en liberté dans le nord de l'Europe et dans la Sibérie orientale. C'est lui qui vit, chez nous, à l'état domestique. Il est inutile de le décrire, car tout le monde le connaît. Disons seulement que, dans une même couvée, il peut se trouver des petits blancs et d'autres gris. Taille de l'adulte $1^{m},92$ de long; envergure $2^{m},75$; longueur de l'aile 74 centimètres.

Le Cygne chanteur est un peu plus ramassé que le précédent; il a le cou plus court et plus gros. Bec jaune à la base, noir à la pointe, dépourvu de caroncule. Longueur totale $1^{m},65$; envergure $2^{m},47$; longueur de l'aile 66 centimètres. Il niche dans les grands marais de Finlande, du nord de la Russie, du centre de la Sibérie, de l'Amérique du Nord et de l'Islande. En Russie, c'est surtout le Cygne chanteur que l'on voit sur les pièces d'eau, à l'état domestique. Dans ses migrations, cette espèce arrive régulièrement, tous les hivers, dans le nord de l'Afrique, en Égypte, au Maroc, en Algérie et dans la régence de Tunis.

Le Cygne nain, ou Cygne de Bewick, a le cou allongé. Il porte moins de jaune au bec que le précédent ; il est aussi de plus petite taille. Cette espèce, comme les deux premières, est européenne.

Le Cygne à cou noir se trouve depuis le sud du Pérou jusqu'aux îles Falkland, et, de là, en remontant sur la côte orientale, jusqu'aux environs de Santos au Brésil. Sa taille est, à peu près, celle du Cygne nain; il a $1^{m},18$ de long et l'aile compte 38 centimètres. Il est blanc, a la tête et le milieu du cou noirs, une bande blanche passe au-dessus de l'œil; la callosité et la ligne naso-oculaire sont d'un rouge de sang. Cette espèce se reproduit dans les lagunes, les lacs et les étangs, à l'intérieur des terres. A l'époque des amours, on voit des bandes de Cygnes, à cou noir, comportant plusieurs centaines d'individus.

Le Cygne noir de la Nouvelle-Hollande, dont l'existence a été longtemps considérée comme douteuse, est aujourd'hui bien connu. Quoiqu'il soit poursuivi avec acharnement, on le trouve encore en abondance sur les lacs et les cours d'eau du sud de l'Australie, où il se tient l'hiver par petites bandes. Dans les parties peu explorées de l'intérieur, on rencontre parfois réunis des milliers de ces oiseaux.

Le plumage est d'un noir brunâtre presque uniforme, avec les bordures des plumes tirant davantage sur le gris noir; le ventre est plus clair que le dos; les rémiges primaires et la plus grande partie des rémiges secondaires sont d'un blanc éclatant qui tranche sur le reste du plumage.

Les Oies. — *Distribution géographique et caractères.* — Le genre Oie a pour type l'Oie cendrée (fig. 58), ou Oie sauvage, qui est l'espèce souche de notre Oie domestique. L'Oie sauvage, dont le plumage est d'un gris assez uniforme, mesure quelquefois plus d'un mètre de long. Elle appartient plutôt à la zone tempérée qu'à la zone boréale; on la trouve, depuis la Norwège, sur toute l'Europe, et jusqu'aux confins de l'est de l'Asie. Dans ses migrations, elle visite tous les pays du midi de l'Europe, le nord de la Chine, le nord des Indes, parfois le centre des Indes et le nord-ouest de l'Afrique.

Mœurs. — Elle voyage, d'ordinaire, plutôt par petites familles que par grandes bandes, niche sur les bords des vastes pièces d'eau, plus particulièrement dans les marais à sol tourbeux, qui renferment des îles couvertes d'herbes, de joncs et de buissons fourrés. Elle fait de ces îlots, le quartier général d'où elle rayonne sur les prairies d'alentour et sur les champs ensemencés.

FIG. 58. — L'Oie cendrée.

La femelle procède seule, sous la surveillance attentive du mâle, à la confection du nid, qu'elle compose de chaume, de branchages, de feuilles de roseaux et joncs, assez grossièrement agencés. Une fois foulé, le nid forme une excavation dans laquelle seront déposés de 5 à 14 œufs, tout à fait semblables à ceux de l'Oie domestique. La plus ou moins grande abondance de la ponte dépend de l'âge des femelles, les vieilles pondant plus que les jeunes. Dès que commence le travail de l'incubation, la couveuse arrache tout son duvet, en revêt le bord interne du nid, et en recouvre ses œufs, toutes les fois qu'elle les quitte. Au bout du vingt-huitième jour, l'éclosion a lieu et les petits sont conduits à l'eau. Là, ils apprennent de la mère à choisir la nourriture qui leur convient : ce sont les lentilles d'eau et les graminées aquatiques. Un peu plus tard, ils s'accommoderont du même régime que les parents qu'ils accompagneront dans les prés et dans les champs.

A terre, l'Oie sauvage a une allure dégagée et légère ; à l'eau, elle nage bien et plonge habilement, quand il le faut, en l'air, elle garde un vol soutenu, après s'être levée difficilement. C'est pendant ce vol surtout qu'elle fait entendre son cri, pareil à celui de l'Oie domestique, bien que plus perçant.

Comme tous les autres Anatidés, l'Oie cendrée est défiante ; elle sait distinguer le chasseur du paysan inoffensif, elle se montre moins fuyarde devant ce dernier qu'à l'approche de l'autre.

En captivité, les jeunes Oies sauvages s'apprivoisent facilement ; mais, si l'on ne prend le soin de les éjointer, il est bien rare qu'elles ne s'échappent au moment du passage. Le plus souvent, après quelques jours d'inquiétude, elles se joignent à la troupe d'Oies sauvages qu'elles auront aperçue et s'en vont avec elle.

Chasse. — Les Oies sauvages ont à se garder de beaucoup d'ennemis, les Aigles, les Faucons, les renards, les loups, l'homme surtout, qui fait à ces pauvres oiseaux une guerre implacable, à l'affût, au vol, de toutes façons. Nous avons dit que les Oies sauvages voyaient s'approcher, sans défiance, l'homme des champs ; le chasseur revêt donc le costume du labboureur, s'en va poussant une charrue, à la manière d'un honnête cultivateur, et comme, au lieu de l'aiguillon, il s'est armé d'un bon fusil, chargé de gros plomb, il fait feu sur les volatiles qu'il a dupés, à l'aide de cette supercherie. Certains chasseurs, plus curieux de butin que de gloire, profitent du moment où les Oies sont en mue, et ne peuvent voler, pour les poursuivre en canots, comme le font les Lapons. Bientôt épuisés à force de plonger, les volatiles se laissent tuer à coups de bâton. M. le baron d'Hamonville parle d'un autre genre de chasse qu'il a vu pratiquer sur l'étang du Stock, près Langatte, arrondissement de Sarrebourg, étang appartenant à la marquise de Turgot. Voici en quoi consiste ce genre de chasse, dit cet auteur : « Quand le froid est très vif, surtout si le sol est couvert de neige, le chasseur part au coucher du soleil et va se placer à l'affût près d'un ruisseau, sur lequel il sait que s'abattent les Oies et les Canards sauvages. Il se dissimule le mieux possible contre un tronc de saule, un buisson d'épine ou un poteau, se couvre d'un vêtement blanc et attend immobile, le fusil à la main. Dès que le crépuscule commence, les Anatidés se mettent en mouvement, et aussitôt que le chasseur entend le sifflement d'ailes caractéristique, il porte le fusil à l'épaule sans attendre qu'il aperçoive le gibier qui est à portée dès qu'on le distingue. Quand la troupe, au lieu de passer sur la tête du tireur, s'abat à ses pieds, ce qui arrive souvent, lorsqu'il a bien choisi sa place, il doit attendre que les oiseaux, repliant à moitié leurs ailes, étendent leurs pattes pour se poser et forment une masse confuse; d'un seul coup, il peut faire une chasse superbe [1]. »

Si l'on fait aux Oies sauvages cette guerre si acharnée, ce

[1] Baron d'Hamonville, *La Vie des Oiseaux*, scènes d'après nature, Paris, 1890, p. 349-350.

n'est point surtout à cause des dégâts qu'elles commettent dans les récoltes en herbe, et en mangeant les jeunes pousses, mais pour se procurer leur chair et leur duvet, plus estimés, à juste raison, que la viande et la plume des Oies domestiques.

Le Canard tadorne. — Parmi les nombreuses espèces de Canards, le Tadorne est celui que recherchent le plus les habitants de Sylt et des autres îles de la mer du Nord, à cause du profit qu'ils tirent des œufs et du duvet recueilli dans les nids après l'éclosion. Ce duvet, toujours plus propre que l'édredon, en a presque la valeur.

Distribution géographique. — Le Tadorne vulgaire (fig. 59), un des Anatidés les plus communs sur les côtes de la Baltique et de la mer du Nord, se rencontre, au nord, jusqu'au milieu de la Suède, au sud jusqu'au nord de l'Afrique, au bord des lacs où on le voit en bandes innombrables. On le trouve aussi sur les côtes de la Chine et du Japon, en Sibérie et dans l'Asie centrale, partout où il y a de grandes étendues d'eau. C'est plus particulièrement sur les lacs salés et dans sur les eaux saumâtres qu'il aime à vivre, lorsqu'il ne se tient pas sur les bords mêmes de la mer.

Caractères. — Ce bel oiseau a la tête et le cou d'un vert foncé brillant, deux taches noires sur les épaules, une grande tache pectorale, le milieu du dos, les couvertures des ailes, les flancs, les plumes de la queue d'un blanc éclatant; le milieu de la poitrine et le ventre d'un gris noir; un large collier et quelques-unes des rémiges secondaires d'un beau rouge cannelle; les couvertures inférieures de la queue jaunâtres; les remiges noirâtres; les plumes qui font le miroir vertes à éclat métallique. Longueur 66 centimètres. La femelle, quoique portant des couleurs moins vives, ressemble au mâle.

Mœurs et régime. — Si la démarche du Tadorne est lourde, son vol est puissant, et il nage bien. Sa nourriture consiste en substances végétales, surtout en graines de jonc, de graminées et de céréales. Il fait aussi grande consommation de petits poissons, de mollusques, de vers et d'insectes. En captivité, il mange volontiers de la viande crue, et il dé-

Fig. 59. — Le Tadorne vulgaire.

périrait vite si l'on excluait de son alimentation les substances animales.

Quoique prudents et craintifs, les Tadornes s'habituent vite à l'homme, et ils ont bientôt appris à reconnaître s'il a pour eux de bonnes ou de mauvaises dispositions. Quand ils sont assurés de sa bienveillance, ils ne montrent à son approche, aucune crainte, et se dérangent à peine pour le laisser passer.

On s'est plu à raconter sur la manière de nicher du Tadorne mainte histoire invraisemblable. On l'a représenté vivant de compagnie et en fort bonne intelligence avec un renard dans son terrier, et, ce qui est mieux, dans le même trou, avec un blaireau mâle et un renard femelle, vivant eux-mêmes dans les meilleurs termes. Malgré l'autorité de Naumann, et les rapports circonstanciés que lui fit, sur cette singulière triple alliance, le forestier Grœmblein, nous persistons à croire qu'un renard en appétit ne se fait pas scrupule de dévorer le Tadorne. Cet oiseau a beau être courageux, et se défendre vaillamment contre certains oiseaux de proie, il est fort douteux qu'il s'expose volontiers aux entreprises des renards et autres carnassiers de même taille; surtout qu'il les tienne en respect par l'énergie de son attitude. Il est non moins certain que le renard et le blaireau sont d'irréconciliables ennemis et qu'ils n'habitent jamais ensemble; il est, en conséquence, difficile d'imaginer qu'on ait pu rencontrer dans la même demeure souterraine ces deux animaux accompagnés d'un couple de Tadornes. Ce qui est vrai, c'est que le Tadorne niche dans des excavations, et qu'il élit souvent domicile dans un terrier abandonné : la plupart du temps, on trouve son nid établi, au milieu des dunes sablonneuses, dans quelque trou de lapin.

Domestication. — A Sylt, et dans les autres îles de la côte du Schleswig, on construit pour les Tadornes des demeures artificielles. A cet effet, on pratique dans de petites dunes, couvertes d'un gazon ras, des couloirs qui se croisent au centre, et où ces oiseaux viennent nicher. A chaque emplacement destiné à recevoir un nid, on adapte un couvercle en gazon, fermant exactement, mais pouvant être retiré à volonté, ce qui permet de visiter le nid. L'emplacement lui-même est recouvert de mousse et de fumier, afin que les Tadornes trouvent à leur portée tous les matériaux nécessaires. Ces oiseaux prennent régulièrement possession de ces demeures, quelque voisines qu'elles soient des habitations. Ils s'habituent tellement à l'homme qu'ils en supportent le vue même pendant qu'ils couvent. Si l'on ne dérange pas la femelle, elle pond de sept à douze œufs, volumineux, blancs, lisses, à coquille solide, et se met activement à couver. Si, comme cela arrive à Sylt, on lui enlève successivement ses œufs, elle peut en pondre vingt ou trente. Peu à peu, elle les entoure de duvet, et les en recouvre soigneusement quand elle les quitte. Elle est si attachée à sa couvée, qu'elle ne l'abandonne qu'au moment où on va la saisir. Les Tadornes qui nichent dans les terriers artificiels de Sylt sont tellement privés, qu'ils ne se dérangent pas quand on enlève avec précaution le couvercle du nid, et ils ne s'éloignent que de quelques pas quand on les touche. Avant de visiter le terrier on a soin d'en fermer l'ouverture, afin que les oiseaux ne s'y bousculent pas et ne s'effrayent pas. Ceux qui habitent un couloir court, fermé en arrière, se laissent facilement prendre sur leurs œufs ; ils se défendent à coups de bec, soufflent comme un chat en colère; poussent des cris assez perçants, plutôt de rage que de crainte. On est obligé quelquefois de chasser ces oiseaux de dessus leurs œufs à coups de bâton, car ils mordent les doigts et font des blessures assez douloureuses. L'incubation dure vingt-six jours. La femelle conduit alors ses petits vers la mer; mais, d'ordinaire, elle s'arrête quelque temps sur les pièces d'eau douce qu'elle rencontre en son chemin (Brehm[1]).

Les Eiders. — *Caractères.* — Les Fuligulidés ont été, pendant longtemps, confondus, dans un même groupe, avec

[1] Brehm, *Les Oiseaux*, p. 755, 756.

les Canards. Ils forment aujourd'hui une catégorie à part : celle des Canards plongeurs.

Parmi les différents caractères qui ont fait placer ces oiseaux dans un groupe spécial, les plus saillants sont ceux que présentent l'insertion des pattes à la partie tout à fait postérieure du tronc, et l'articulation du genou, disposée de telle façon, que la jambe puisse se mouvoir, non seulement d'avant en arrière, mais encore latéralement. Cette disposition, jointe aux dimensions considérables des doigts et de leur palmature, rend ces oiseaux parfaitement aptes à plonger. Aussi, les voit-on s'enfoncer verticalement dans la mer, pour aller chercher jusqu'à de grandes profondeurs, leur nourriture. Ils y séjournent plusieurs minutes, et certaines espèces peuvent y descendre jusqu'à cinquante ou soixante brasses, comme on a pu s'en convaincre en examinant les aliments contenus dans leur jabot.

De tous les Fuligulidés, les Eiders occupent le premier rang, par la taille, qui est plus grande que celle des autres oiseaux de cette famille, et par la beauté. On pourrait ajouter qu'ils sont essentiellement utiles, puisque leur duvet est si souple, si léger et si chaud qu'il est des plus recherchés par les habitants de l'extrême Nord, qui s'en font un revenu considérable.

Distribution géographique. — L'Eider vulgaire (fig. 60), l'Eider superbe, l'Eider de Steller sont les trois espèces du genre. L'aire de dispersion du premier est plus étendue que celle des autres espèces ; on trouve, en effet, l'Eider vulgaire dans tout le Nord, depuis les îles du Jutland, jusqu'au Spitzberg, et depuis les côtes occidentales d'Europe, jusqu'au Groenland et à l'Irlande. L'endroit le plus méridional où niche l'Eider vulgaire est l'île de Sylt et les petites îles Danoises, situées sous la même latitude. L'Eider vulgaire mâle a le haut de la tête, le cou et le dos, y compris les couvertures supérieures des ailes, blancs ; la partie antérieure de la poitrine tirant sur le rouge ; le front, les tempes, le bas du dos et le ventre noirs ; les joues vert de mer ; les rémiges et les rectrices d'un noir brunâtre ; les plumes qui

Fig. 60. — L'Eider vulgaire.

forment le miroir d'un noir velouté foncé. La femelle, plus petite, a aussi une livrée plus modeste. L'oiseau à 66 centimètres de long.

L'Eider superbe a le haut de la tête gris, les joues d'un

vert de mer ; le cou blanc, la partie antérieure de la poitrine d'un rosé couleur de chair ; le milieu du dos, les couvertures des ailes au niveau du corps et le bas du dos blancs; tout le reste du corps noir. La femelle a une teinte brun rouge clair.

Quant à l'Eider de Steller, plus petit que les deux autres, il a la tête, la nuque et les côtés du cou, blancs ; une tache au front et une bande transversale à l'occiput, vertes ; un cercle qui entoure l'œil, les faces antérieure et postérieure du cou, le dos, la queue, l'extrémité des rémiges, noirs ; les couvertures supérieures des ailes et les épaules blanches, rayées longitudinalement de bleu foncé ; la face inférieure du corps d'un brun jaune ; le milieu du ventre d'un brun noir. La femelle est d'un brun roux.

Mœurs. — Mauvais marcheurs, les Eiders ont, sur la terre ferme, une allure cahotée et titubante ; ils sont aussi médiocres voiliers et leurs battements d'ailes répétés les ont bientôt fatigués. Leur véritable élément est l'eau, sur laquelle ils circulent avec une grande agilité, et dont leurs bandes serrées couvrent quelquefois une étendue de plusieurs kilomètres carrés.

Les Eiders ne sont point essentiellement migrateurs, ils restent volontiers à demeure dans les localités où la mer ne se congèle pas complètement, et où ils peuvent, même par les grands froids, trouver de quoi se nourrir ; ils ne se déplacent que lorsque la rigueur de la température les y contraint. Où qu'ils se tiennent, ils restent des oiseaux prudents, se laissant difficilement approcher par les barques montées, et se défiant de l'homme, tant qu'ils ne sont pas fixés sur la nature de ses intentions. A l'époque des amours, cependant, surtout lorsque le moment de la ponte est arrivé, les Eiders paraissent se départir de leur prudence naturelle. Là, où ils ne sont pas certains des dispositions des habitants, ils conservent bien encore un reste de méfiance, et recherchent, de préférence, pour nicher, les îlots couverts de buissons et de refuges. Mais, quand ils se sentent sur une terre hospitalière, leur confiance n'a plus de limites. Sans hésiter, ils s'emparent des abris que la main de l'homme leur a préparés, viennent couver dans le voisinage des fermes, dans les écuries, dans les appartements même et jusque dans les fours à pain. Sitôt qu'elle a commencé l'incubation, la femelle se laisse approcher ; souvent elle souffre qu'on la touche et qu'on la remue sur son nid, et ne paraît éprouver aucun sentiment de crainte. Le nid qu'elle se construit est assez grossier ; elle le compose des éléments qu'elle trouve à sa portée, de branchages, d'algues, d'herbes et de paille, qu'elle recouvre ensuite d'une couche épaisse de son précieux duvet.

La ponte est plus ou moins abondante ; elle est de quatre à dix œufs, à coquille lisse d'un vert sale ou d'un gris verdâtre. L'éclosion a lieu après vingt-huit jours d'incubation. Dès leur naissance, et à peine ressuyés, les petits sont conduits à l'eau ; ils y nagent d'instinct aussi bien que les père et mère, et se montrent sur la terre plus giles qu'eux. Au cours des premières promenades sur les flots, la femelle recueille ses petits sur son dos, si la force des vagues semble les fatiguer. Dans les pays où l'on protège les Eiders, lorsque le nid est trop éloigné de l'eau, l'homme vient souvent en aide à la couveuse. Dans un panier, il lui transporte ses petits jusqu'au rivage ; là, il les remet à la femelle qui l'a suivi de son mieux en titubant sur la grève.

Régime. — Les jeunes Eiders se nourrissent presque exclusivement de coquillages, de crustacés et de mollusques. Adultes, ils conservent ce genre d'alimentation, sans négliger cependant les petits poissons et autres animaux marins. En captivité, ils dépérissent rapidement, quelque nourriture qu'on leur donne et de quelques soins qu'on les entoure. Dans les jardins zoologiques, ceux qu'on a essayé d'élever sont presque toujours morts en été, généralement à l'époque de la mue.

Dans toutes les contrées qu'il fréquente, l'Eider est très recherché à cause de la valeur de son duvet. Mais, les procédés que l'on emploie pour se procurer cette précieuse matière sont loin de se ressembler.

Protection de l'espèce. — Ici, on massacre impitoyablement les Eiders, là, au contraire, on les entoure d'une sage protection, et la loi même vient à leurs secours. C'est ainsi qu'en Norwège les *eiderholm* ou endroits où nichent les Eiders, sont l'objet d'une surveillance active et de soins incessants. Certains propriétaires d'eiderholm, dès le commencement de la ponte, enlèvent quelques œufs aux femelles, pour les forcer à pondre plus abondamment ; et, ils attendent que la saison des amours soit passée pour recueillir le duvet dans les nids. En Islande, le respect de l'Eider est poussé au même point. En ce pays, dit plaisamment le docteur Henri Labonne, « on ne signale jamais l'arrivée des navires au moyen du canon, pour deux motifs, le premier c'est que le bruit effaroucherait l'Eider, Canard précieux qui fournit à l'Islande le riche article d'exportation si recherché des négociants, sous le nom d'édredon ; le second est celui que donna à son seigneur le bailli si connu ; il n'avait pu tirer le canon pour dix-sept raisons, dont la première était de n'avoir jamais eu de canon ». Quelques pages plus loin, parlant d'une prison qu'il aperçut à Reykjavik, au cours de son voyage, il dit que ce monument est à peu près inutile, les condamnations à l'emprisonnement étant rares, en cette partie de l'Islande. « On n'a guère du reste, rapporte le Dr Labonne, à employer ce moyen de coercition que contre les ivrognes ou contre ceux qui ont tiré sur un Eider [1]. »

[1] Henri Labonne, *L'Islande et l'archipel des Faeroeer*. Paris, Hachette et Cie.

Chasse. — En Laponie, en Irlande, au Spitzberg et au Groenland, au contraire, on décime ces malheureux oiseaux, que l'on chasse toute l'année, bien que leur chair soit détestable. Leurs œufs sont enlevés sitôt pondus, et cette fureur de destruction a pris de telles proportions, que les conséquences les plus graves en sont résultées. C'est ainsi qu'on n'exporte plus du Spitzberg l'édredon que par livres, alors qu'autrefois il était expédié par quintaux. Malmgren assure qu'actuellement on ne voit souvent aucun jeune Eider dans tout un automne en ces contrées. Au Groenland, le désastre est moins grand ; et il s'exporte encore de ce pays plusieurs mille livres d'édredon, chaque année.

Les Grèbes. — *Distribution géographique.* — Les Grèbes, qui forment un genre dans la famille des *podicipidés* ou *plongeurs à palettes*, appartiennent aux eaux douces ; ils vivent dans les zones tempérées et s'y tiennent cantonnés, sans s'élever jamais beaucoup vers le nord, sans s'éloigner par trop du côté du sud.

Mœurs. — Les eaux dormantes sont leur domaine de prédilection. On ne les rencontre qu'exceptionnellement sur les eaux courantes et sur la mer. A terre, ils ne viennent que par accident, poussés par la puissance des lames ou par quelque coup de tempête. Ils y font d'ailleurs triste figure. Sur le sol, leur démarche est disgracieuse et embarrassée ; ils se balancent d'un côté et de l'autre, tombant bientôt sur la poitrine et sur le ventre ; ils se traînent, en vérité. Sur leur élément, au contraire, ils nagent dans la perfection et assez vite pour qu'un homme sur le rivage ne puisse les suivre en marchant. Pour peu qu'ils soient inquiétés, ils plongent avec tant de rapidité, qu'à l'époque où l'on ne se servait encore pour les chasser que des fusils à pierre, dans l'instant que la poudre s'enflammait dans le bassinet, ils disparaissaient avant que le plomb eût pu les atteindre. « Aucune autre espèce d'oiseaux, dit Naumann, n'a des habitudes aussi aquatiques que les Grèbes, et l'on n'en connaît pas jusqu'ici qui, au moins à certains moments, ne s'arrête plus ou moins longtemps sur la terre ferme. Ces oiseaux ne vont à terre qu'à la dernière extrémité, par exemple, quand ils sont frappés à l'aile, et même alors ils restent tout près de l'eau pour pouvoir s'y rejeter au plus vite. Ils ont constamment besoin d'eau, même pour prendre leur essor, car ils ne peuvent le faire à terre, s'ils sont posés sur une surface unie. Ils passent la moitié de leur vie à nager, l'autre moitié à plonger, et tandis que d'autres palmipèdes gagnent le rivage ou l'intérieur des terres pour se délasser, se chauffer au soleil, ces oiseaux restent sur la surface de l'eau. Quand ils se livrent à un repos absolu, leur corps flotte comme un morceau de liège, les jambes sont relevées et supportées par les ailes, leur bec est enfoncé dans les plumes du dos et des épaules. C'est ainsi que, d'habitude et par un temps calme, ils se reposent et dorment; quand l'eau est agitée et qu'ils craignent d'être poussés vers le rivage par le vent, ils laissent pendre leurs jambes dans l'eau, et par des mouvements particuliers restent à peu près à la même place. »

Leurs courtes ailes ne leur permettent pas, il est vrai, de planer, mais ils volent assez bien, quoiqu'en fait ils usent rarement de cette faculté.

Caractères. — Les Grèbes offrent pour caractères, un bec ordinairement plus long que la tête, robuste, comprimé latéralement; des narines médianes, oblongues, recouvertes en arrière par une membrane; les pieds placés tout à fait à la partie postérieure du corps; les tarses fortement comprimés, et ce qui en fait le caractère principal, les doigts simplement réunis à leur base par une membrane et lobés dans le reste de leur étendue comme ceux des Foulques (fig. 61). Leurs ailes sont médianes et leur queue est dépourvue de rectrices.

Régime. — Bien que les petits poissons forment la base de

l'alimentation des Grèbes, ces oiseaux ne s'en nourrissent pas exclusivement; les algues et d'autres plantes aquatiques entrent dans leurs menus, ainsi que des insectes, des grenouilles et des têtards de batraciens. Les Grèbes plongent

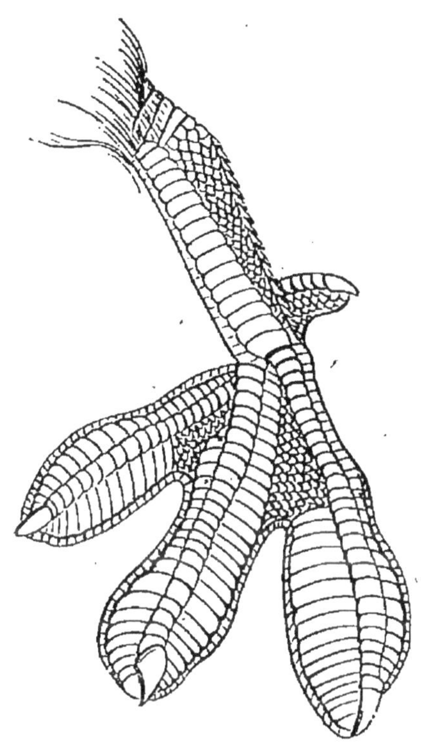

Fig. 61. — Pied de Grèbe.

pour capturer leur proie et ils l'avalent avant de remonter à la surface. Chose curieuse, dans l'estomac des Grèbes que l'on a dépouillés, on a trouvé des plumes de différents oiseaux; ils avalent même leurs propres plumes en assez grande quantité.

« Ce sont surtout les plumes de la poitrine qu'ils choisissent, dit Naumann, et non seulement celles dont le ventre se dépouille à l'époque de l'incubation, mais encore celles qui tombent naturellement. On ne remaque chez aucun vieil oiseau l'absence complète de plumes, et l'estomac en est souvent rempli à tel point qu'elles y forment une pelotte, dans laquelle il n'est presque pas possible de retrouver les aliments qui ont été absorbés. Le plumage qui couvre leur poitrine l'indique à chaque saison ; il se compose de plumes naissantes, d'autres qui se développent, d'autres qui sont déjà avancées, enfin de plumes de tout âge au milieu de celles qui sont complètement formées. Ce n'est que lorsqu'ils sont revêtus de leur plumage complet qu'ils commencent à s'arracher les plumes de la poitrine et à les avaler ; ce goût n'est point encore développé chez les jeunes qui portent leur duvet. »

Nidification. — A l'époque des amours, le mâle et la femelle contractent entre eux une indissoluble union. Chaque

FIG. 62. — Œuf de Grèbe.

année, le couple revient nicher sur les eaux qui ont vu naître leurs premiers poussins. Un nid flottant, composé de détritus que le mâle et la femelle tirent du fond de l'eau et qu'ils relient au moyen de quelques tiges de roseaux, reçoit de trois à six œufs (fig. 62) qui sont ardemment couvés. Au bout de trois semaines environ, l'éclosion a lieu, et les petits sont aussitôt conduits à l'eau. Ils nagent dès leur naissance, et en quelques jours ils deviennent, sous la direction et à l'exemple de leurs parents, d'habiles plongeurs. Tant que leur faiblesse les expose aux dangers, ils sont l'objet de la part des père et mère d'une surveillance continuelle. A la moindre alerte, les vieux les prennent sous leurs ailes et les entraînent, en plongeant, au fond de l'eau. Si les petits fatigués ont besoin de quelque repos, le père ou la mère plonge au-dessous d'eux, sort de l'eau à l'endroit précis qu'ils occupent et les charge sur son dos. Pour se débarrasser du précieux fardeau, il suffit à celui des parents qui le porte de plonger de nouveau et de mettre à flot les petits. Le duvet des Grèbes est partout très épais ; à la partie inférieure surtout, où il constitue une véritable fourrure, il est uni et satiné.

Chasse. — C'est à cause des qualités de ce plumage, qui sert à fabriquer des manchons et à border des manteaux, que l'on fait une guerre acharnée à ces oiseaux inoffensifs. Ils sont pourchassés aussi bien sur les rivages de la Méditerranée que dans les contrées septentrionales, et, en 1857, M. Buvry estimait à 40.000 le nombre des dépouilles de Grèbes huppés et de Grèbes oreillards qui avaient été, en deux années, exportés d'Algérie en France et, de là, en Russie.

Captivité. — En captivité, les Grèbes restent volontiers sur les petits étangs qui peuvent leur assurer une nourriture suffisante ; ils s'habituent même au régime de la volière, à la condition que leur prison contienne une pièce d'eau. Mais les Grèbes, en général, et le Grèbe huppé, en particulier, redoutent les grands froids, et ils résistent rarement aux températures rigoureuses. Bien que ces oiseaux soient craintifs et d'un naturel défiant, ils s'accoutument à la personne qui les soigne, la reconnaissent et s'y attachent.

Classification. — Il y a en Europe cinq espèces de Grèbes, qui toutes font partie de la Faune française :

1° Le *Grèbe huppé* (fig. 63), au bec rougeâtre à pointe blanche, plus long que la tête, aux joues pourvues d'une large fraise d'un noir lustré. Il mesure de 68 à 72 centimètres de long, et près de 1 mètre d'envergure.

2° Le *Grèbe sous-gris*, au bec noir à base jaune, aux joues et à la gorge d'un gris de souris, sans fraise.

3° Le *Grèbe cornu* ou *Esclavon*, au bec noir à pointe rouge, comprimé dans toute sa longueur; il porte deux longues touffes de plumes en forme de cornes.

4° Le *Grèbe oreillard* dont le bec déprimé à la base a la pointe relevée en haut.

5° Le *Grèbe castagneux*, qui fréquente exclusivement les eaux douces. Il a les joues, les côtés et le haut de la tête entièrement dépourvus de fraise et de huppe. Les Castagneux ou Plongeurs nains, appelés aussi plongeurs des fleuves et plongeurs des marais sont de charmants oiseaux de 24 à 27 centimètres de long et de 46 à 49 centimètres d'envergure.

Il existe en outre plusieurs espèces exotiques.

Les Guillemots. — *Distribution géographique.* — Tandis que les Grèbes sont plutôt des oiseaux d'eau douce que des oiseaux de mer, les Guillemots sont exclusivement pélagiens. Ils habitent les contrées boréales de l'Europe, de l'Asie, et de l'Amérique.

Mœurs. — Détestables marcheurs, en raison de la structure de leurs pattes, ils restent sur la terre dans une immobilité quasi complète; leur attitude gênée les a fait taxer de stupides, tout à fait à tort. Quoique mauvais voiliers, c'est pourtant de leurs ailes qu'ils se servent, dans leurs migrations et pour gagner les rochers escarpés où ils font leurs nids, ils nagent et plongent à merveille; et saisissent avec habileté sous l'eau les poissons, les insectes et les crustacés marins dont ils se nourrissent; ils vont les chercher quelquefois à des profondeurs considérables. A l'époque de la ponte, ces oiseaux se réunissent en grandes bandes, qui comptent quelquefois jusqu'à cent mille couples.

Fig. 63. — Le Grèbe huppé.

Usages. — Ils constituent, avec les phoques, la principale nourriture des habitants de plusieurs colonies du sud du Groenland. Les Irlandais, de leur côté, s'emparent des Guillemots quand ils peuvent. Les Lapons estiment la chair des jeunes, à la rigueur ils se contentent de la chair des vieux malgré l'odeur d'huile très forte qu'elle dégage. Quant aux Norvégiens, ils enlèvent les œufs de ces oiseaux; et, ils en composent des mets assez délicats; les œufs qui ne sont pas consommés sur place, sont expédiés assez loin; quant aux jeunes, ils sont salés et conservés pour l'hiver.

Chasse. —Aux îles Feroë il s'est formé des sociétés de dénicheurs. Au péril de leur vie, ces risque-tout escaladent, au moyen de cordages, les rochers à pic qui servent de refuge aux Guillemots de toutes les espèces. Ces hommes intrépides se tiennent supendus à leurs cordes quelquefois à près de vingt mètres de hauteur. Au Groenland, on fait aux *Guillemots à gros bec* ou *Lummes de Brunnich* la chasse au fusil, et l'on abat des centaines de mille de ces malheureux oiseaux; à l'époque où les glaces commencent à fondre, les Lummes viennent, en quelque sorte retenir, dans les rochers, les emplacements que doivent occuper leurs nids, et y passent la nuit. C'est le moment que choisissent les Groenlandais pour faire de ces oiseaux de cruelles hécatombes. A la faveur de la nuit, la place est investie, en nombre, en silence; les cris des assiégeants retentissent, les armes à feu répètent leurs coups, jusqu'à ce que les assiégés, pris d'épouvante et, comme affolés, se précipitent, tête baissée, et viennent se briser la tête sur la glace, oubliant qu'au dessous d'eux la mer est encore congelée.

Classification. — On peut grouper les espèces connues du genre Guillemot sous deux rubriques: 1° Espèces à bec aussi long ou plus long que la tête; 2° Espèces à bec plus court que la tête.

A la première catégorie se rattachent : les *Guillemots à capuchon* des mers arctiques des deux mondes ; le *Guillemot à gros bec* des îles Aléoutiennes et de la baie de Baffin ; le *Guillemot à miroir blanc* de Terre-Neuve, des Hébrides, de Saint-Pierre et Miquelon ; le *Guillemot bridé,* de Terre-Neuve et des îles Aléoutiennes. A la seconde catégorie ne se rattache qu'une espèce connue vulgairement sous le nom de Colombe du Groenland, de *petit Guillemot*, de *Guillemot nain* ou de *Mergule.* On rencontre les Mergules, en si grand nombre, en certaines contrées, à Terre-Neuve notamment, que trois matelots en tuèrent au fusil en cinq ou six heures seize cent soixante trois ; et que d'un seul coup trente-deux de ces oiseaux furent abattus.

CHAPITRE XIII

LES OISEAUX-MOUCHES

Les Oiseaux-Mouches. — Tous les naturalistes anciens et modernes ont célébré la merveilleuse beauté des Oiseaux-Mouches, et Buffon a donné de ces gracieux habitants des airs la plus charmante description. « De tous les êtres animés, dit-il, voici les plus élégants pour la forme, et les plus brillants pour les couleurs. Les pierres précieuses et les métaux polis par notre art ne sont pas comparables à ce bijou de la nature, elle les a placés dans l'ordre des oiseaux au dernier degré de l'échelle de grandeur, *maxime miranda in minimis*. Son chef-d'œuvre est le petit Oiseau-Mouche ; elle l'a comblé de tous les dons qu'elle n'a fait que partager aux autres oiseaux : légèreté, rapidité, prestesse, grâce et riche parure, tout appartient à ce petit favori. L'émeraude, le rubis, la topaze, brillent sur ses habits ; il ne les souille jamais de la poussière de la terre, et, dans sa vie tout aérienne, on le voit à peine toucher le gazon par instants ; il est toujours en l'air, volant de fleurs en fleurs : il a leur fraîcheur comme il a leur éclat ; il vit de leur nectar, et n'habite que les climats où, sans cesse, elles se renouvellent. C'est dans les contrées les plus chaudes du nouveau monde que se trouvent toutes les espèces d'Oiseaux-Mouches. Elles sont assez nombreuses et paraissent confinées entre les deux tropiques ; car, ceux qui s'avancent, en été, dans les zones tempérées n'y font qu'un court séjour ; ils semblent suivre le soleil, s'avancer, se retirer avec lui, et voler sur l'aile des zéphyrs à la suite d'un printemps éternel. »

Si, à l'exemple de Buffon, tous les naturalistes s'accordent à considérer les Oiseaux-Mouches comme les plus belles créatures de la terre ; ils cessent de s'entendre, lorsqu'il s'agit de placer, dans un des ordres établis, ces magnifiques petites bêtes. Beaucoup ont simplifié la question en faisant de ces oiseaux une catégorie à part, mesure que justifient d'ailleurs et le type parfaitement spécial et les mœurs tout à fait particulières de ces petits êtres.

Sous le nom de *Bourdonneurs*, on comprend la très nombreuse famille de ces Colibris, si variés dans leurs couleurs et dans leurs formes, qui paraissent, pour ainsi dire, de véritables représentants des insectes, fourvoyés parmi les oiseaux.

Caractères. — Les Colibris présentent, entre eux, des variétés infinies ; il en est (et c'est ce qui leur a fait donner un de leurs noms), qui ne sont guère plus gros que de grosses mouches. Ceux-ci ont la queue longue, ceux-là l'ont courte ; les uns la portent fourchue, les autres la portent arrondie, les rectrices médianes dépassent alors un peu celles des côtés. On en voit avec un bec droit, on en trouve avec un bec recourbé. Les pattes, toujours petites et délicates, sont soudées à des tarses recouverts de plumes hérissées ou couchées. Le corps fragile de nos oiseaux minuscules est soutenu en l'air par

FIG. 64. — Le Docimaste porte-épée.

des ailes longues et étroites, légèrement recourbées en faucilles et leur petite mauvaise tête, huppée quelquefois, d'autres fois non, est, chez certains, entourée d'une belle collerette en éventail, ou ornée de plumes semblables à une barbe. Il faudrait toute la vie d'un homme pour décrire, par le menu, la toilette si différente des représentants des quatre cents espèces, aujourd'hui connues. Contentons-nous de citer, en passant, les Docimastes qui sont ceux des Colibris dont le bec est le plus long, et, entre autres, le Docimaste porte-épée (fig. 64), originaire des montagnes de Quito; le Ramphodon, habitant des vallées boisées du Brésil; l'Eutoxère aigle (fig. 65), qu'on trouve à Bogota; les Phaétons qui voltigent dans les espaces découverts, semés de buissons, du Brésil et de la Guyane: les Oréotrochiles ou Nymphes des montagnes qui vivent sur le Chimborazo (fig. 67), à plus de 5000 mètres au-dessus du niveau de la mer; le Campyloptère de Delattre (fig. 66), qui fréquente le Mexique et l'Amérique centrale; les Hypophanidés ou oiseaux pierreries, parmi lesquels le Topaze vulgaire (fig. 68), propre à la Guyane, et l'Aithure à capuchon de la Jamaïque; les Lampornithidés ou Nymphes des forêts, le Lampornis Mango, répandu dans tout le Brésil, au Paraguay, à la Guyane, aux Antilles, et jusqu'en Floride, et le Crysolampe nymphe (fig. 66), le plus beau de tous les Colibris du Brésil; les Florisugidés ou Nymphes des fleurs, qui comptent dans leurs rangs l'Héliothrix à oreillons (fig. 69), ou embrasse-fleurs, des forêts de la côte orientale de l'Amérique, et le Florisuge noir, très commun au Brésil; les Trochilidés des États-Unis et du Canada, comprenant le Colibri proprement dit, le Calliphox Améthyste (fig. 71), appartenant à l'intérieur du Brésil, et le Calothorax de Mulsant, habitant de la Colombie et de la Bolivie; les Lophornitidés, de tous les Colibris les mieux parés; le Lophornis splendide (fig. 70), de la Guyane, et l'Héliactine cornu; les Lesbiidés et le Steganure d'Underwood, particulier au Brésil; les Microramphidés ou Colibris masqués, dont certains, notamment le Ramphomicron, habitent Santa-Fé de Bogata; les Oxypogons spécialement l'Oxypogon de Linden (fig. 66); pour ne citer que les plus importants.

Distribution géographique. — Les Colibris appartiennent exclusivement à l'Amérique ; on les trouve partout où

FIG. 65. — L'Eutoxère aigle.

la terre porte des fleurs et non pas seulement, comme on l'a prétendu, dans les limites de la zone torride. Ils ne craignent pas les points élevés, puisqu'on les trouve sur les sommets de la chaîne des Andes, dans le voisinage des neiges éternelles, et jusqu'auprès des cratères des volcans, là où aucun animal vertébré supérieur n'a osé s'aventurer. Les uns, spéciaux aux montagnes, n'abandonnent jamais les hauteurs ; les autres, familiers des plaines chaudes et brûlantes, ne les quittent point ; leur existence est liée à la présence de certaines fleurs, mais, leurs goûts sont si divers, que chaque espèce a ses fleurs de prédilection, auxquelles elle reste fidèle. Ceux-ci se tiennent sur les arbres, près de la cîme ou sur les basses branches seulement, ceux-là tout près du sol ; et ils demeurent si obstinément cantonnés dans la place qu'ils se sont d'abord choisie, qu'on ne voit guère ceux qui recherchent les fleurs ou les feuilles des basses branches dépasser la hauteur qu'ils paraissent s'être fixée, pour gagner le haut de l'arbre et les fleurs qui s'y épanouissent.

Les Colibris ne restent pas toute l'année dans la même localité ; ils arrivent, comme chez nous les Hirondelles, et à leur venue, on dit : « Les Colibris sont arrivés ». Ils s'en vont donc de pays en pays, suivant les périodes de floraison. S'ils suivent ainsi les fleurs, est-ce donc qu'ils se nourrissent du nectar qu'elles contiennent? on l'a dit souvent et longtemps cru. On prétendait que leur langue était creuse, et qu'ils pompaient, par ce tube naturel, le suc des fleurs, auprès desquelles on les voyait s'arrêter. En captivité, on ne cherchait à les nourrir que d'eau sucrée et de miel, et ils mouraient bientôt émaciés et affaiblis. C'est qu'en réalité ces charmants oiseaux ne se nourrissent pas du nectar des fleurs. Badier, le premier, a découvert, en 1778, que les Colibris étaient, avant tout, des insectivores. Le prince de Wied confirme cette opinion, et démontre préremptoirement que la langue des Oiseaux-Mouches n'est point un suçoir, et que les deux pointes membraneuses, qui la terminent, sont parfaitement disposées pour sentir et pour ramener dans le bec

Fig. 66. — L'Oxypogon de Linden ; le Chrysolampe nymphe ; le Campyloptère de Delattre.

les insectes extrêmement petits qui vivent dans l'intérieur des fleurs. C'est d'ailleurs ce qu'a aussi observé Audubon, et, après lui, Gosse et Burmeister. Tous s'accordent à dire que les Colibris se nourrissent d'insectes, principalement de coléoptères qu'ils prennnent dans les fleurs à corolle tubulée, et de petites mouches qu'ils attrapent au vol.

Mœurs. — Les Colibris sont tous à peu près impropres à la marche; c'est à peine d'ailleurs s'ils descendent à terre pour boire; et quand ils y sont descendus, ils ne se relèvent que difficilement. En revanche, leur vol est rapide, capricieux, tourmenté; leurs ailes sont toujours vibrantes; ils ont, comme on l'a remarqué, un vol qui ne ressemble en rien à celui des autres oiseaux et qui devrait plutôt être comparé à celui de certains papillons crépusculaires.

« Quel mécanisme admirable, s'écrie Gould, doit être celui qui produit les mouvements vibratoires des ailes du Colibri, et qui les soutient aussi longtemps. Je ne peux le comparer à rien; on dirait quelque machine ingénieuse, mue par un puissant ressort. Ce vol me fit, la première fois que je le vis, une impression des plus singulières. C'était tout le contraire de ce que je m'attendais à voir. Le Colibri ne fend pas les airs comme une flèche, ainsi que l'Hirondelle; mais, soit qu'il erre de fleur en fleur, soit qu'il franchisse un cours d'eau, ou passe au-dessus d'un arbre, toujours ses ailes sont agitées d'un mouvement vibratoire. Il s'arrête, par moments, devant un objet, y demeurant en équilibre; les coups d'ailes se succèdent alors si rapidement, que l'œil ne peut les suivre; un demi-cercle vaguement dessiné, autour de chaque côté du corps, c'est tout ce que l'on aperçoit. »

Les Colibris peuvent chanter, mais, en fait, ils usent rarement de cette faculté; ils ont le sens de la vue très développé, ainsi que le sens du toucher qu'ils exercent notamment au moyen de leur langue dont ils se servent pour scruter le calice des fleurs.

Fig. 67. — Oréotrochile de Chimborazo.

Presque tous les Oiseaux-Mouches sont diurnes; quelques-uns, cependant, chassent plus particulièrement le soir et le matin, et restent cachés tout le jour au plus épais du

Fig. 68. — Le Topaze vulgaire.

feuillage. Tous, indifféremment, sont querelleurs; ils se livrent entre eux des combats acharnés, surtout à l'époque des amours. On les voit même, dans leur aveugle rage, prendre des papillons pour de dangereux concurrents, poursuivre les sphynx et chercher à les percer de leur bec pointu.

Fig. 69. — L'Héliothrix à oreillons.

Au contraire, ils ne montrent pour l'homme aucune défiance, s'en laissent approcher de très près, et paraissent même le rechercher, pour ainsi dire. On cite un Oiseau-Mouche qui vint enlever, par surprise, dans la main d'un homme un morceau de coton. Ils sont aussi curieux que hardis, entrent volontiers dans les chambres quand ils aperçoivent des bouquets à leur convenance, et nichent quelquefois dans les appartements laissés ouverts.

Les Colibris font leur nid plutôt en juin qu'en toute autre temps. Cependant, ce moment ne leur est pas unique pour nidifier, puisque l'on trouve, à peu près à toute époque de l'année, des nids récemment construits. Les nids des Colibris sont d'ailleurs tous construits, ou peu s'en faut, sur le même modèle, et les différences qui les séparent sont peu sensibles.

Chasse. — N'était que l'homme leur fait la guerre, les oiseaux n'auraient à redouter que peu d'ennemis. Leur petitesse, leur agilité, les mettent, en effet, la plupart du temps à l'abri des attaques des carnassiers et des rapaces. Mais, la beauté de leur parure, le haut prix qu'atteignent leurs dépouilles, les ont désignés, aux convoitises et aux coups des chasseurs. Les massacres qu'on en a fait, pour satisfaire aux caprices de la mode, ont été si grands que les gouvernements des Républiques de l'Amérique du Sud, justement alarmés, ont cru devoir, pour prévenir une destruction complète, édicter des pénalités, et interdire ou réglementer la chasse de ces oiseaux sur l'étendue de leurs territoires.

Comme l'on ne chasse guère les Oiseaux-Mouches, que pour les conserver vivants, dans leur pays d'origine, en des volières où on les remplace au fur et à mesure des pertes, ou pour les employer à l'ornementation des personnes ou des choses, il faut les prendre au moyen de procédés qui ne leur fassent aucun mal, ou qui, tout en les tuant, n'abîment point leur brillante parure. Aussi a-t-on successivement usé, pour les avoir vivants, de la glu dont on enduisait les buissons, de l'eau dont on chargeait des fusils bourrés de suif, des filets de gaze avec lesquels on capturait ces oiseaux au moment où ils butinaient à la manière des papillons. Pour

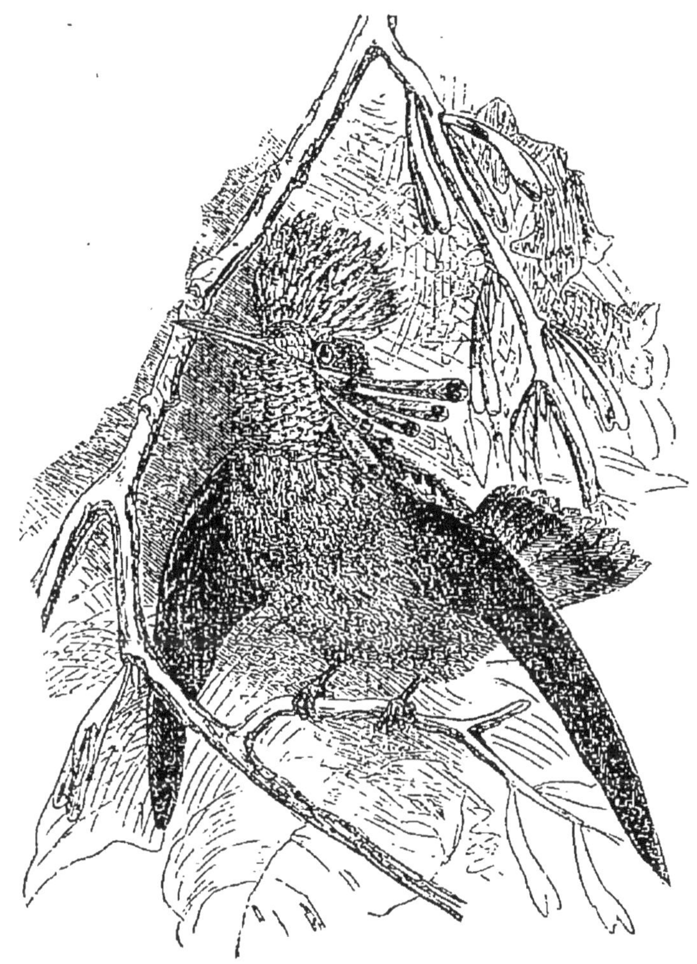

FIG. 70. -- Le Lophornis splendide.

les tuer, sans les mutiler, on a employé la sarbacane chargée de petits pois ou de grains de maïs, le fusil chargé de grains de sable, et surtout la petite cendrée d'un effet infiniment plus sûr. L'époque la plus favorable pour se liver à la chasse des Oiseaux-Mouches est celle de la floraison des pois d'août. Les petits oiseaux arrivent alors par essaims, et on peut les tirer, dit Ricord, à son aise, pour ainsi parler, sans que la détonation fasse fuir ceux que le plomb n'a pas atteints.

FIG. 71. — Le Calliphlox améthyste.

Vieillot repousse l'emploi du fusil et du plomb pour la chasse des Oiseaux-Mouches, car un seul grain, dit-il, les écraserait et n'en laisserait que des débris. Il assure avoir employé avec succès un filet nommé *toile d'araignée* dont il entourait les arbrisseaux à un pied ou deux de distance.

Cet oiseau fend l'air avec une telle rapidité qu'il n'a pas le temps d'apercevoir le filet et s'y prend aisément. Il s'est aussi servi d'une gaze verte en forme de filet à papillons, mais cette manière demande de la patience, et ne peut, selon lui, être employée que sur les plantes et les arbrisseaux nains. Pour avoir quelque succès dans cette chasse, il faut construire une petite niche, la plus basse possible, avec les plantes et les arbrisseaux voisins, et, de là, envelopper l'oiseau avec le filet de la même manière que les Papillons.

« Ayant entendu plusieurs personnes, dit Audubon, remarquer que l'on gâte beaucoup moins le plumage de ces petites créatures en les tuant avec de l'eau, je fus tenté d'en faire l'expérience, ayant été dans l'habitude de les tirer, soit avec du sable, soit avec de la cendre de plomb très fine. Cependant j'en abattis rarement, même à quelques pas de distance, toutes les fois que je me servis d'eau au lieu de plomb, et j'étais, en outre, obligé de nettoyer mon fusil après chaque décharge. J'abandonnai cette manière, et je crois qu'on a jamais dû en tirer un avantage certain. J'en ai souvent attrapé en employant un filet à insectes, et si l'on se servait de cette machine avec dextérité, ce serait le meilleur moyen de se procurer des Oiseaux-Mouches[1]. »

CHAPITRE XIV

LES TOUCANS. — LES CALAOS. — LES COUROUCOUS

Les Toucans. — *Distribution géographique.* — Tous les oiseaux qui appartiennent à ce genre vivent solitaires ou par

[1] Audubon, *Scènes de la nature dans les États-Unis et le nord de l'Amérique.* Ouvrage traduit par Eugène Bazin. Paris, 1857.

paires, quelquefois par bandes, plus ou moins nombreuses, dans les forêts vierges, loin du voisinage des hommes. Dans les parties élevées de l'Amérique du Sud, depuis la Guyane jusqu'au Paraguay, on trouve le Toucan toco (fig. 72) ; dans l'Amérique du Nord, le Toucan à bec rouge; le long des côtes du Brésil, le Toucan de Temminck. Tous sont revêtus de belles couleurs, parmi lesquelles domine le noir brillant, le jaune, le rouge et le blanc. Le plus grand de ces oiseaux, qui est le Toco, a 60 centimètres de long, tandis que le Toucan de Temminck n'a que 50 centimètres. Tous ces oiseaux se font remarquer par la grandeur de leur bec, aussi large que la tête à la base, presque aussi long que le tronc, lourd en apparence, quoiqu'en réalité fort léger. Ce bec énorme est, en effet, creux, et rempli par un réseau osseux, spongieux, à grandes cellules. On dit que les Toucans s'en servent fort adroitement pour rattraper les fruits qu'ils lancent en l'air, après les avoir cueillis, et qu'ils n'ingurgitent qu'après les avoir saisis au vol.

Mœurs. — Les Toucans se tiennent, d'ordinaire, sur les arbres élevés, ils y sautent de branche en branche avec une légèreté à laquelle on est loin de s'attendre, lorsque l'on ne considère que l'épaisseur de leurs formes. Quoique craintifs, ils sont gais et curieux; d'ailleurs fort amateurs de fruits, dont ils ne font pas cependant leur nourriture exclusive, puisqu'ils poursuivent volontiers les petits vertébrés, et qu'ils mangent toute espèce de matières animales.

Chasse. — Au Brésil, on fait aux Toucans une chasse très active, tant pour se procurer leur chair que pour s'emparer de leurs plumes. On les recherche aussi beaucoup comme oiseaux, d'appartement. Mais, si tous les indigènes leur faisaient une guerre aussi meurtrière que celle que leur ont déclarée les habitants d'Egá, village des bords du fleuve des Amazones, les Toucans auraient bientôt disparu. Heureusement beaucoup de peuplades, soucieuses de conserver l'es-

FIG. 72. — Le Toucan toco.

pèce ne tirent les oiseaux qu'avec des flèches très petites et enduites d'une très faible dose de poison. La blessure faite par une pareille arme suffit à étourdir l'oiseau, mais elle n'est jamais assez grave pour lui donner la mort. Il tombe donc; on lui arrache les plumes d'ornement, et on l'abandonne. Bientôt, l'engourdissement passager ayant cessé, l'oiseau se relève, reprend sa volée, et redevient libre, jusqu'à ce qu'il soit, plus tard, touché de nouveau et de nouveau déplumé.

Captivité. — Éduqués de jeunesse, les Toucans deviennent de charmants oiseaux. Bientôt, ils règnent en maîtres dans la maison, courbant sous leur autorité tous les volatiles, gros et petits, et jusqu'aux chiens, qu'ils ne se gênent pas de houspiller. Avec les habitants du logis, ils deviennent d'une extrême familiarité, se présentent à table à l'heure du repas et y réclament, avec insistance, leur part de chaque plat.

Les Calaos. — Les Calaos, dit M. Renard[1] sont représentés par beaucoup de variétés depuis les plus petites espèces jusqu'au Calao-Rhinocéros, le plus grand du genre, qui est de la taille de nos Dindes. Ces oiseaux sont armés d'un bec énorme, et, comme celui des Toucans, tout à fait disproportionné à leur taille.

Usages. — « Les Chinois, à Canton, tirent un curieux objet du bec du Calao-Rhinocéros; ils sculptent dans la partie épaisse et cornée, des personnages, des bateaux, des arbres, qui diffèrent de coloris selon le plan et la nuance de la partie attaquée. Ces sculptures, à plusieurs étages, sont taillées avec une patience inouïe et sont d'une finesse remarquable.

Régime. — « Les Calaos se nourrissent de fruits, ils ont les plumes d'un noir luisant que séparent des lignes transversales blanches; ces oiseaux tirent du pollen de certaines

[1] Ed. Renard. La chasse aux grands oiseaux et le commerce des plumes dans la Cochinchine française (*Bulletin mensuel de la Société d'acclimatation*, 3e série, t. IV, no 4, avril 1877).

fleurs des arbres une substance huileuse, jaunâtre, et ils ont la singulière habitude de s'enduire le blanc de leurs plumes de cette substance qui disparaît à l'ardeur des rayons solaires. Leurs plumes annelées de noir ou de blanc, se prêtent parfaitement à un curieux effet de teinture pour nos industriels. »

Distribution géographique et mœurs. — Le genre Calao fait partie de la famille des Bucérotidés; les représentants des diffrentes espèces du genre habitent en troupes nombreuses les forêts des contrées chaudes de l'ancien continent et de la Nouvelle-Hollande. Ce sont des oiseaux taciturnes affectionnant les lieux sombres; au vol pesant et court; mauvais marcheurs; mais bons percheurs. Ils se tiennent sur les arbres les plus élevés; volontiers sur ceux dont le feuillage est peu épais; de préférence sur les branches mortes. Les Calaos se nourrissent principalement de fruits, de graines et d'insectes, mais, en réalité, ils sont omnivores et mangent de la chair fraîche aussi bien que de la viande corrompue. Grands amateurs de rats et de souris, les Calaos font à ces vilaines bêtes une guerre acharnée; et quand ils capturent quelques-uns de ces rongeurs, ils l'emprisonnent dans leur bec, l'y laissent ramollir quelque temps, le lancent en l'air, comme de véritables jongleurs, le rattrapent et l'engloutissent.

Caractères. — Le bec des oiseaux de cette famille est long, épais, plus ou moins recourbé, muni d'appendices singuliers, simulant une corne; ils ont le cou assez long, et la tête relativement petite; leur squelette est d'une extrême légèreté; le bec, presque tous les os sont formés de grandes cellules à parois minces, toutes pneumatiques. Chez la plupart des espèces, le tissu sous-cutané renferme lui-même des cellules remplies d'air.

Nidification. — La nidification des Calaos offre des traits particuliers extrêmement curieux. La plupart de ces oiseaux choisissent pour pondre les troncs creux des arbres, et chez certaines espèces indiennes, le mâle, pendant que la femelle couve, bouche avec de la terre gâchée l'entrée du nid. Il ne ménage qu'un trou suffisant pour que la couveuse y puisse passer son bec et recevoir de son époux la nourriture qu'il lui distribue. On dit même que cette claustration dure jusqu'après l'éclosion, et quelquefois tant que les petits ne sont point capables de prendre la volée. Le mâle se surmène, pendant ce temps, pour pourvoir à l'entretien de toute la famille; il est, au dire de quelques auteurs, en un tel état d'affaiblissement, après cette période, qu'il ne lui reste que la peau sur les os.

Captivité. — Dans certaines contrées des Indes, les Calaos sont, pour ainsi dire, considérés comme des oiseaux sacrés. On les nourrit dans les maisons ; ils y tiennent lieu de chats, et dévorent les petits rongeurs qui infestent les habitations. En captivité, ils deviennent familiers, s'attachent à leur maître et s'accommodent de tout.

Les Couroucous. — Les Couroucous sont les types de la famille des Trogonidés qui comprend aussi le Calures.

Distribution géographique. — Dans les forêts vierges du sud du Brésil et du nord du Paraguay se trouve le Couroucou Surucura; dans le nord du Brésil et dans la Guyane, le Couroucou vert.

Caractères. — Le premier a vingt-huit centimètres de long. Le mâle a la tête, le cou, la poitrine d'un bleu noir, à éclat métallique ; le dos vert éclatant ; le ventre rouge de sang. Le second a le sommet de la tête, la nuque, les côtés du cou, la poitrine d'un beau bleu à reflets verts, le front, les joues, la gorge noirs; le dos, les épaules vert de bronze tirant sur le bleuâtre; le ventre et le croupion d'un jaune vif. La femelle du Couroucou-Surucura a le dos gris et le ventre rose; celle du Couroucou vert, le dos gris foncé, le ventre jaune clair.

Mœurs. — Les Couroucous habitent la plaine et la mon-

Fig. 73. — Le Calure (Couroucou) resplendissant.

tagne ; ils demeurent, des heures entières, immobiles sur les branches découvertes, à une faible hauteur du sol, le cou rentré, la queue pendante. De cet observatoire, ils guettent l'insecte, qu'ils gobent de leur place, ou qu'ils poursuivent, à quelque distance, pour regagner, après l'avoir capturé, l'endroit qu'ils viennent de quitter. Leur naturel indolent, leur peu de défiance en font une proie facile ; ils se laissent approcher par le chasseur, et l'on a vu tuer de ces oiseaux d'un coup de bâton. Ordinairement, on les attire en imitant leur cri, et ils ne tardent pas à venir à portée.

Les Calures. — *Classification et Caractères.* — Les Calures sont les plus grands des Trogonidés ; leur parure est des plus remarquables.

Le Calure-Pavonin, qu'on trouve sur les bords du Rio-Negro, a la tête, le cou, le dos, la poitrine, les couvertures des ailes et la queue d'un beau vert métallique à reflets cuivrés ou violets ; le ventre, les cuisses, le croupion d'un rouge poupre. La femelle, semblable au mâle, a des couleurs moins vives.

Le Calure superbe qu'en rencontre en Bolivie diffère peu du précédent ; il porte cependant à la racine du bec un bouquet de plumes soyeuses qui manque au premier.

De tous les Calures, le plus remarquablement beau est le Calure resplendissant (fig. 73), qui habite les montagnes boisées du Mexique et de l'Amérique Centrale. Il a une espèce de cimier touffu, formé de plumes soyeuses, les couvertures des ailes et de la queue très développées et pendant par dessus ces organes, le dos et la poitrine d'un vert doré brillant ; le ventre rouge carmin vif ; la tête, la gorge, le cou, la poitrine vert foncé.

Ce magnifique oiseau, confiné au Guatémala, dans le district de Coban, se tient dans des sites à peu près inaccessibles, auquels on ne peut parvenir que par des sentiers à peine frayés. La végétation exubérante entretient, dans la retraite que s'est choisie le Calure, une température toujours humide et froide, que ne viennent jamais attiédir les rayons du soleil. Indolents, comme les Couroucous, les Calures se tiennent sur les branches, tournant doucement la tête à droite et à gauche, relevant et abaissant la queue d'un mouvement lent et contenu. A peine consentent-ils à s'envoler, à quelque distance, pour cueillir les fruits murs qu'ils ont aperçus.

Chasse. — La chasse du Calure se fait à l'appeau. Il s'agit simplement d'imiter le cri de cet oiseau qui vient se percher au-dessus du chasseur. D'autres fois, il suffit de se placer près de l'arbre qui produit le fruit dont l'oiseau se nourrit. « Alors, dit Delattre, il est rare que, dans le courant de la journée, un ou plusieurs individus, ne viennent prendre leur repas, ce qu'ils font en volant rapidement et en attrapant au passage un fruit qui est de la grosseur d'une noisette. Celui qui penserait chasser le Calure resplendissant comme les autres espèces se tromperait, parce que cet oiseau est, de son naturel, tranquille et muet, et qu'il est impossible de le poursuivre dans les bois qu'il habite. »

Pour se procurer les plumes du Calure, qui ont une grande valeur comme plumes de parure, les Indiens usent d'un stratagème très curieux. Pendant que le mâle couve, ils grimpent sur l'arbre qui recèle le nid, et lorsqu'ils l'ont à portée de la main, ils saisissent brusquement les plumes qui font saillie à l'extérieur et que l'oiseau leur abandonne en fuyant.

II

DE LA STRUCTURE DE LA PLUME DES OISEAUX; FORME; COLORATION

CHAPITRE PREMIER

STRUCTURE ET COLORATION DE LA PLUME

Structure de la plume. — Les plumes des oiseaux sont des appendices tégumentaires qui présentent plus d'une analogie avec les poils des mammifères. D'abord, plumes et poils poussent en même terrain, pour ainsi dire. Cela est si vrai que, chez quelques oiseaux, des crins et des soies émergent des plumes, et y forment un bouquet ou des moustaches. C'est le cas des Dindons qui ont, à la base du cou, une houppette de poils rigides; des Engoulevents et des Gobe-mouches qui portent des moustaches. Il n'est pas jusqu'au duvet de certains oiselets, tout frais éclos, qui ne nous offre, non pas seulement l'aspect, mais la texture même d'une réunion de poils souples et déliés.

Pourtant l'analogie entre les plumes et les poils est loin d'être complète. Les plumes sont d'une composition plus complexe; elles se développent d'ailleurs d'une manière sensiblement différente.

Les plumes sont composées d'un axe primaire ou hampe,

qui comporte un tube corné, surmonté d'une tige pleine, spongieuse au dedans, dure en dessus et sillonnée en dessous, par une cannelure. Cette tige va s'amincissant jusqu'à son extrémité supérieure.

Sur les faces latérales de la tige viennent s'insérer des barbes, plantées obliquement, plus ou moins, qui servent elles-mêmes d'axes à des barbules, la plupart du temps courtes, rigides, et armées de crochets qui leur permettent de se relier entre elles et de former un tout uni et résistant.

On appelle *rémiges* les grandes plumes des ailes; elles font office de rames; *rectrices*, les plumes de la queue; elles tiennent à l'oiseau lieu de gouvernail; *couvertures ou tectrices*, ces plumes des ailes et de la queue, se recouvrant les unes les autres, à la manière des tuiles ou des ardoises d'un toit (fig. 74). Quant au *duvet*, ce sont ces filaments ténus et élastiques qui revêtent le corps des oiseaux nouveau-nés et qui forment, chez les individus adultes, à la base des plumes, surtout aux parties inférieures des oiseaux aquatiques, une couche d'une épaisseur parfois considérable.

Coloration des plumes. — C'est au même titre que la gracieuseté de leur forme, leur finesse et leur coloration qui, de tout temps, ont fait rechercher les plumes pour les employer à la parure et à l'ornementation. En ce qui concerne la couleur, il semble qu'elle soit appropriée, chez les divers oiseaux, au milieu dans lequel ils sont appelés à vivre, au climat du pays qu'ils habitent, et, pour ainsi dire, à la période du temps dans laquelle ils se trouvent. Ainsi, dans les contrées où la lumière du soleil n'est ni trop vive ni trop constante, et où les hivers sont longs et brumeux, les oiseaux portent une parure sombre et sans éclat. C'est le cas de la plupart des oiseaux de notre pays dont la coloration, spécialement en hiver, est formée de teintes dans lesquels le gris et le roux dominent; si bien que, sur 287 de nos espèces, 176 ont cette livrée modeste.

De même, il est facile de remarquer que les couleurs des oiseaux de nuit sont plus ternes que celles des diurnes ; il

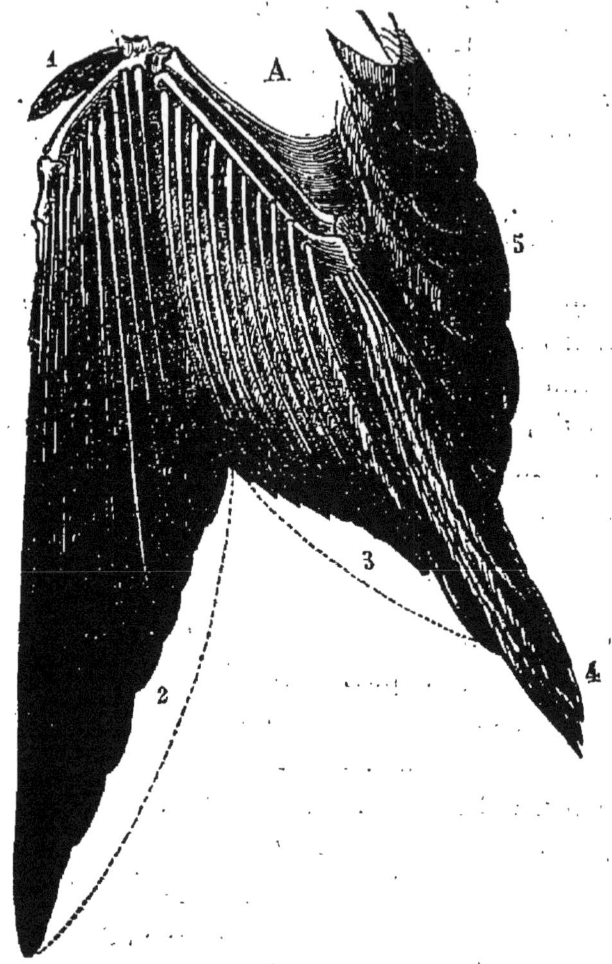

Fig. 74. — Ailes.

A, Type d'aile sus-aiguë (Bécasseau) ; les couvertures supérieures ont été enlevées pour montrer l'attache des rémiges à la main, à l'avant-bras et au coude. 1, Pennes du pouce ; 2, Pennes de la main (primaires) ; 3, Pennes de l'avant-bras (secondaires) ; 4, Pennes du coude ; 5, Faisceaux de plumes humérales.

semble, pour les premiers, que la nature se soit plu à leur donner un manteau qui les rende invisibles pendant leurs pérégrinations.

Quelques oiseaux modifient leur costume et savent l'approprier, en quelque sorte, à la saison qui règne ; les Lago-

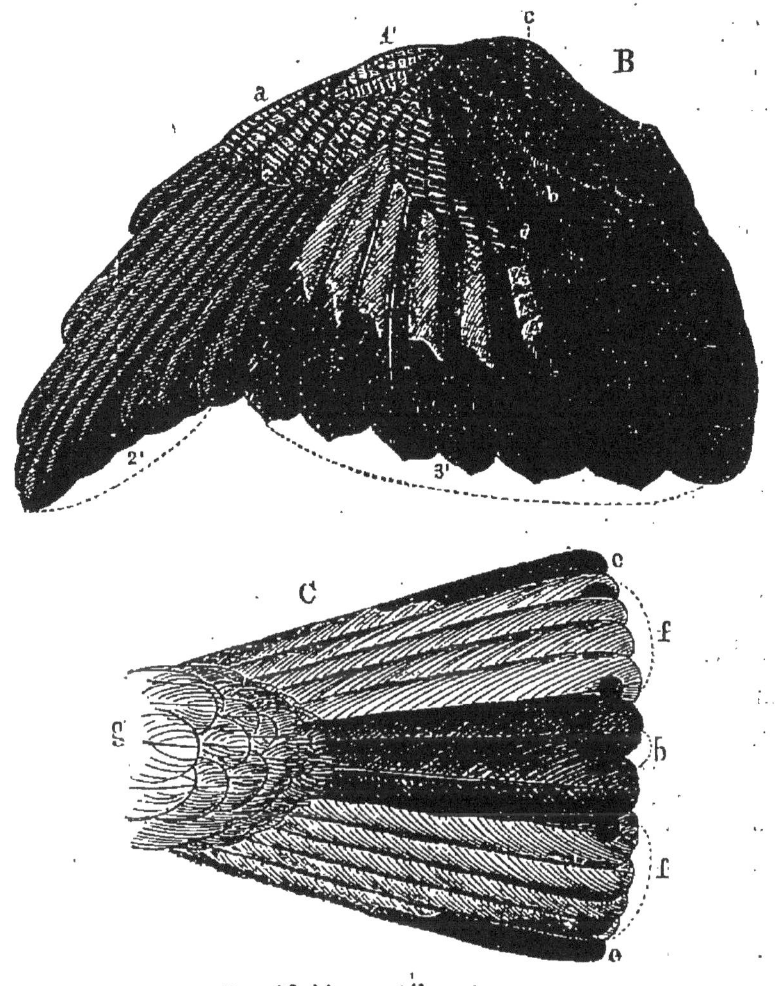

Fig. 73 *bis*. — Ailes et queue.

B, Type d'aile sub. obtuse (Geai); Les chiffres 1', 2', 3' sont affectés aux mêmes parties que dans la figure précédente; *a a*, Grandes couvertures supérieures de l'aile; *b*, Couvertures moyennes; *e*, Petites couvertures supérieures de l'aile; C, Queue de Traquet (Stapazin); *b*, Paire médiane ou interne; *e e*, Paire latérale ou externe; *ff*, Paires intermédiaires; *g*, Sus-caudales ou couvertures supérieures.

pèdes, par exemple, roux en été, deviennent blancs pendant les neiges. La même observation s'applique à quelques quadrupèdes tels que l'Hermine.

Bien que ce soient les nuances ternes qui prédominent dans le plumage des oiseaux de nos contrées, quelques espèces cependant ont des teintes tranchées et voyantes. Le Martin-Pêcheur porte, en effet, un riche coloris vert brillant, le Loriot une belle couleur jaune, la Mésange du bleu tendre ; et quoique l'on puisse dire que la coloration de l'oiseau est immuable, en ce sens que sa plume ne blanchit pas comme la barbe de l'homme, on ne saurait nier que cette coloration du plumage ne soit vivement influencée, par les agents extérieurs, suivant les conditions de la vie et le sexe de l'animal. Le plumage d'été est souvent plus beau que celui d'hiver, et, en tout cas, la livrée du mâle est plus riche que celle de la femelle.

Modifications de la coloration du plumage dues à des influences diverses. — Il est ici curieux de noter que les femelles de certains oiseaux prennent, en avançant en âge, la coloration du mâle. Elles en prennent aussi fréquemment la voix. Ce dernier fait est, du moins à l'égard des poules, très bien connu dans les campagnes, où même le changement de voix est regardé comme un signe malheureux ; opinion qui, sans doute, a son origine dans l'observation qu'on aura faite que les poules qui prennent la voix du coq deviennent aussitôt stériles.

En ce qui concerne la mutation complète du plumage chez les femelles, elle se constate surtout sur les poules faisanes, que l'on désigne en terme de chasse, sous le nom de faisans coquards. Cette modification dans la coloration des plumes commence plus tôt chez des femelles que chez d'autres ; elle peut ne se manifester que plusieurs années après la cessation des pontes, quoiqu'elle doive dépendre d'une manière plus ou moins directe de ce phénomène, avec lequel elle peut aussi coïncider. C'est ordinairement dans la quatrième année que le changement se complète ; alors la faisane a non seulement les couleurs, mais aussi l'éclat du mâle, auque elle ressemble par les divers ornements de son plumage.

Quoique plus rarement, des modifications, analogues à celles dont nous venons de parler pour les faisanes, ont été remarquées chez les Paonnes, lorsqu'elles ont cessé d'être fécondes, ou lorsqu'une maladie a atrophié prématurément leur ovaire. Dans ces divers cas, les Paonnes prennent la livrée des mâles.

En dehors des faits que nous venons de rapporter, d'autres prouvent que l'immutabilité de la couleur n'est pas d'ailleurs absolument constante; ainsi, lorsque l'on a tué un Héron blongios mâle, on peut voir la belle couleur bleu vif de son corps disparaître rapidement et se teinter en bleu très foncé. Il en est de même de la dépouille de beaucoup d'autres oiseaux dont les nuances s'effacent à la lumière, particularité qui, tant qu'elle a été ignorée, a été une source de mécomptes pour bien des collectionneurs.

Albinisme. — Mélanisme. — Isabellisme. — Sous l'influence de certains états maladifs, la coloration des oiseaux subit aussi des variations singulières, transmissibles par voie de croisements, dont les principales sont l'albinisme, le mélanisme et l'isabellisme. Dans l'albinisme, la matière colorante ne s'est pas déposée dans la plume; dans le mélanisme, elle s'y est, au contraire, déposée en excès; dans l'isabellisme, la matière colorante, partiellement insuffisante, produit cette teinte jaunâtre, souvent café-au-lait, que l'on rencontre assez fréquemment chez les serins. Tous ces états morbides peuvent se transmettre comme nous l'avons dit par voie de croisements; c'est d'accouplements entre albinos, notamment, que proviennent nos races blanches de poules, de même que les races noires de nos volailles sont des produits de mélanisme. Mais, ce qui est curieux, c'est que cette coloration maladive qui peut se transmettre et se perpétuer facilement en domesticité, ne persiste pas longtemps à l'état libre. En liberté, en effet, les croisements deviennent, peu à peu, moins fréquents, et bientôt se fait un retour vers la coloration naturelle. Les pigeons domestiques qui quittent le colombier, pour un édifice public où ils vivent librement, ou pour les forêts où ils reprennent la vie sauvage, ont bientôt perdu les couleurs d'emprunt que la domesticité leur avait données, pour recouvrer progressivement les teintes ardoisées qui leur sont propres.

Quant à toutes ces belles nuances métalliques qui diaprent les plumes des oiseaux et les ailes des papillons, ce serait une erreur de croire, dit M. Pouchet, qu'elles sont dues à des pigments : elles ont pour cause unique des feux de lumière, fugitifs comme les feux du diamant.

« Quand on examine avec le microscope une plume à reflet métallique de la gorge du colibri, on est tout d'abord étonné de ne rien voir des magnifiques nuances dont on voulait pénétrer le mystère. Elle est tout simplement faite d'une substance brune, opaque presque autant qu'une plume d'oie noire. On remarque, toutefois, un agencement spécial : la barbe, au lieu d'une tige effilée, offre une série de petits carrés de substance cornée bout à bout. Ces plaques, larges de quelques centièmes de millimètres, sont extrêmement minces, brunes et toutes d'apparence semblable, quel que soit le reflet qu'elles donnent. Les grandes plumes brillantes du paon sont faites de même : les plaques sont seulement plus espacées et l'éclat est moindre. Cet état, de surface est dû à des élévations et à des dépressions insaisissables pour nos meilleurs instruments et encore inconnues. »

III

PRÉPARATION ET MISE EN ŒUVRE DE LA PLUME

CHAPITRE PREMIER

PRÉPARATION DE LA PLUME

A quelque usage qu'elles soient réservées, les plumes doivent subir, avant d'être employées, une préparation particulière. Nous examinerons séparément la préparation des plumes destinées à la parure et à l'ornement; celle des plumes et duvets employés pour la literie, enfin la préparation des plumes à écrire.

C'est à Paris que se préparent et se façonnent les plumes de parure. Les différentes manutentions qu'elles subissent consistent dans l'apprêt, le blanchiment et la teinture des dépouilles de l'Autruche, du Marabout, du Héron, du Vautour, et de beaucoup d'autres oiseaux.

Dans cette spécialité, la France est restée longtemps sans concurrents; il n'en est plus ainsi aujourd'hui, et bien qu'elle tienne encore la première place, et qu'elle conserve, pour la beauté et le fini des pièces qu'elle livre au commerce, la supériorité qu'elle a toujours eue, elle voit son monopole lui échapper. Les Anglais, en effet, favorisés par une consommation intérieure importante et secondés par d'habiles ouvriers parisiens, ont fait de rapides progrès dans la préparation et la teinture des plumes. On en peut dire autant des Allemands dont les produits, en ce genre, sont connus non seulement sur les marchés étrangers, mais encore chez nous, particulièrement dans nos contrées de l'Est.

Aussi, pour lutter avec plus de chances de succès, nos fabricants ont-ils dû étendre le cercle de leur industrie, négliger le panache de qualité supérieure, dont la vogue paraissait diminuer, pour porter leur activité sur de nouveaux produits, faits avec le plumage du Colibri, du Paon, du Lophophore, du Faisan et d'autres oiseaux exotiques et indigènes. La confection de ces objets, d'un goût parfois merveilleux, a beaucoup d'analogie avec celle des fleurs, mais dans la fabrication des plumes, la matière a souvent une grande valeur.

Bien que le commerce des plumes apprêtées et façonnées soit moins prospère qu'autrefois, les opérations commerciales en plumes brutes sont toujours importantes en France, en raison des transactions multiples qui se font entre les marchés de Londres, de Livourne et de Paris.

Procédé de décoloration de MM. Viol, Duflot et Roetzel. — Des progrès qui ne sont pas sans valeur ont d'ailleurs été réalisés, depuis 1862, dans cette spécialité. On est parvenu, à l'aide de réactifs puissants, à décolorer les petites plumes noires et grises de l'Autruche, et à faire avec ces plumes, jusqu'alors délaissées, des panaches pour la parure qui se teignent en toutes nuances et qui se vendent à des prix avantageux. Les plumes noires et les plumes grises sont décolorées et rendues d'un blanc sale au moyen d'un procédé découvert en 1871 par MM. Vial, Duflot et Roetzel de Paris. Cette préparation leur permet de prendre parfaitement la teinture. Le tuyau restant noir, elles peuvent, malgré leur décoloration, être facilement distinguées des autres.

Purification des plumes. — Les plumes d'Autruche, lorsqu'elles sont livrées aux fabricants, sont encore sales et grasses, parfois maculées de sang, et chargées de terre ; il faut, avant tout, les purifier. A cet effet, elles sont immergées dans un bain d'eau de savon tiède, renouvelé, pendant un certain temps, tous les matins, après que les plumes ont été frottées avec soin. Le savon qui s'y est attaché est, à son tour, enlevé par des lavages à l'eau chaude au nombre de douze ou quinze. Cela fait, les plumes sont passées, pendant un quart d'heure, dans de l'eau bouillante, tenant en suspension du blanc de Meudon ou de l'amidon cru, pour les blanchir ; essorées et battues dans des étuves chauffées à 40 ou 45 degrés, pour faire gonfler le duvet et évincer l'amidon. L'opération finale consiste à laisser séjourner la plume vingt-quatre heures dans l'étuve pour permettre à la côte de se dessécher.

Dans la plupart des pays producteurs, on fait subir aux plumes de luxe et de parure, à quelque catégorie d'oiseaux qu'appartiennent ces plumes, une légère préparation, avant de les expédier au loin. Rien n'est plus simple, ordinairement, que ce genre de travail qui s'exécute dans des ateliers primitifs, contenant deux ou trois fours en briques installés sous de vastes hangars. Le matériel se compose de claies et de rotins pour le battage et de paniers en joncs, en feuilles ou en toute autre matière, pour l'emballage. Les plumes et le duvet sont séparés par catégories, séchés au soleil, battus légèrement pour les assouplir et en enlever une partie des scories et corps étrangers qui les gâtent, ensuite passés dans un four chauffé au degré suffisant. Au sortir du four, les plumes sont exposées à l'ombre afin qu'elles reprennent leur souplesse ; elles sont battues une dernière fois, emballées et expédiées.

Préparation des plumes de Paradisiers par les Papous. — Rosenberg décrit la préparation que les Papous font subir aux oiseaux splendides dont les plumes sont employées pour la parure, et notamment aux Paradisiers. « Les Papous, dit-il, tuent à coups de flèches les mâles, et quelquefois les femelles, puis dépouillent l'oiseau, après avoir fait une incision circulaire comprenant la peau du dos et celle du ventre. Ils jettent les pattes et la peau du bas ventre, arrachent les pennes des ailes, et étendent ensuite la peau sur un petit bâton arrondi, à l'extrémité antérieure duquel ils attachent le bec. Cela fait, ils frottent la dépouille de cendre, puis la suspendent dans leurs huttes, au-dessus de la cheminée, pour la fumer et la sécher. C'est en cela que consiste le procédé de conservation. Les indigènes de Meisol n'enlèvent ni les pattes, ni les pennes des ailes ; ceux d'Arui ont remarqué que les peaux entières étaient plus recherchées et mieux payées que les autres, aussi perdent-ils peu à peu leurs anciennes habitudes, et l'on reçoit maintenant de cette provenance de très bonnes dépouilles. Les marchands de Mangkassar, de Ternate, et de la partie Orientale de Séram achètent cette marchandise, pour l'envoyer soit directement en Europe, soit à Singapore, d'où on l'expédie en Europe et en Chine. D'après eux, les plus belles peaux viendraient de la côte nord de la Nouvelle-Guinée et du fond de la baie de Gilwik. Le sultan de Tidor, vassal du gouvernement hollandais, prélève, comme impôt, un certain nombre de ces peaux qui valent sur place de 25 cents à 1 florin (monnaie de Hollande). »

Teinture des plumes. — En ce qui concerne les plumes d'Autruche, beaucoup autrefois devaient nécessairement être teintes en couleurs foncées ; c'était le cas de toutes celles qu'on n'avait pu, au nettoyage, débarrasser complètement des taches de sang ou des scories qui les déparaient. Depuis que, par divers procédés, notamment au moyen de l'eau oxygénée, on est arrivé à décolorer complètement, et les plumes tachées, et les plumes pures, mais foncées, et à les rendre absolument blanches, elles prennent à la teinture les tons les plus tendres et l'on parvient à leur donner les nuances maïs, bleu pâle, rose qui permettent de les assortir avec la couleur de tous les rubans et de toutes les étoffes. Ce résultat autrefois ne pouvait être atteint que pour les plumes les plus pures.

Les teintes claires sont exclusivement obtenues par les couleurs d'aniline; les teintes foncées sont données par l'indigo, le curcuma et l'orseille, couleurs végétales; le noir, au moyen des sels de fer et de campêche.

Les bains de teinture sont préparés dans des bassines de cuivre, et amenés à la température voulue, soit au gaz, soit à la vapeur. La température du bain, pour les pièces qui doivent être teintes en nuances claires, varie entre 25 ou 30 degrés; le bain est porté à l'ébullition pour les teintes foncées, et maintenu au-dessous de 80 degrés pour les plumes noires. A la teinture succède le rinçage et le séchage. Puis, on assortit les plumes, on les pare, on les coud, on les passe à la vapeur, et, enfin on les frise et on les courbe pour leur donner l'aspect et la forme qu'elles doivent définitivement conserver.

Dénominations diverses appliquées aux plumes du commerce. — Les plumes *simples*, c'est ainsi que l'on nomme les plumes sans défaut, sont, pour la plupart des usages auxquels on les destine, un peu trop raides, aussi leur donne-t-on la souplesse qui leur manque en les dépouillant de l'intérieur de la côte. Cela fait, elles sont frisées à l'aide d'un couteau émoussé et passées sur un tuyau de vapeur sèche.

Lorsque la mode est aux plumes épaisses, on ne fabrique guère que ce qu'on appelle les plumes doublées. Ce sont deux plumes jointes ensemble et accolées l'une à l'autre. Pour obtenir ce résultat, on enlève à l'une de ces plumes la surface extérieure de la côte, à l'autre la surface intérieure; les deux plumes sont ensuite réunies par une couture, faite en dessous, en point de chaînette allongé. On leur fait d'ail-

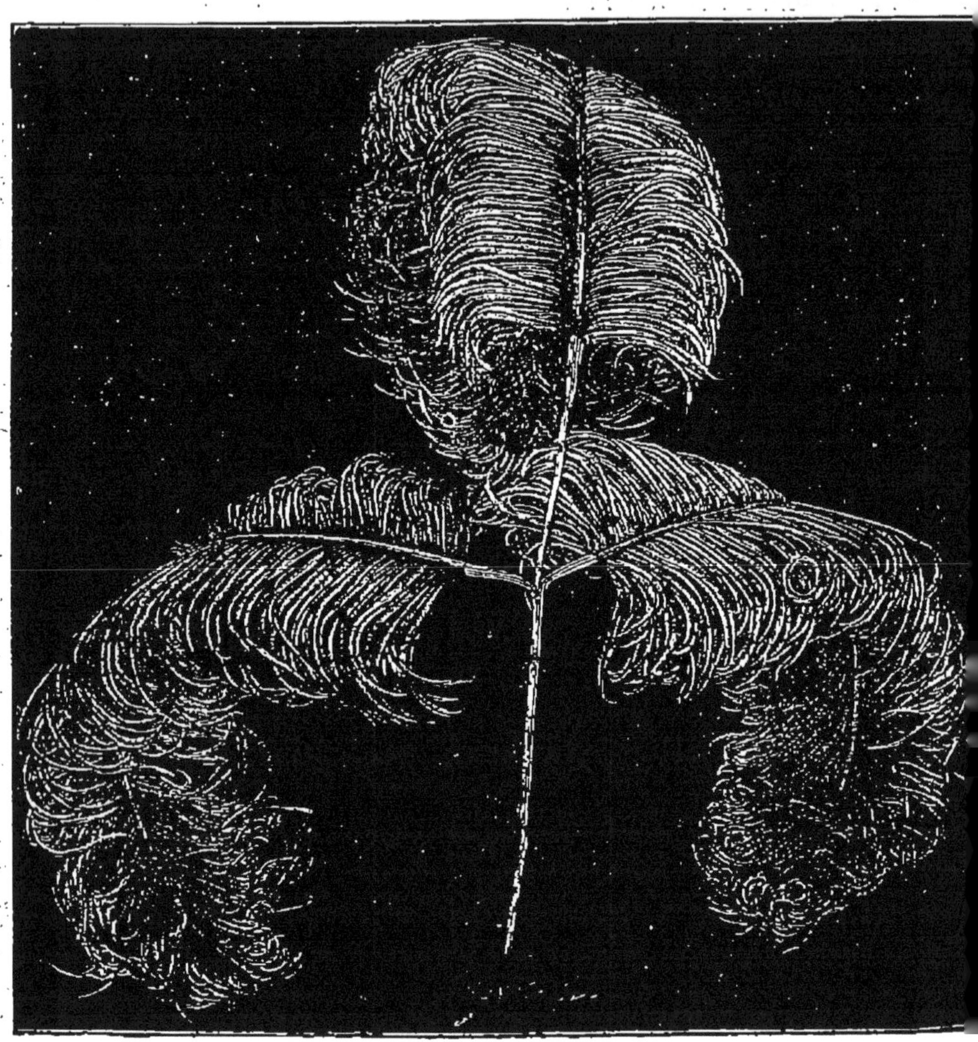

Fig. 75. — Plumes à panache[1].

leurs subir ultérieurement le même traitement qu'aux plumes simples, frisure et passage à la vapeur. Bien que

[1] Les figures 75 et 76 sont empruntées au *Dictionnaire de l'industrie* de Lami.

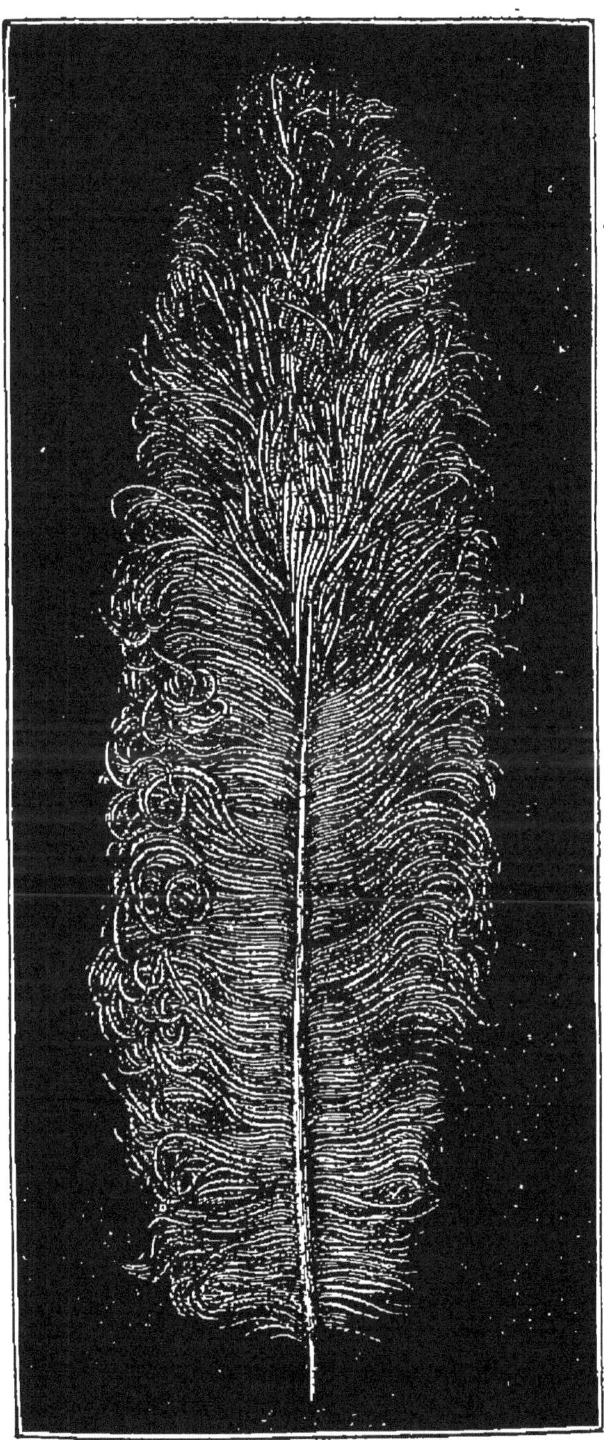

Fig. 76. — Amazone.

plus lourdes, elles n'ont jamais la valeur des plumes simples.

Après qu'elles ont subi leurs diverses préparations, les plumes d'Autruche prennent, suivant leur destination, des noms différents. On distingue les plumes longues ou *amazones* (fig. 76), des plumes à panache (fig. 75) et des tours ou bandes.

Le panache est formé de trois plumes montées sur fil de fer ; les tours ou bandes sont composés de plumes ajoutées les unes aux autres et agencées de façon à servir de garniture aux robes et aux manteaux.

Autrefois on distinguait le duvet et les poils clairsemés que l'Autruche porte au cou et à la tête, en deux catégories : le fin et le gros. Le gros d'Autruche se filait.

Emploi de la plume à la fabrication des étoffes. — Aujourd'hui on ne file plus la plume, car elle perdrait tout son duvet. Cependant les plumes sont quelquefois employées à fabriquer un genre spécial d'étoffe. Dans ce tissu qui se fait assez souvent avec l'armure taffetas, la plume ne doit jamais paraître que par effet de trame; la chaîne, toujours imperceptible, est ordinairement de matière textile ordinaire. La plume n'étant employée que comme trame partielle ne saurait donner au tissu une grande solidité. Aussi, après chaque posée de plume, on passe un coup de trame filée, laquelle est comme la chaîne, recouverte entièrement par les plumes.

On emploie le plus ordinairement les plumes d'Oie dont on choisit les plus fines et les plus égales, et que, bien souvent, on donne pour plumes de Cygne. L'Oie domestique se recommande, en effet, par ses nombreux produits. Les grandes plumes des ailes fournissent d'excellentes plumes pour écrire; elle donne chaque année un duvet abondant et la peau, vendue comme peau de Cygne, s'utilise comme fourrure fine et élégante. Pour obtenir les peaux dites de Cygne, on enlève d'abord avec soin la plume, puis on écorche l'Oie en fendant la peau par le dos; cette dernière n'est pas livrable au commerce en cet état; elle doit auparavant subir une préparation spéciale. Ces plumes sont quelquefois frisées au moyen d'un apprêt. On emploie aussi le duvet réuni en petits mouchets. Ces sortes de tissus sont recherchés pour les garnitures de robes, palatines, manchons, boas, pour diverses fourrures et différents articles de mode; elles conservent parfaitement les couleurs qu'elles ont pu recevoir.

Duvet de literie. — Quant au duvet dont on se sert pour les objets de literie, il est arraché à l'animal vivant, à des époques déterminées, plus particulièrement dans le temps qui précède immédiatement la mue. Dans certains pays, dans les campagnes du Nivernais, notamment, Oies et Canards sont soumis, tous les deux mois, à peu près, à l'arrachage des plumes; on ne laisse leur duvet à ces oiseaux qu'à l'approche des froids pour que ces volatiles puissent affronter plus gaillardement les rigueurs de l'hiver. La plume une fois récoltée est exposée à la chaleur d'un four dont on vient de retirer le pain. Elle s'y débarrasse des mites qu'elle contient et de l'odeur nauséabonde qu'elle conserverait plus longtemps si elle n'était soumise à ce procédé d'épuration. La plupart du temps la plume est simplement mise en sac ou en caisse, sans être pressée, en un lieu bien sec, jusqu'à ce qu'on en ait trouvé l'emploi. Il est prudent, si l'on doit la garder pendant une assez longue durée avant de la mettre en œuvre, de l'exposer de temps à autre à l'air et au soleil, de la remuer et de la battre.

Nous trouvons, dans le volume de M. le baron d'Hamonville [1], la description du procédé employé en Norvège pour la préparation du duvet de l'Eider.

[1] Baron d'Hamonville, *La Vie des oiseaux, scènes d'après nature*, Paris, 1890, J.-B. Baillière (Bibliothèque scientifique contemporaine).

En Norvège, dit en substance cet auteur, lorsque le duvet d'Eider est rapporté à la maison, après la récolte, il est d'abord placé, sur un feu doux, dans une grande chaudière, où on l'agite continuellement. Cette opération a pour but de le débarrasser des insectes et d'une partie des impuretés qu'il renferme. Par l'effet de la chaleur, les scories tombent au fond du vase. On nettoye ensuite ces plumes à la main et c'est seulement alors qu'elles sont livrées au commerce.

Plumes à écrire. — Enfin, pour ce qui est des plumes à écrire, on les passe pendant quelques instants dans un bain de cendres ou de sable fin, chauffé à 60 degrés environ; après quoi on les frotte énergiquement avec une étoffe de laine. Ces plumes prennent en vieillissant une couleur jaune qu'on leur donne artificiellement en les plongeant dans un bain d'acide hydro-chlorique faible.

CHAPITRE II

EMPLOI DE LA PLUME AUX USAGES GUERRIERS

Usages guerriers. — Les anciens fixaient des plumes rigides, taillées en ailette, à la base de leurs flèches, pour en rendre la course plus droite et plus roide et le coup plus sûr.

Chez les Mongols. — Certaines peuplades usent encore du même procédé dans le même but. C'est ainsi que les Mongols tiennent en haute estime les grandes plumes d'Aigle. Ils les payent fort cher et en garnissent leurs flèches. En dehors de cette adaptation dont l'effet était d'augmenter la justesse et la portée des armes, la plume servait à les décorer et à en relever l'éclat.

Fig. 77. — Indien Sioux portant des parures en plumes.

Chez les Indiens. — Les Indiens, en général, sont des vaniteux; ils recherchent les parures de toutes sortes; on en voit en piquants de porc-épic, en métal, en verre, en coquillages, en plumes. Les Sioux, notamment, se distinguaient autrefois par la richesse et la complication de leurs ornements (fig. 77).

Les longues lances des Indiens d'Amérique sont encore agrémentées de plumes d'oiseaux multicolores. Ils dénichent volontiers les grands Aigles, dit le prince de Wied; ils élèvent ces oiseaux et en ramassent les plumes caudales qui ont, à leurs yeux, une très grande valeur : « Ils n'en vendent pas une à moins d'un dollar. Chez tous les Peaux-Rouges de l'Amérique du Nord, ces plumes sont la marque d'une action d'éclat, et la plupart portent autant de plumes qu'ils ont tué d'ennemis. Une plume d'Aigle, teinte en rouge, garnie à son extrémité d'une sonnette de crotale, indique un fait honorifique aux yeux seuls des Indiens, un vol de chevaux. Avec ces plumes, les Indiens se font des parures; ils les fixent perpendiculairement, et en une longue série, à une bande d'étoffe rouge, laquelle est attachée à une sorte de bonnet également garni de plumes. Lorsque ce bonnet est sur la tête, la bande rouge avec les plumes d'Aigle forme une sorte de crête, pendant le long du dos jusqu'à terre. Les Indiens Mandans appellent cette parure de grande solennité : *Mahehsi-acoub-haschka;* les guerriers les plus renommés ont seuls le droit de la porter. Elle a une très grande valeur et son propriétaire ne la cèdera que contre un beau cheval. Dans les dessins trop imaginaires de Batlin, les Indiens, à la chasse du bison, sont représentés avec ces parures ; cela est inexact. L'Indien, va à la chasse comme à la guerre, sans parure aucune ; il ne conserve que ses talismans. Un chef renommé portera peut-être sa coiffure de plumes dans une grande bataille, ou dans un duel arrêté à l'avance, jamais à la chasse. »

Au dire de d'Orbigny, les Indiens prennent au nid les petits des Harpies (fig. 78), oiseaux du groupe des Rapaces, les élèvent avec sollicitude dans le but de leur arracher, quand

Fig. 78. — La Harpie féroce.

ils seront adultes, les plumes des ailes et de la queue. Cette opération, renouvelée deux fois l'an, procure à ces peuples des parures dont ils font grand cas, et leur permet d'empenner leurs flèches.

De leur côté, les naturels des îles d'Arou placent sur leurs casques et dans leurs costumes de cérémonie ou de guerre la dépouille si brillante du Manucode, de la Nouvelle-Guinée. « Le Manucode, dit le docteur Chenu, a joué de tout temp, un rôle dans les croyances superstitieuses des peuples d'origine malaise. Les dépouilles portées en panache ou placées sur les armes des guerriers indiens devaient empêcher de faillir un jour de combat. »

Chez les peuples de l'Afrique Centrale. — A la fin de janvier 1875, l'explorateur anglais Stanley se trouvait avec ses compagnons à Vinyata, pays voisin de Souna, dans l'Ourimi, non loin du lac Victoria-Nyanza, lorsqu'apparurent soudain, près de son camp, une centaine de nègres, appartenant aux peuplades avec lesquelles il avait, les jours précédents, fait un commerce d'échange. Ces naturels appelés Ouatourous, qui venaient avec des intentions hostiles, et qui avaient poussé leur cri de guerre, étaient en grand costume de combat, c'est-à-dire tout nus, coiffés de plumes d'Aigles, de Milans et d'Outardes, ou bien de crinières de zèbres et de girafes ; ils tenaient des arcs et des flèches empennées de la main gauche et de la droite brandissaient des lances.

Dans certaines parties du Soudan, les guerriers nègres ornent leurs coiffures des plumes ébarbées de l'Ibis sacré (fig. 79).

En Océanie. — Aux îles Hawaï, les chefs portaient des manteaux magnifiques et des casques à forme grecque, les uns et les autres garnis de plumes rouges et jaunes assorties avec goût. Le roi seul pouvait porter un manteau entièrement à plumes jaunes. Ceux des autres chefs étaient en plumes jaunes et rouges, disposées en figures rhomboïdales, traversées quelquefois par des bandes d'un pourpre sombre ou d'un noir lustré. Les chefs subalternes ou les guerriers célèbres n'avaient droit qu'à l'écharpe à plumes bariolées. Outre le casque et le manteau, les chefs portaient une sorte de hausse-col suspendu au cou par une tresse de cheveux.

Fig. 79 — Ibis sacré.

A Nouka-Hiva, vers 1831, les chefs des guerriers portaient une sorte de casque terminé, sur le devant, par une visière en croissant de trois ou quatre pouces de large. Ce casque, presque entièrement garni de graines éclatantes, était surmonté par un riche cimier de plumes de coq.

En France, au XIIe *siècle.* — Au commencement du XIIe siècle, après que l'arbalète fut apportée d'Asie en Europe, la plupart des villes eurent des Compagnies d'arbalétriers ou cranequiniers. Les flèches dont ils se servaient se nommaient carreaux ou carrelets, et aux termes de l'ordonnance de Charles VII qui organisa, en 1448, l'infanterie des francs-archers, chaque soldat dut porter une trousse de dix-sept carrelets empennés.

Dans l'antiquité, à Rome, au pays de Galles. — L'usage de la plume des oiseaux employée comme ornement guerrier remonte à la plus haute antiquité. A Rome, sur le sommet du casque des soldats prétoriens se dressait une garniture de plumes rigides. Les anciens rois bretons, surtout dans le pays de Galles, portaient, paraît-il, des étendards décorés des plumes blanches de l'Autruche.

La plume au moyen âge. — Quant au rôle qu'a joué la plume au moyen âge, chacun le connaît, plus ou moins, L'usage de porter touffe de plumes sur le casque remonte aux XIVe et XVe siècles. Dès là, le heaume de l'homme d'armes se couvrit de plumes et de pierres précieuses (fig. 80). Pour former les panaches, on employait ordinairement les plumes du coq, d'où le nom de *coquardes* ou cocardes, qui leur fut donné. Cette dénomination est restée au nœud de rubans qui vint remplacer la cocarde primitive. « Les élégants, dit Chéruel, imitaient cette mode militaire dès le XVe siècle et portaient des plumes de coq sur leur bonnet. Aussi, Alain Chartier, contemporain de Charles VII, les appelait-il : veaux coquarts. »

FIG. 80. — Casque du XIVe siècle [1].

Après la bataille de Poitiers, en 1356, la populace malmena fort les nobles chevaliers qui revenaient battus, piteux et déconfits : « Les voilà, ces beaux fils, qui mieux aiment porter perles et pierreries sur leurs chaperons, riches orfèvreries à leurs ceintures et plumes d'Autruche au chapeau, que glaives et lances au poing. » Ainsi parlait-on

[1] Figure empruntée au *Dictionnaire des Institutions et coutumes* de Chéruel, t. I, p. 41, art. ARMES. Librairie Hachette.

irrévérencieusement de nos chevaliers après ce désastreux combat.

Brantôme dit au sujet d'un colonel des légionnaires de Champagne : « Je l'ai vu, en l'âge de quatre-vingts ans s'habiller aussi proprement et gentiment qu'on eût vu jeune gentilhomme à la cour, et toujours son chapeau et bonnet couverts de plumes très belles, et disait ce bonhomme que cela sentait encore sa vieille guerre et le vieux temps, qu'il était aventurier de là les monts. »

Le 14 septembre 1590, à la journée d'Ivry, Henri IV criait aux siens : « Si vous perdez vos enseignes, ralliez-vous à mon panache blanc, vous le trouverez toujours au chemin de l'honneur et de la gloire. »

La plume dans les armées contemporaines. — Cette mode du panache dura dans les armées jusqu'à la suppression des armures de fer ; et bien que l'on trouve encore, bien plus près de nous, la plume au chapeau des soldats de nos rois ; on peut dire qu'il y a déjà bien longtemps que le panache, en France, a cédé la place au plumet.

Dans les armées contemporaines des différents pays, la plume des oiseaux continue à orner les coiffures des militaires. Sans parler des troupes étrangères et sans nous arrêter aux énormes plumets des soldats français du premier Empire, disons qu'aujourd'hui même, nos cuirassiers et nos dragons, nos élèves de Saint-Cyr et nos officiers d'état-major portent, en grande tenue, plumes de coq à la coiffure. Pour les colonels de nos régiments de toutes armes, la houppe de plumes d'aigrette, remplace le plumet ou le panache de plumes de coq, et les chapeaux de nos généraux sont ornés d'une garniture de courtes plumes d'Autruche blanches ou noires, suivant qu'ils exercent un commandement ou qu'ils n'en sont point pourvus.

Usage particulier de la plume chez les Arabes. — Nous avons lu quelque part que la peau de l'Autruche, encore garnie de ses plumes, servait de cuirasse aux Arabes. Mais, il est difficile de s'imaginer qu'une peau qui est épaisse, tout au plus, comme celle d'un bouc ou d'un veau, ait jamais pu être, même recouverte de ses plumes, d'un grand secours pour garder des coups et des blessures, celui qui s'en revêt.

La plume appliquée au transport des dépêches. — Enfin, quel est celui de nos compatriotes, touchant à la quarantaine ou l'ayant dépassée, qui ne se rappelle, avec un sentiment de tristesse, mêlé d'attendrissement, le rôle qu'ont joué, en 1870-1871, les Pigeons voyageurs, pendant l'investissement de nos places fortes. Tous ceux d'entre nous qui avaient au dehors quelqu'un de ces êtres chéris, dont les nécessités de la guerre vous séparent si souvent pour jamais, ont confié, au moins une fois, à un tube de plume, fixé aux pennes d'un oiseau, le secret de leurs affections, l'expression de leurs espérances et de leurs douleurs. Encore aujourd'hui, le tuyau de plume des mauvais jours est employé dans nos colombiers militaires; et c'est dans ces mêmes gaines que les messagers ailés de l'avenir apporteront le récit de nos souffrances et de nos luttes pour la Patrie, et, s'il plaît à Dieu, la nouvelle du triomphe de nos armes.

CHAPITRE III

USAGE DE LA PLUME DANS LES JOUETS, DANS LA PARURE ET DANS L'HABILLEMENT

La plume dans les jouets. — Il n'est point nécessaire de nous étendre beaucoup sur ce côté de la question; l'emploi de la plume des oiseaux pour la fabrication des jouets nous a été révélé dès le jeune âge. Qui n'a possédé, dans son enfance, une de ces arches de Noé qui contenaient, par paire, les animaux les plus connus, grossièrement taillés dans un morceau de bois? Qui n'a dressé sur leurs pattes de laiton, dans une basse-cour artificielle, ces poules, ces coqs, ces dindons, ces canards, dont le plumage bariolé, figuré par à peu près, au moyen de quelques bribes de plumes de volaille, était fixé, à la colle-forte, sur un corps de sapin façonné au couteau? Et les beaux perroquets suspendus à un brin de caoutchouc, tenu à la main qui, à la moindre impulsion, descendaient docilement jusqu'à terre, pour remonter, d'un bond, comme ayant pris leur vol; et les coquettes mules espagnoles avec leurs sonnettes et leurs panaches; et les fastueux personnages de nos petits théâtres, ces princes charmants, ces reines de carton aux riches coiffures, relevées de plumes de couleurs; et ces magnifiques poupées costumées en dames d'atours; et les superbes soldats coiffés de chapeaux à larges bords, couverts d'énormes plumets et de gigantesques panaches. Qui de nous n'a eu quelqu'un de ces carquois de bazar rempli de flèches empennées à la manière antique, ou bien une paire de raquettes et une série de volants. Qui n'a guigné aux étalages des marchands de joujoux, une de ces raretés si coûteuses et si vite cassées, étrennes destinées à faire la joie des enfants et, dit-on, à assurer la tranquillité des parents? La plume appliquée aux jouets nous est donc bien connue. Il n'y a pas lieu d'y insister davantage.

Usage de la plume dans la parure et dans l'habillement. — Les personnes qui n'ont fait que visiter le Musée ethnographique établi depuis quelques années à Paris, aux Invalides, ne peuvent avoir qu'une idée fort imparfaite des usages si multiples que les représentants des divers peuples ont fait de la plume dans la coiffure et dans le vêtement. Il se rencontre là, sans doute, une collection de spécimens très curieux et parfaitement authentiques, mais ces spécimens sont en trop petit nombre, et ils ne sauraient, en raison de cela, faire concevoir l'infinie variété des costumes emplumés dont les voyageurs nous font la description.

A la Nouvelle-Zélande. — Lors du voyage que fit Dumont-d'Urville à bord de la corvette l'*Astrolabe*, de 1826 à 1829, cet officier toucha à la Nouvelle-Zélande et entra en relations avec les naturels. Il rapporte que, dans les occasions solennelles, dans les fêtes, lorsqu'ils reçoivent des étrangers de distinction, les Nouveaux-Zélandais portent des nattes d'un fin tissu, tantôt d'une blancheur éclatante, avec des bordures élégantes et variées, tantôt couvertes de dessins sur toute leur surface, tantôt enfin garnies de plumes d'oiseaux. Ils vont généralement nu-tête et nu-pieds. Les chefs relèvent leurs cheveux vers le sommet de la tête et les réunissent en une touffe dans laquelle ils plantent trois ou quatre plumes[1].

En Afrique. — Dans le cours de son premier voyage dans l'Afrique Australe (1840-1856) le Dr Livingstone, arrivé au pays de Balonda, sur les bords du lac Ngami, fut mis en présence de la reine de cette contrée, elle portait le nom de Manenko et avait pour tout costume une couche d'ocre et de graisse destinée à protéger son corps de la chaleur. Elle engagea le célèbre voyageur et ses compagnons à se rendre auprès du chef du pays, son oncle Shinté, qui habitait au village du même nom et s'offrit à leur servir de guide. Shinté reçut la mission, à l'ombre de deux banians, près desquels on avait placé, à son intention, une manière de trône recouvert d'une peau de léopard. Il portait une chemise à carreaux et un jupon de laine rouge bordé de vert; aux bras et aux jambes de nombreux bracelets, et sur la tête une espèce de casque de perles surmonté de larges plume d'oie. Chez le chef voisin, du nom de Katerna, Liwingston est reçu

1. Dumont d'Urville, *Voyage de la corvette « l'Astrolabe »* pendant les années 1826 à 1829, Paris, 1832-1838.

FIG. 81. — Magicien du Congo, écartant les sortilèges.

avec le même cérémonial. Katerna était vêtu d'un habit couleur tabac et couronné d'un casque de perles et de plumes.

Paul du Chaillu, qui fit de 1856 à 1859 un voyage dans l'Afrique occidentale, raconte que chez les Fans, tribu cannibale, fixée sur le cours du fleuve Muni, lorsqu'un mariage est sur le point de se conclure, les amis des fiancés emploient plusieurs jours à se procurer et à amasser de grandes provisions de vivres, surtout de la chair d'éléphant fumée et du vin de palmier. Alors, le village est assemblé, la fille adjugée par son père au mari qui porte pour la circonstance une coiffure de plumes éclatantes [1].

J.-B. de Brazza nous raconte que les nègres du Haut-Ogôoué ont des pratiques religieuses qui varient selon les cas. Pour écarter les sortilèges les sorciers du Congo, bizarrement accoutrés, la tête ceinte d'un diadème de plumes, exécutent une danse échevelée (fig. 81) [2].

Sir Samuel Baker, dans l'Afrique orientale, près de Tarangollé, capitale du Latouka, au mois de mars 1863, eut le loisir d'étudier les mœurs, les coutumes et le costume des naturels [3]. La coiffure notamment est là une véritable science et l'on est étonné d'apprendre qu'il ne faut pas moins de huit ou dix ans pour tresser d'une manière définitive la chevelure d'un Latouka. Les Latoukas, en effet, portent des casques du travail le plus exquis, entièrement faits de leurs propres cheveux et, par conséquent, fixés sur la tête. Les cheveux, crépus et épais, sont entrelacés avec une espèce de ficelle faite de l'écorce d'un arbre, le tout formant un épais réseau de fourrure. A mesure que les cheveux poussent à travers cette natte, ils sont arrangés de la même façon, jusqu'à ce que, au bout d'un certain nombre d'années, le sommet de la tête se

[1] Paul du Chaillu, *Voyage et aventures dans l'Afrique équatoriale*, édition française, Paris, 1862.

[2] Verneau, *Les races humaines*, Paris, 1891.

[3] S. Baker, *Voyage dans le sud-ouest de l'Afrique.*

trouve surmonté d'une sorte de feutre, d'un pouce et demi d'épaisseur, de la forme d'un casque. On fabrique alors un rebord solide de deux pouces, en cousant les cheveux avec du fil; puis le devant du casque est protégé par un morceau de cuivre poli, tandis qu'une seconde pièce du même métal, ressemblant à la moitié d'une mitre d'évêque et longue d'environ un pied, forme le haut. Quand le casque est ainsi terminé, on l'embellit de verroteries, de porcelaines rouges et bleues, grosses comme des petits pois, de coquilles de cauris, et tout en haut est piquée une belle plume d'Autruche.

Chez les Achantis, voisins du territoire de Dahomey, le costume d'un chef consiste en plumes d'Aigle qui surmontent un casque, formé de cornes de cerf dorées, et retenu sous le menton par une courroie recouverte de coquillages.

En Océanie. — Lors de la visite faite, ces années dernières, par l'aviso français le *Segond*, à l'archipel des Nouvelles-Hébrides, le lieutenant Roberjot alla toucher terre à Ambrym, puis à la grande île de Spiritu-Santo. De nombreux naturels l'entourèrent bientôt. Les hommes, rapporte cet officier, ont des cheveux très laineux et fort courts; leur barbe est peu fournie. Leur costume se compose d'une ceinture en paille tressée servant à maintenir, par devant une petite étoffe et, par derrière, des bouquets de feuilles; quelques uns ont dans les cheveux des aigrettes de plumes de coq découpées en dents de scie.

Chapeau arabe. — De leur côté, les Arabes qui ne vendent pas les plumes récoltées sur les Autruches qu'ils ont capturées à la chasse, s'en servent pour se fabriquer des chapeaux dont ils se parent dans les grandes solennités. Ces chapeaux ont les dimensions et la forme des anciens bonnets à poils des sapeurs. Pour traverser le désert, les Arabes emploient des coiffures d'une forme différente : « Au moment du départ, dit M. le baron d'Hamonville, le chef Arabe qui m'avait escorté la veille (à une chasse aux Autruches organisée par le commandant Margueritte) m'offrit, comme trophée, deux immenses chapeaux de paille d'alfa, semblables à ceux des voyageurs du Sud. Ils avaient 28 centimètres de hauteur de coiffe et 60 de diamètre, et étaient entièrement revêtus de plumes noires de notre Autruche. On les porte par dessus le fez et le turban, et cette coiffure, très légère, malgré sa grande taille, est extrêmement agréable; le mouvement du cheval agite les plumes, dont elle est recouverte, et répand ainsi autour du cavalier une fraîcheur inappréciable [1]. »

Dans les pays limitrophes de la Chine et de la Russie. — Les Kirghises, paraît-il, chassent avec ardeur les Anthropoïdes demoiselles (fig. 82), espèces de grues, connues par les anciens, sous le nom de demoiselles de Numidie. Ces beaux oiseaux sont d'un gris de plomb clair; avec les joues, le devant du cou et les longues plumes qui forment jabot d'un beau noir lustré. Dans les localités où ces oiseaux sont rares, ils n'en donnent qu'une en échange de cinq moutons ou d'une jument; les plumes noires de la gorge leur servent d'ornements, ils dépouillent le cou de deux demoiselles, font sécher la peau sur des bâtons, puis la fixent sur leur coiffure, comme deux cornes.

Coiffure des danseuses javanaises. — Nous rappelons, pour mémoire, car tout le monde la connait pour l'avoir vue, au moins figurée en gravure, la coiffure des danseuses javanaises, qui furent un des attraits de l'Exposition universelle de Paris, en 1889. Cette coiffure, qui avait l'apparence d'un casque à visière relevée, était ornée de plumes noires, agencées en éventail, de l'effet le plus gracieux.

Plumes d'Aigrette et de Héron. — Parmi les nombreux oiseaux dont on a, de tout temps, employé les plumes à la

[1] Baron d'Hamonville, *La vie des oiseaux, scènes d'après nature*, Paris, J.-B. Baillière (Bibliothèque scientifique contemporaine).

Fig. 82. — Anthropoïde demoiselle.

parure, l'Aigrette et le Héron occupent une place importante; ces plumes longues et effilées qui recouvrent, à certaines époques, la partie postérieure du dos de deux espèces de Héron, ont été recherchées, aussi bien en Europe qu'en Asie, pour l'ornement des casques et des costumes. L'usage en a été surtout répandu parmi les nations qui portaient le turban et le bonnet, les Turcs, les Perses et les Polonais, par exemple.

Plumes du plongeon Imbrim et de l'Eider. — Au nord de la Sibérie, entre la rivière Obi et l'Irtiche, chez les Barabintzis, c'est la dépouille du plongeon *Imbrim* qui est mise en œuvre. Les Barabintzis tannent la peau de cet oiseau et la préparent de façon à en conserver le duvet. Ces peaux cousues ensemble sont vendues pour faire des pelisses et des bonnets, vêtements chauds, solides, qui ne prennent jamais l'humidité. Les Groenlandais s'en parent et les sauvages de la baie d'Hudson se couronnent des plumes de l'oiseau. Regnard raconte que les Indigènes se couvraient la tête d'un capuchon fait avec la peau du Loon (plongeon) et qu'ils plaçaient de façon à ce que la tête de l'oiseau tombât sur leur front et que leurs oreilles fussent couvertes par les ailes.

Une partie des peaux des Eiders, tués dans le nord de l'Amérique, est exportée en Chine, où elles sont fort recherchées et se vendent très cher comme fourrure.

Plumes de Perroquet. — Différentes espèces de Perroquets payent leur tribut à la parure et à la mode, tant en Europe que dans les autres pays du monde. Plusieurs des peuples indigènes du Brésil qui se sont distingués particulièrement dans l'art de travailler habilement les plumes ont eu, jadis, la réputation usurpée de savoir teindre les plumes de Perroquet avec du sang de grenouille. Aujourd'hui encore dans certaines parties de l'Australie, les Loriquets sont très recherchés par les Indigènes qui en ramassent les têtes et s'en font des colliers, dont ils se parent.

On emploie les plumes de certains Perroquets à divers usages. « Tout chasseur, dit le prince de Wied, qui a tué un Ara, met à son chapeau les plumes bleues et rouges des ailes et de la queue. Les Brésiliens utilisent les pennes des ailes pour écrire ; les sauvages en font des ornements. Avec les rémiges ils empennent leurs flèches, avec les plumes, ils font des parures dont beaucoup d'entre eux se revêtent encore. Autrefois les tribus un peu civilisées du Lingoageral fabriquaient de pareilles parures, qu'ils conservaient dans des boîtes fermées avec de la cire. Les Toupinambes de la côte orientale, qui habitent le pays que j'ai parcouru, commencent d'une manière cérémonieuse la fête qu'ils doivent terminer en tuant et en mangeant un ennemi fait prisonnier de guerre. Le bourreau, celui qui porte la massue, est enduit d'une couche de gomme, sur laquelle on fixe de petites plumes d'Ara, et sa tête est ornée d'un diadème fait des plumes de la queue du même oiseau. Chez eux, des plumes d'Ara sont le symbole de la guerre. Encore aujourd'hui, ils recherchent ces parures, dont les jésuites n'ont pu déshabituer qu'à grand peine les tribus maintenant civilisées. »

Parures de plumes chez les anciens Mexicains. — Avant la conquête du Mexique, sous les Aztèques, les Trogonidés étaient beaucoup chassés pour l'éclat de leurs dépouilles. Dans un ancien manuscrit mexicain, qui donne la liste des oiseaux que les Indiens envoyaient en tribut à Montézuma, et dont les plumes servaient à la fabrication des manteaux célèbres que le prince et les grands de l'empire révêtaient aux cérémonies, H. de Saussure a vu figurer, en tête de la liste, le Quetzaltotol, évidemment un Trogonidé, attendu qu'aujourd'hui encore les Mexicains donnent le nom de Quexale au Calure resplendissant [1]. Les plumes du Calure

[1] Henri de Saussure, *Mémoires pour servir à l'histoire naturelle du Mexique*, Genève.

resplendissant étaient mises au même rang que les pierres précieuses les plus recherchées. Ainsi le roi Huemac, dont le trône était menacé, rencontrant le dieu Tlaloc dans la profondeur des forêts, lui adresse l'invocation suivante : « O dieu, conserve-moi mes trésors, mes émeraudes et mes plumes de Quetzal. » Longtemps avant l'ère des Aztèques, chez les anciens Toltèques, les plumes de Calure servaient à la parure des princes et l'oiseau était le symbole de la majesté royale.

Les indigènes de l'Amérique confectionnent des parures avec les belles plumes des Toucans ; ils emploient surtout à cet usage la poitrine dont la couleur est orange.

Schomburgk[1] nous apprend à quel usage les naturels emploient les plumes de cet oiseau. Il décrit une rencontre qu'il fit de Maionkongs et ajoute : « Ils ont la tête ornée avec beaucoup de goût de parures faites des plumes rouges et jaunes que les Toucans ont à la naissance de la queue. » Outre les Maiongkongs, les Guinans, les Maupes et les Panixanas font avec ces plumes, non seulement des coiffures, mais encore de véritables manteaux.

Manteau de plumes d'oiseaux. — En 1876, parmi les produits qui devaient être envoyés à l'exposition de Philadelphie, les journaux ont signalé un manteau en plumes d'oiseaux fabriqué dans l'archipel d'Hawaï ou des îles Sandwich, capitale Honolulu, et qui devait servir comme spécimen de l'industrie des Insulaires. L'on trouve des détails curieux sur ce vêtement royal dans un travail qui a été publié par M. Ferdinand Denis[2]. A Honolulu, les deux oiseaux dont le plumage brillant s'emploie le plus fréquemment pour la texture des riches manteaux des rois et des princes, sont l'Ivi et l'Oo. L'Oo est, paraît-il, un oiseau d'un beau noir,

[1] R. H. Schomburgk, *Reisen in Guiana und am Orinoko während der Jahre*, 1835-1839. Leipzig.

[2] Ferdinand Denis, *De arte plumaria*, Paris, 1875.

portant près des épaules quelques plumes jaunes qui ont infiniment de valeur. Les plumes de ces volatiles sont recherchées, comme en Europe les pierres les plus précieuses. Déjà, on en avait confectionné un vêtement royal qu'on avait offert, en 1874, à Rio de Janeiro, à dom Pedro Ier, au prix de 30.000 francs; mais, la nouvelle parure était bien plus splendide et d'un prix beaucoup plus élevé. C'est un manteau royal fait des plumes jaunes de l'Oo, artistement fixées sur une trame à mailles très serrées, manteau dont la fabrication a, pendant sept règnes consécutifs, occupé un grand nombre d'artisans et dont le prix serait de cinq millions de francs. Ce chiffre est sans doute exagéré, et, comme le dit fort justement M. F. Denis [1], un objet valant cinq millions aux yeux d'un Hawaïen ne serait probablement pas coté à ce prix sur les marchés de Paris et de Londres.

Cette industrie de la plume existe aux îles Hawaï depuis plusieurs siècles.

Lorsque, le 17 janvier 1779, Cook, commandant la *Découverte* et la *Résolution*, parut pour la seconde fois devant les îles Sandwich, il y fut de la part des naturels, l'objet d'une ovation particulière. Il fut pris pour le dieu Rono, lui-même; on lui rendit donc des honneurs divins, et, dans les temples, on fit des sacrifices. Devant lui, on apporta les idoles, sorte de mannequins d'osier, parés d'étoffes rouges et garnis de plumes bariolées comme les manteaux des grands. Quand le roi Taraï-Opou alla lui rendre visite, il plaça d'une façon gracieuse son propre manteau sur les épaules de l'Anglais, le coiffa d'un casque en plumes, lui mit un éventail dans les mains, et finit par étendre à ses pieds six manteaux du plus grand prix.

Parures diverses. — En 1793, l'Anglais Vancouver,

[1] Ferdinand Denis, *De arte plumaria. Les plumes, leurs usages*, etc. Paris, 1875.

abordait à Hawaï et l'on donnait, en son honneur les fêtes les plus brillantes; il y eut des bals et des représentations héroïques. La première pièce que l'on joua devant les Anglais n'avait qu'un seul acteur, c'était une femme. Autour de sa tête et de son cou ondoyaient des plumes noires, jaunes et rouges.

Jacques Arago, dessinateur de l'expédition faite par la corvette française *l'Uranie*, commandant Freycinet aborda le 8 août 1819 dans la baie de To-wai-haï, il fut reçu, avec quelques officiers du bord, par le roi d'Hawaï qu'ils trouvèrent vêtu de l'uniforme d'un colonel de hussards, et coiffé d'un chapeau de maréchal de France. Arago le dessina avec sa femme, et joignit au tableau ses principaux officiers, ainsi que les deux gardes à manteaux de plumes qui, le sabre nu, semblaient prêts à le défendre. A Hawaï les dames d'un certain rang portaient sur leur tête des couronnes avec plumes jaunes, rouges et noires entremêlées de fruits de Pandanus, ou bien des guirlandes de fleurs choisies parmi les plus éclatantes de l'ile. Outre les divers ornements usités, tels que bracelets, jarretières en fleurs, coquillages, dents de cochons, couronnes; les compagnons de Cook citent une petite parure nommée *raï* qui se portait au cou et dans les cheveux. C'était une sorte de petite palatine circulaire, de l'épaisseur d'un doigt, espèce de fraise plate, en petites plumes, tressées si près les unes des autres, qu'elles offraient l'uni et le brillant du velours. Le fond rouge était marqueté de bandes jaunes et noires. Enfin, on trouve dans Cook, le portrait d'un insulaire, espèce de danseur grotesque qui tient, de la main droite, une sorte d'instrument orné de plumes, qui porte au cou un collier d'algues marines et aux jambes des bracelets garnis de dents de chien (fig. 83).

A Nouka-Hiva, en 1831, les voyageurs nous dépeignent le régent Haape, dans son costume de parade; il est coiffé

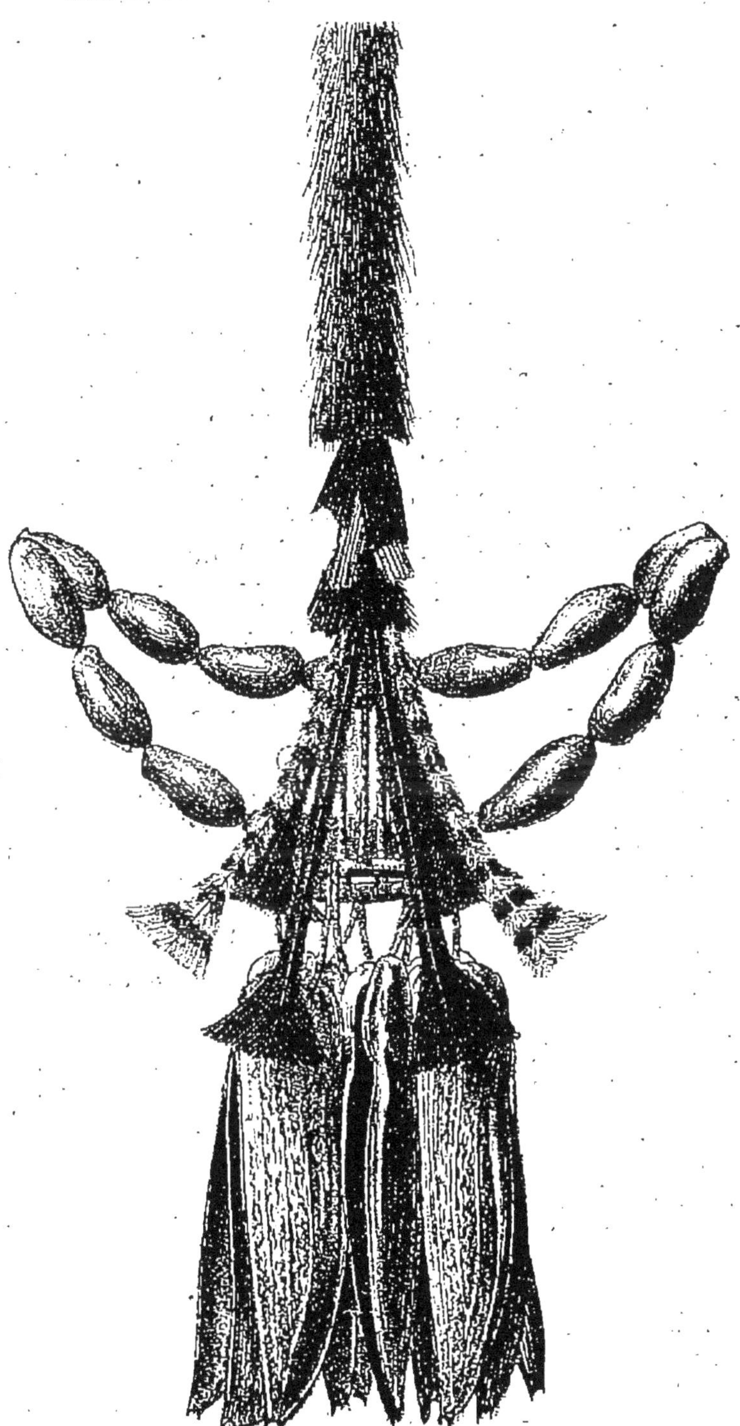

FIG. 83. — Pendeloque de boucles d'oreilles.

d'une sorte de casque en plumes de Phaéton, entremêlé de plumes d'autres oiseaux, le tout arrangé et travaillé avec le plus grand goût.

Les habitants de plusieurs des îles de l'Océan pacifique du sud se parent encore maintenant, des longues pennes de la queue du Phaéton à queue rouge. Comme il leur est très difficile de se procurer ces plumes qu'ils estiment beaucoup, ils ont découvert un moyen très ingénieux pour s'en emparer. Ils attendent la saison de la ponte, s'emparent alors des Phaétons dans leur nid, leur arrachent les plumes, puis leur rendent la liberté. C'est absolument le même procédé qu'emploient les Européens de l'île Maurice.

La mosaïque en plumes. — L'art de la mosaïque en plumes, si pratiqué par les anciens Mexicains, loin d'être perdu de nos jours, brille encore d'un vif éclat dans certains pays où la matière première est abondante. Le Brésil a continué, sous ce rapport, les traditions du Mexique. Il n'est pas de pays où la faune ornithologique soit plus riche et où les oiseaux soient, en aussi grand nombre parés de couleurs éclatantes [1]. Aujourd'hui, ce sont principalement les religieuses du couvent de la Soledade, près de Bahia ou San-Salvador, qui exercent l'industrie de la parure en plumes. Ces religieuses, de l'ordre des Ursulines, sont cloîtrées. La matière première leur est fournie par des chasseurs qui, journellement, leur apportent les superbes dépouilles d'oiseaux splendides et même des oiseaux vivants. A l'exemple des souverains de Mexico et de Tezcuco qui possédaient de magnifiques volières, où l'élevage des oiseaux, dont le plumage était affecté à la parure, se faisait en grand,

[1] Voy. Descourtilz, *Ornithologie brésilienne, ou histoire naturelle des oiseaux du Brésil, remarquables par leur plumage, leur chant, et leurs habitudes*, Rio de Janeiro, 1854-1856, in-fol. avec planches coloriées.

les religieuses dont nous venons de parler, élèvent elles-mêmes de brillants volatiles, dont les plumages variés sont soumis à une exploitation régulière et à des coupes réglées qui viennent grossir le trésor qu'on tient en réserve dans la maison. Ces oiseaux dépouillés momentanément de leur étincelante parure sont l'objet de mille soins délicats de la part des religieuses de la Soledade, qui les couvrent notamment de coquets caparaçons d'étoffe pour les préserver des refroidissements.

Fleurs en plumes. — Bien que les religieuses de la Soledade aient, paraît-il, renoncé depuis quelque temps, à faire des élèves, leur art n'a pas laissé que de se propager. A Sainte-Catherine et à Rio-de-Janeiro, il est cultivé avec succès. En cette dernière ville, il existe des ateliers de fleurs faites en plumes, qui imitent exactement les fleurs naturelles. A côté de ces imitations de la nature, viennent se placer les mille fleurs bizarres inventées par le caprice et la fantaisie des fabricants. Celles de ces dernières qui semblent jeter des lueurs phosphorescentes sont faites des plumes changeantes des Colibris, auxquelles viennent parfois se mêler les ailes éclatantes de certains insectes.

La Guyane qui, en 1873, envoya beaucoup de plumes et de peaux d'oiseaux à l'Exposition de Vienne, exposa également des fleurs en plumes d'une remarquable beauté et d'un grand fini.

On rapporte que, dans les forêts du Brésil, le corps entier des Oiseaux-Mouches, desséché et revêtu de ses plumes servait de parure aux jeunes Machakerlis. Elles s'en formaient des bandeaux ou les suspendaien à leurs oreilles, comme autant de saphirs, d'émeraudes et de topazes. Ces plumes aux nuances métalliques composées de petites facettes, sur lesquelles venaient scintiller les feux de la lumière, égalaient en éclat les pierres précieuses les mieux taillées. Dans le reste de leur costume figuraient quelques grandes plumes d'aras rouges ou bleues, et souvent leurs cheveux étaient retenus par une guirlande de fleurs d'héliconia.

Aux îles Célèbes, le costume national des naturels consistait en un pagne élégant de soie chamarrée. Leur front était ceint d'une sorte de turban que surmontait un oiseau de paradis. En France, le Chapel de paon, sorte de chapeau ou de bonnet surmonté d'une plume de Paon était au moyen âge d'un usage très commun. Jadis, les plumes de ces oiseaux servaient aux arts ; on en faisait des espèces d'éventails et des couronnes. Celles-ci servaient à orner le front des poètes troubadours. Les anciens ducs d'Autriche portaient une queue de paon pour crinière. « Gesner, dit Guéneau de Montbéliard, a vu une étoffe dont la chaîne était de soie et de fil d'or, et la trame de plumes de Paon. Tel était, sans doute, ajouta-t-il, le manteau tissu de plumes de cet oiseau qu'envoya le pape Paul III au roi Pépin. »

Du XIe au XIIIe siècle, les femmes portèrent la capeline, elle était tantôt de velours, tantôt de paille, doublée de satin et ornée de plumes. Au XVIe siècle ce fut le tour de la toque, sur laquelle flottait une plume et qu'ornaient des perles et des diamants.

Dans les mémoires de Montluc, qui datent de 1555, on trouve la phrase suivante : « J'avais un chapeau de soie grise fait à l'allemande avec un grand cordon d'argent et des plumes d'aigrette bien argentées. » Au XVIIe siècle, du temps de Louis XIII et de Louis XIV, les chapeaux étaient brodés et surmontés d'une plume. Certains bouquets de plumes coûtaient jusqu'à 1200 francs et le *Bourgeois Gentilhomme* avait chez son plumassier une note de 1832 livres. On avait, dit Voltaire, une espèce de rabat à dentelles et un chapeau orné de deux rangs de plumes. Ces tours de plumes continuèrent jusqu'à 1700 à orner les chapeaux des hommes ; à dater de cette époque, on vit ces chapeaux se déplumer subitement et devenir aussi petits qu'ils avaient été grands. Ce qu'avaient abandonné les hommes, les femmes le reprirent, on peut dire, avec fureur. Les plumes firent rage ; on en mit partout, dans les cheveux, sur les bonnets. Il en figura trois dans la coiffure à la *Qu'es aco ;* dix dans la coiffure à la Minerve; celles-ci étaient des plumes d'Autruche mouchetées d'yeux de Paon. En 1778, une comédie fut jouée sous le titre suivant : *Les Panaches ou les Coiffures à la mode ;* elle montre jusqu'où fut poussée, à cette époque, la folie dans ce genre de luxe. Ne sait-on pas que Marie-Antoinette (fig. 84 [1]), pour se rendre à un bal donné par le duc d'Orléans, dut se faire ôter son panache, afin de pouvoir monter en carosse; il fallut le lui remettre quand elle en descendit.

FIG. 84. — Marie Antoinette, par Vigée Lebrun.

Aujourd'hui, les plumes ne restent pas cantonnées dans la coiffure; on les trouve dans les manchons et dans les boas ; dans les camails, les palatines, les colliers, les fourrures, garnitures et passementeries des robes et manteaux ; dans les costumes de ville, de bal et de théâtre.

Plumes de fantaisie. — Pour les plumes de fantaisie, on dépouille les oiseaux exotiques et les oiseaux indigènes ; on emploie leurs plumes au naturel ou après les avoir sophistiquées; on utilise ces volatiles en entier ou l'on ne prend d'eux que les parties les plus remarquables par le coloris, la grâce et la bizarrerie. Les Paons, les Tétras, les Grèbes, les Ibis, les Toucans, les Argus, les Pélicans, les Cigognes, les

1 Figure empruntée à Charles Blanc, *L'Art dans la parure et le vêtement*, Paris, Henri Laurens, éditeur.

Fig. 85.

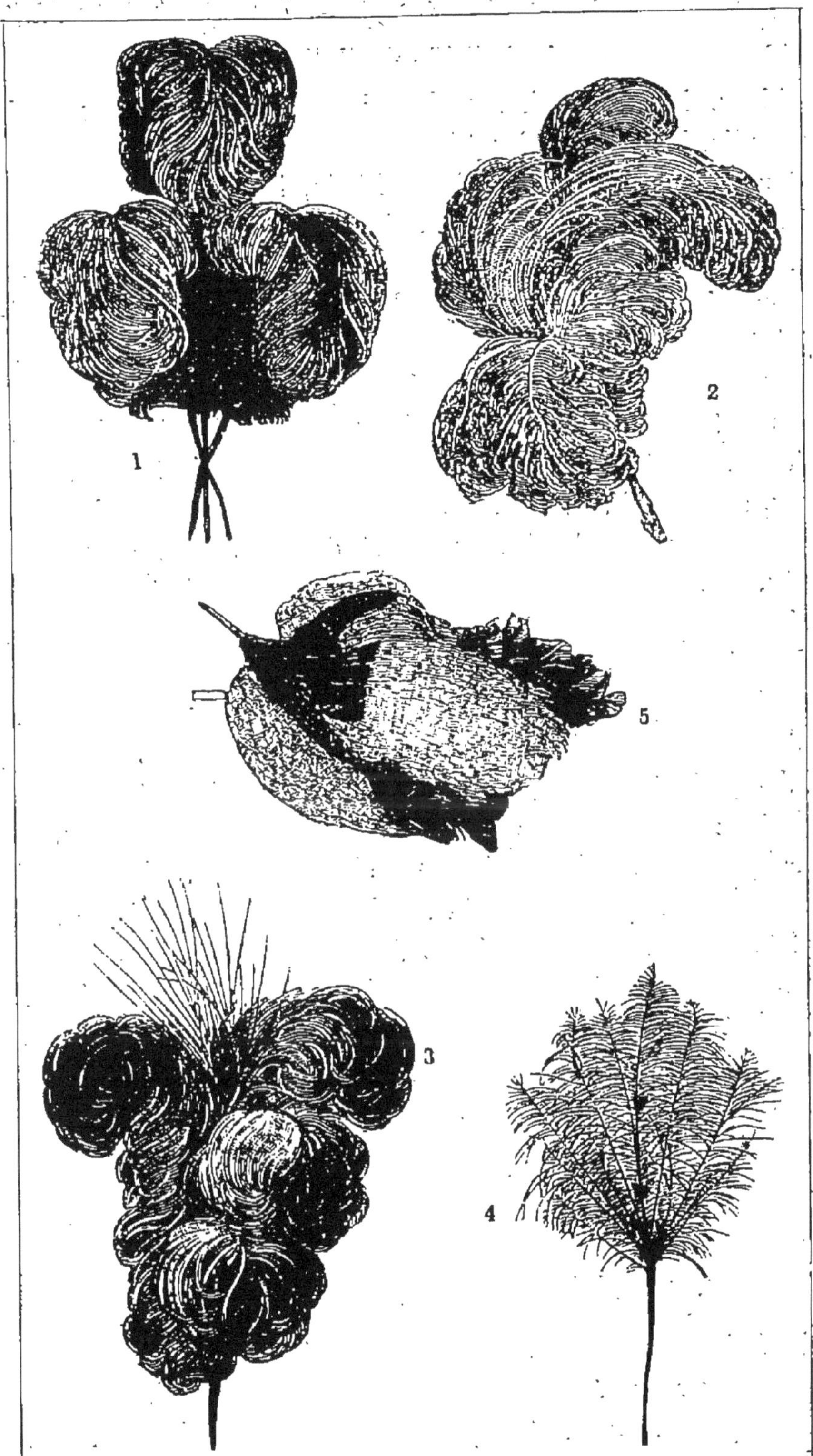

Fig. 86.

Eiders, les Lophophores, les Perroquets, les Oiseaux de paradis, les Hérons, les Aigrettes, les Martins-Pêcheurs, les Couroucous, les Faisans, les Colibris, les Canards sauvages, les Oies, les Pintades et bien d'autres, sont impitoyablement sacrifiés ou plumés, pour nous chauffer de leur duvet ou nous décorer de leurs plumes les plus belles. Les figures ci-jointes montrent les dispositions que la fantaisie donne aux plumes pour la parure (fig. 85 et 86).

C'est ainsi que l'on trouve dans nos grands magasins pour l'ornementation des chapeaux, des panaches de toutes nuances, en beau duvet (fig. 86, n° 1), des poufs composés d'une amazone, d'une demi-amazone et de trois têtes de plumes (fig. 86, n° 2), d'autres poufs en plume d'Autruche avec aigrette (fig. 86, n° 3); des crêtes de Gouras pour mélanger dans les nœuds de ruban (fig. 86, n° 4); des objets de fantaisie pour parure composés d'une palmette de Grèbe, d'ailes d'Alouettes et de Lophophore et d'une Aigrette (fig. 85, n° 4). N'emploie-t-on pas pour la mode le Sansonnet aux teintes modestes; on le trousse en entier, le pauvre oiseau (fig. 85, n° 5). Ici on marie le Héron avec le Calfat (fig. 85, n° 3); là, on associe le plumage de la Pie à celui du Lophophore et du Colibri (fig. 86 n° 5). Enfin, l'on dispose sur les chapeaux les plumes fourchues de la queue du Tétras (fig. 85, n°s 1 et 2). Il n'est pas jusqu'aux Coqs de nos basses-cours qui ne fournissent à la mode quelque partie de leur dépouille ; il n'est pas jusqu'aux Hirondelles, oiseaux jusqu'ici révérés, qui ne soient décimées par milliers pour satisfaire aux exigences de la parure. Ici ce sont des plumes que l'on teint, là des plumes que l'on frise ; d'autres fois on les tisse pour en fabriquer un genre spécial d'étoffe. On les baptise de noms divers qui font perdre la trace de leur origine; on fait passer les plumes de l'Oie pour celles du Cygne ; on désigne sous le nom de *plumes de Vautours* le plumage de l'Autruche d'Amérique ; on appelle *marabout* la plume de la Cigogne à sac et faux-marabout celle du Dinde blanc. Malgré ces supercheries connues et ces désignations mensongères, de quelque nom qu'on les décore et de quelque pays qu'elles viennent, les plumes de parure trouvent preneurs. Vendeurs et acheteurs sont satisfaits ; et il n'est guère que les pauvres bêtes qui fournissent la matière première qui n'y trouvent pas leur compte ; ayant, au contraire, tout à y perdre.

IV

USAGE DE LA PLUME DANS L'ORNEMENTATION DES OBJETS MOBILIERS, DES APPARTEMENTS ET DES ÉDIFICES. SON USAGE DANS LE MÉNAGE.

CHAPITRE PREMIER

En dehors de son application aux costumes, la plume a été utilisée pour l'ornementation de différents objets mobiliers, pour la décoration des appartements et des édifices, et aussi employée comme accessoire du ménage.

Embarcations ornées de plumes. — Sur les bords du lac Nyanza, en 1862, le capitaine Speke, accompagnant le roi Mtesa et sa suite à une chasse à l'hippopotame, s'embarqua sur un bâtiment peint en rouge avec de l'argile, et décoré à son sommet d'une paire de cornes d'antilope, entre lesquelles une touffe de plumes se trouvait piquée, comme sur un bonnet de grenadier[1].

En Océanie, les naturels des îles Harvey montaient des pirogues délicatement sculptées qui étalaient au dehors

[1] Speke, *Les sources du Nil*, ouvrage traduit de l'anglais par C. Forgues, 3e édition, Paris Hachette.

une ceinture de plumes blanches pendant à l'avant et à l'arrière.

Les bâtons ornés de plumes des naturels des îles Pomotou. — Dans l'archipel des Pomotou, lorsque Beechey aborda à l'îlot de Queen-Charlotte, en 1826, il put faire quelques échanges avec les naturels. Pour quelques morceaux de fer, les sauvages lui auraient donné toute leur île, à l'exception pourtant de quelques bâtons surmontés d'une touffe de plumes, objet qui semblait avoir pour eux un inestimable prix.

Les tentes des Ouled-Sidi-Chik. — Les plumes noires du dos de l'Autruche, réunies en paquets, servent aux Ouled-Sidi-Chik, Cheraga et Gharaba, à distinguer leurs tentes de celles de leurs serviteurs religieux. Un Arabe qui n'appartient pas à cette grande famille ne peut se permettre cette distinction.

Ornementatian des palais des Incas. — En Amérique, dans les temps les plus reculés, les habitants des lisières des forêts apportaient aux Incas des plumes d'Aras pour orner leur palais, et les anciens historiens du Pérou nous apprennent que ce fut la recherche de ces plumes et du coca qui firent pénétrer les hommes dans les terribles forêts vierges.

Parasols en plumes d'Autruches. — Burchell raconte que, dans quelques tribus du sud de l'Afrique, on trouve des parasols faits en plumes d'Autruches, qui sont quelquefois très utiles aux indigènes quand ils chassent des animaux dangereux; ils emploient ces parasols pour attirer l'attention de l'animal et le détourner du chasseur.

Usage des plumes de Nandou. — Quant aux plumes du Nandou, les tiges en étant très flexibles, les jeunes garçons les dépouillent de leurs barbes et en font des collets pour prendre certains oiseaux; elles entrent aussi dans diverses pièces de harnachement; enfin on les tisse pour faire des tapis, et, des plus petites, on fabrique des balais. Les habitants du Paraguay teignent en incarnat et en bleu les tuyaux de ces plumes, impropres à servir de plumes à écrire, et les découpent en petites bandelettes pour en faire des fouets. Les indiens d'Amérique en font des houssoirs et des ornements pour leurs charrettes. Pendant l'Exposition universelle de 1889, on a pu voir, au Kampong javanais, l'usage que font de la plume les habitants de l'île pour la décoration de leurs instruments de musique. Chacune des hampes de ces curieux instruments était, en effet, ornée de petits bouquets de plumes multicolores.

Chasse-mouches en plumes. — Il y a un siècle, au Cap, on ne faisait d'autre usage des plumes d'Autruche que de s'en servir à chasser les mouches. Les Hottentots en fabriquaient de larges balais au moyen desquels un ou deux esclaves écartaient les mouches de la table à laquelle la famille était assise.

Hamacs ornés de plumes. — Au Brésil et, en général, dans l'Amérique du Sud, les plumes brillantes des oiseaux servent à orner ces lits suspendus ou hamacs qui sont des meubles indispensables en ces contrées. On sait que trois choses frappèrent de surprise Christophe Colomb à son arrivée au nouveau monde : ce furent le tabac ou pétun, le maïs et les hamacs. Au XIXe siècle, la fabrication de hamacs somptueux appartient presque exclusivement au Brésil. La courbe gracieuse de ces meubles, dit M. Ferdinand Denis [1], se prête à toutes les combinaisons de l'artiste, et les guirlandes de couleurs variées à l'infini permettent d'établir sur les deux revers du lit, soit le chiffre du possesseur, soit les armes de l'empire brésilien exécutées en plumes, vraies mosaïques où brille l'habileté indienne. L'auteur, dans sa

[1] Ferdinand Denis, *De arte plumaria. Les plumes, leurs usages*, etc. Paris, 1875.

collection, en possède un qui est aux armes de l'empire du Brésil, et qui dénote, à ce qu'il nous apprend, une habileté singulière de la part de celui dont la main a exécuté ces rosaces si brillamment colorées. Il est certains de ces meubles dont la confection a exigé plusieurs années de travail.

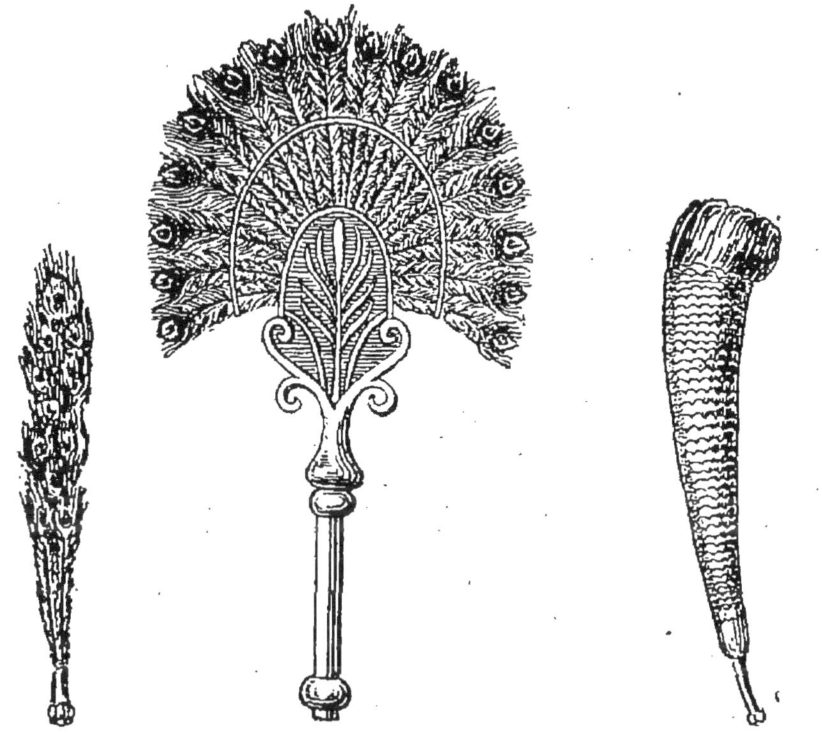

Fig. 87. — Éventails en plumes de Paon.

Fig. 88. — Éventail en mosaïque.

Quelques-uns dépassent, il est vrai, les proportions ordinaires, et pourraient recevoir huit guerriers. Ces lits monstrueux sont fort rares, chaque ménage portant d'ordinaire avec soi son hamac roulé dans une élégante corbeille.

Éventails. — Dans l'extrême Orient, les plumes des oiseaux rares servent à fabriquer des éventails et ceux de plumes de Paon (fig. 87), réunies en touffe ou travaillées en mosaïque (fig. 88) jouent un rôle essentiel dans les poésies primitives de l'Inde. Les auteurs chinois sont unanimes à vanter les dais en plumes, ainsi que les écrans en plumes de faisan « doublées et serrées ». Aujourd'hui, les dais employés dans nos cérémonies religieuses sont aussi ornés de panaches en plumes d'Autruches, et les dépouilles de ces oiseaux servent à la décoration des autels, aussi bien qu'à l'ornementation des corbillards et des chevaux d'attelage, dans les convois funèbres. Sur la question des éventails, sur l'origine et le rôle de ces objets dans les différents pays et aux différentes époques, M. Blondel nous fournit, dans un intéressant volume, des détails extrêmement curieux. Nous lui en empruntons quelques-uns.

D'après les recherches faites par M. Blondel[1], l'invention des éventails, en Chine, remonterait à l'empereur Won-Wang, fondateur de la dynastie des Tcheou, 1134 avant Jésus-Christ. Les premiers furent d'abord faits de feuilles de bambou et de plumes ; on en fit ensuite de soie blanche unie et de tissus de soie brodés, car selon Hai-tsée, cité par les missionnaires dans leur mémoire sur la soie, « après qu'on eut épuisé tout ce que le génie et l'industrie pouvaient imaginer de plus approchant de la peinture dans les différentes fleurs qu'on fit successivement entrer dans les soieries, on en vint à y introduire des plumes d'oiseaux d'un coloris aussi brillant et aussi changeant que l'arc-en-ciel, et des perles assez petites pour se prêter au tissu le plus délicat » (fig. 89).

Après avoir employé le bambou, les feuilles de palmier et les plumes de Paon dans la confection des éventails, les Chinois adoptèrent les plumes de Faisan. Voici à quelle occasion : « L'empereur Kao-tsong (650-683 après Jésus-Christ), ayant entendu le cri de bon augure d'un Faisan, fit faire des écrans ayant la forme de la queue du faisan », dit un ancien

[1] Blondel, *Histoire des éventails chez tous les peuples et à toutes les époques*, Paris, 1875. Les figures 87, 88 et 89 sont empruntées à cet ouvrage.

auteur chinois. Ces écrans garnis de manche d'ivoire, ajoute M. Blondel, étaient ceux que l'on agitait aux côtés des souverains. Un poète chinois les mentionne en ces termes : « Je vois encore s'agiter les éventails en plumes de Faisan, pareils à de légers nuages. »

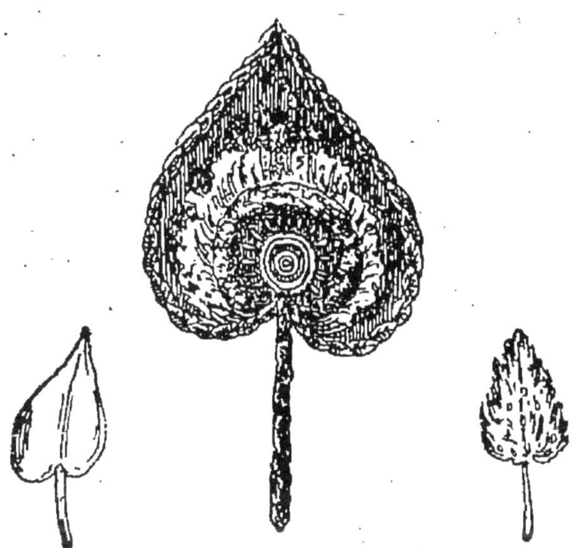

FIG. 89. — Éventails chinois.

D'après l'*Étude pratique du commerce d'exploitation de la Chine*, par MM. Isidore Hedde, Ed. Renard, Haussmann et Natalis Rondot, il se fabrique une immense quantité d'écrans et d'éventails de plumes dans l'empire chinois. Canton occupe un très grand nombre d'ouvriers à cette fabrication. En Chine, on a varié à l'infini, la forme des écrans, mais, la plupart sont ronds ou en trapèze arrondi. Les plus ordinaires sont faits avec une seule feuille de palmier, quelquefois peinte ; les autres sont en taffetas de soie, en plumes ou en bambou, brodés, peints ou couverts d'applications, représentant presque toujours des paysages, des femmes chinoises des anciens temps, des oiseaux ou des papillons au milieu des fleurs. Avec les plumes blanches et grises de l'Oie et du Cygne, les queues des Paons, des

Faisans et surtout des Argus, avec les jolies plumes des différentes espèces de Martins-Pêcheurs, on fait des écrans très élégants dont le manche est en ivoire sculpté! Quant aux éventails proprement dits, il y en a au moins trente genres différents.

Parmi les peuples de l'ancienne Egypte, l'éventail en plumes d'Autruche jouissait aussi d'une haute considération; il était l'insigne ostensible des princes.

Dans nos possessions des côtes d'Afrique, l'éventail joue également un rôle important. On se rappelle que la conquête de l'Algérie fut la conséquence d'un coup d'éventail en plumes de Paon, dont M. Deval, consul de France, fut frappé par le dey d'Alger, le 30 avril 1827.

Fig. 90. — Éventail des anciens Mexicains[1].

L'éventail ou chasse-mouches était très commun au Mexique avant la conquête (fig. 90). Les Aztèques, de même que les Orientaux, le considéraient comme un symbole d'autorité. Les plus élégants provenaient de la côte de Cozcatlan; ils étaient faits de plumes précieuses et entourés d'oiseaux rares.

[1] Figure empruntée au livre de S. Blondel.

Les premiers chrétiens employaient les éventails tant dans l'usage ordinaire de la vie que pendant les exercices religieux. « Pendant la célébration des saints mystères, lit-on dans les constitutions apostoliques, depuis l'oblation jusqu'à la communion, deux diacres, placés aux deux extrémités de l'autel, agiteront incessamment deux éventails, ordinairement en plumes de Paon, soit pour tempérer la chaleur dont le célébrant pourrait être incommodé, soit pour chasser les mouches et les autres insectes qui auraient pu se poser sur les pains ou tomber dans le calice. » Cet usage a disparu de l'Église romaine dès le XIVe siècle. Mais dès le XIIe, la mode des éventails renaissait parmi les laïques : « Déjà ceux de plumes réunies en touffes ou étalées en demi-cercle étaient très recherchés en Italie. Ils avaient des manches d'ivoire ou même d'or enrichis de pierreries. Les plumes d'autruche, de Paon, de Perroquets, de Corbeaux des Indes et d'autres oiseaux les ornaient à profusion. »

En France au XIIIe siècle, l'éventail prit le nom d'*esmouchoir*. Vers le milieu du XVe siècle, les Espagnols portaient de grands écrans ronds garnis de plumes. Pendant le cours des XVe et XVIe siècles, le luxe des éventails se répandit d'une manière extraordinaire en Italie, et trois genres se partagèrent la vogue durant cette période, les éventails à plumes, les éventails plissés, et les éventails girouettes.

Les femmes portaient quelquefois l'éventail suspendu à une chaîne d'or; cette mode existe encore aujourd'hui. En 1830, en France, la nacre, l'écaille, l'ivoire, les pierres précieuses, les plumes du Colibri, le duvet de l'Autruche furent mises à contribution pour confectionner les éventails; ceux en plumes noires, peintes et dorées, furent en vogue jusqu'à la fin du règne de Charles X. On est revenu à l'emploi de la plume d'autruche pour la fabrication des éventails modernes; ces plumes sont teintes de nuances diverses et ordinairement frisées.

En Cochinchine, c'est la plume du Pélican qu'on utilise pour la confection des éventails. Les Indiens en fabriquent avec les fortes plumes des ailes et de la queue des Hoccos. Ils ramassent les plumes qu'ils trouvent dans la forêt, et jusqu'au moment de les employer ils les gardent dans le pétiole creux d'une feuille de palmier.

Ecrans. — On se sert aussi, comme nous l'avons dit incidemment, de la plume des oiseaux pour faire des écrans à main (fig. 91). Plus souvent encore on emploie à cet usage

FIG. 91. — Ecran à main [1].

l'oiseau presque entier que l'on dispose les ailes étendues, la tête tenant le milieu, et les pattes étant figurées par un manche de bois, d'ivoire ou de métal, destiné à être tenu à la

[1] Figure empruntée au livre de S. Blondel.

main. Quant aux écrans plus grands, faits pour reposer sur le sol et pour tenir lieu de garde-feu, il s'en fabrique, depuis quelques années, à l'aide d'oiseaux de forte taille, tels que les Paons, que l'on dispose, en leur entier, et faisant la roue, sur une armature en fer forgé artistement construite.

Mosaïque en plumes. — Autrefois les tableaux en plumes d'oiseaux-mouches des anciens Péruviens étaient dignes d'être admirés ; mais rien n'a dépassé en perfection les travaux de mosaïque en plumes des Mexicains et des Brésiliens du temps passé. Ces mosaïques, qui exigeaient plusieurs années de travail, étaient ordinairement destinées aux souverains, et les oiseaux qui devaient fournir la matière première étaient entretenus dans de véritables palais. Les artistes eux-mêmes voués à ces travaux formaient une corporation puissante et privilégiée dont les membres portaient le nom d'Amantecas. Le musée de Mexico possède encore des fragments de leurs chefs-d'œuvre datant de l'époque de la conquête.

Divers usages de la plume des oiseaux en Birmanie. — En Birmanie, les plumes de certains oiseaux, riches en couleurs, servent à confectionner divers objets mobiliers, d'une assez grande valeur. Parlant d'une chasse fructueuse au Casoar qu'il a faite en ce pays, M. Thomas-Anquetil s'exprime ainsi : « Je conservai une douzaine d'œufs et les plumes les plus longues, les plus soyeuses. Deux ans plus tard, je vendis les œufs un louis la paire à Calcutta. Des plumes les moins belles je m'étais fait confectionner, par un artiste Birman, plusieurs plumeaux, éventails, houssoirs que je dispersai maladroitement. Celles de choix je les rapportai en Europe. Dans le courant de l'année 1863, m'étant arrêté à Turin, je fus frappé de paralysie et de cécité, pendant près de trois mois, à la suite d'une épouvantable explosion de poudre fulminante. Obligé de me défaire de ma collection de plumes d'Aigrettes, de Paons, de Faisans, d'Argilahs, de Perruches, de Casoars et d'une infinité d'oiseaux de luxe, je la vendis aux marchands plumassiers de Via-Nuova [1]. »

Fourrures et houppes à poudrer. — De la peau du Cygne et de celle du Flamant, employées avec le duvet, on fabrique des fourrures très estimées et des houppes à poudrer. Comme nous l'avons indiqué plus haut, il arrive fréquemment qu'on y substitue la dépouille de l'Oie, que l'on vend pour du Cygne et que l'on se procure à beaucoup meilleur compte.

Les plumes des Nandous de l'Amérique du Sud, qui sont expédiées en France, de Buenos-Ayres, de Montévideo, des îles Fakkland et de la République Argentine, qui exporte annuellement 20.000 kilogrammes aux Etats-Unis, et 25.000 kilogrammes en Europe, nous sont livrées sous le nom de « plumes de Vautour. » Ces plumes, improprement dites *de Vautour*, se classent en deux catégories, les plumes de Vautour blanches et les plumes de Vautour grises, suivant leur couleur. Les blanches, qui sont employées à la fabrication d'articles de fantaisie pour l'exportation, sont elles-mêmes de deux qualités ; le petit Vautour blanc, dont les plumes parfaitement blanches et soyeuses ont de 8 à 16 centimètres, et le grand Vautour blanc, dont les plumes blanches aussi, mais moins soyeuses, ont de 19 à 76 centimètres. Les plumes de Vautour grises, qui varient du gris clair au noir, sont achetées surtout par les brossiers qui en fabriquent des plumeaux à épousseter.

Emploi des plumes du Dindon, du Lophophore. — Au même usage sont employées les plumes du Dindon domestique et du Dindon sauvage. Celles de ce dernier oiseau sont infiniment plus résistantes. Nous avons vu à une exposition

[1] Thomas-Anquetil, *Aventures et chasses dans l'Extrême-Orient*, Paris, 1874, Charpentier.

industrielle un curieux appareil destiné à expérimenter la qualité des plumeaux en plumes de Dindon. Il s'agissait de démontrer la supériorité du plumeau fait de la dépouille du Dindon sauvage. A cet effet, deux plumeaux neufs, l'un en plumes de Dindon sauvage, l'autre en plumes de Dindon domestique, étaient exposés au frottement d'un cylindre mobile fixé sur axe et armé de palettes. Les ailettes de ce cylindre, auquel un mouvement giratoire continu était imprimé, venaient battre avec force l'extrémité des plumes de chacun des deux ustensiles rivaux. Au bout d'un temps assez long, on pouvait voir le plumeau de Dinde domestique s'user par le bout, jusqu'à être mis à peu près hors d'usage, tandis que le plumeau en Dindon sauvage ne paraissait point avoir souffert de ces frottements répétés.

Un industriel français fait de la brosserie avec les tuyaux des plumes d'Oie qui remplacent avantageusement la soie du sanglier.

Du Lophophore toutes les plumes sont utilisées, mais les plus estimées sont les plumes rouges du cou et les plumes vertes de la naissance des ailes. Arrachées une à une, elles sont ensuite disposées avec art et collées sur des bandes de toile.

Cure-dents ; flotteurs pour lignes à pêcher. — Nous nous contenterons de dire, sans insister, qu'avec les tuyaux cornés des plumes de certains oiseaux on fait des cure-dents et des flotteurs pour lignes à pêcher, afin d'arriver plus rapidement à parler de l'emploi que l'on fait des plumes des oiseaux, surtout de celles des oiseaux nageurs, pour les objets de literie, tels que édredons, couvre-pieds et couvertures, oreillers, matelas et coussins.

Les plumes de literie ; superstition qui s'y attache. — A ce propos, il est curieux de relever une superstition encore très enracinée dans certains pays. Dans plusieurs contrées de la France, dans le Nivernais, notamment, les paysans se gardent avec soin de mettre dans les lits de plumes et dans les oreillers de la plume de Pigeon et de Perdrix. Cela porte malheur, et lorsqu'on a couché une fois sur un traversin qui contient de cette plume maudite, on est certain de ne point mourir dans son lit, *comme on dit dans le Nivernais*, c'est-à-dire qu'il faut s'attendre à périr de mort subite ou par quelque accident.

Parmi les oiseaux dont le plumage et le duvet alimentent nos oreillers et nos couvre-pieds, l'Eider est le plus recherché. Le duvet recueilli dans les nids de ces oiseaux est celui qui a le plus de prix, car il est plus fin, moins gras et plus mûr que celui que l'on recueille sur l'animal mort. Ce duvet, dont le nid est tapissé, est arraché par l'oiseau lui-même qui se dépouille le ventre pour faire à ses petits une couche plus moelleuse. Douze nids peuvent produire une livre d'édredon qui, nettoyé, vaut de 15 à 22 francs. En Islande, où l'on récolte en assez grande quantité le duvet d'eider, on en distingue aussi deux qualités : le *thang duumm* qui contient des algues, provient des roches marines et conserve toujours son humidité, et le *groess-duumm* qui vient de la terre ferme et ne contient que de l'herbe; ce dernier est plus estimé.

Le Canard tadorne, le Canard commun, les Sarcelles, les macreuses, les Souchets fournissent également les plumes et duvets employés pour matelas et couvertures. Le duvet du tadorne assez abondant sur les côtes de la mer du Nord et de la Baltique a presque autant de valeur que celui de l'eider.

Quant au duvet des Canards sauvages et domestiques, il est d'une qualité inférieure. Le duvet du Canard domestique est arraché deux fois l'an, en mai et en septembre. Les Oies sauvages sont aussi recherchées; quant aux Oies domestiques, elles subissent, en été, le même traitement que les Canards de nos basses-cours, elles sont plumées vives à certaines époques de l'année.

Les plumes des Oies et Canards domestiques, le duvet mis

à part, sont également employées à la literie. Parmi les plumes d'Oie, celles qui sont préparées à Alençon sont les plus renommées.

Le duvet de Dinde blanc, connu sous le nom de faux-marabout, est utilisé pour divers articles de parure à bon marché; il en est de même des plumes de Coq, que les brossiers mettent en œuvre. On les divise en *plumes de corps*, dites aussi « *croupe et collet* », qui ont de 8 à 16 centimètres de long, et en *plumes de queue*, longues de 15 à 54 centimètres. Les plumes blanches sont les plus recherchées. Les petites plumes de Coq et de Poule servent à faire des oreillers, des coussins, des matelas, des lits de plume.

CHAPITRE II

LA PLUME A ÉCRIRE. — APPLICATION DE LA PLUME AU DESSIN, A LA MÉDECINE, A L'ART VÉTÉRINAIRE

Plumes à écrire et à dessiner. — Les anciens surent se passer de plumes à écrire. Elles ne furent inventées que plusieurs siècles après l'ère chrétienne. La pensée était alors fixée sur des feuilles d'arbres, sur des écorces, sur des tablettes enduites de cire, au moyen de stylets appropriés à cet usage. Entre temps, on se servit d'un roseau taillé en pointe; enfin, d'une penne affûtée, comme nos plumes d'oie. L'usage de ces plumes, employées d'abord chez les Romains, se répandit de proche en proche dès le ve siècle, et ce fut, pendant un certain temps, la plume de pélican qui tint la première place. A la fin du moyen âge, la plume devint en honneur dans les abbayes surtout, où se formèrent, en grand nombre, des copistes et des calligraphes. La plume du pélican fut détrônée par la plume de l'oie, au XVIe siècle, mais la plume d'Oie n'eut jamais, même à l'époque ds sa vogue, le caractère de distinction qui s'attache aux plumes du Cygne et de la Grue.

Procédé des Hollandais pour préparer les plumes à écrire. — A quelque oiseau qu'elles appartinssent, les plumes à écrire avaient un inconvénient grave ; elles étaient enduites d'une matière graisseuse qui les empêchait de bien tenir l'encre, et qui était cause de bien des mécomptes. Il était réservé aux Hollandais de remédier à cette imperfection; ils le firent vers 1506. Le procédé consistait à passer le tuyau, pour l'affermir et en faire sortir la graisse, dans de la cendre ou du sable chauffé, à une certaine température. Les plumes ainsi préparées portaient le nom de plumes *hollandées*.

Opinion de Diderot sur le choix d'une plume. — « Je choisis la plume d'une moyenne grosseur, dit Diderot, plus vieille que nouvellement apprêtée, de celles que l'on appelle *secondes*, et qui ne soit ni trop dure ni trop faible. Il faut qu'elle soit ronde, bien claire et bien nette, comme transparente, sans qu'il s'y rencontre aucune tache blanche, qui d'ordinaire empêche qu'elle ne se fende bien nettement, et cause de petites pellicules qui se séparent du corps du tuyau par dedans, qu'on peut lui enlever à la vérité avec la lame du canif, mais toujours avec peine et perte de temps, joint à ce qu'elle ôte à la plume sa netteté et sa force première, de sorte qu'elle ne reste plus après celà d'aussi bon service qu'elle était auparavant. Beaucoup de personnes préfèrent les bouts d'ailes à toutes autres plumes, parce qu'elles se fendent d'ordinaire plus nettement. C'est pour cette raison que les maîtres écrivains et leurs élèves s'en accommodent mieux. »

La plume à écrire et à dessiner jusqu'en 1839. — Au XVIIIe siècle, l'usage de la plume d'Oie se généralise en même temps que l'écriture. Sous la Révolution même on ne connaît encore que les plumes d'Oie, de Vautour, de Canard et de Corbeau : ces dernières sont plus spécialement affectées aux ouvrages fins et au dessin. Jusqu'en 1830, époque où l'on importait, chaque année, en France, de 80.000 à 100.000 kilogrammes de plumes à écrire, la plume d'oie est restée presque exclusivement l'instrument dont l'on se servit pour écrire. A cette époque, comme aujourd'hui, ces plumes nous venaient de Russie, de Pologne, de Hongrie et de Prusse, elles nous sont expédiées aussi de Belgique et d'Angleterre. Les plumes d'oie qui servent à l'écriture sont arrachées aux ailes de cet oiseau; l'opération se fait deux fois par an, à l'époque des mues. C'est principalement en Allemagne qu'elles sont préparées et débarrassées de leur graisse.

La plume d'Oie et nos grands écrivains. — Vers 1839, apparurent les premières plumes métalliques, mais, elles n'avaient point, à cette époque, atteint le degré de perfection qu'ont su lui donner les fabricants actuels ; aussi, beaucoup de nos grands littérateurs restèrent-ils fidèles à la plume d'Oie. Chateaubriand, de Vigny, Méry et Victor Hugo furent de ce nombre. A leur imitation, Georges Sand, Gustave Flaubert et Alexandre Dumas fils négligèrent la plume de métal, pour lui préférer la plume d'Oie, et Dumas père ne quitta définitivement la plume d'Oie qu'au moment de commencer son ouvrage *Richard d'Arlington.*

Emploi de la plume en médecine. — En médecine, on emploie encore la plume des oiseaux à différents usages. C'est avec des barbes de plume que l'on chatouille la gorge des malades qui éprouvent une trop grande difficulté à rendre les aliments par le haut, c'est là ce que nous appellerons les plumes vomitoires. On fait brûler de la plume auprès des gens tombés en syncope. On emploie le tuyau corné de la plume pour y enfermer, entre deux tampons de coton, du camphre en poudre ou d'autres substances aromatiques, en temps d'épidémie; et l'on tient à la bouche ces tubes hygiéniques à la manière des cigarettes. Il n'est pas jusqu'à l'art vétérinaire qui n'ait fait à la plume des emprunts.

Emploi de la plume dans l'art vétérinaire. — Autrefois, les maréchaux pratiquaient sur les chevaux l'opération que nous allons relater, dans la langue de l'époque. C'était ce qu'on appelait alors donner des plumes à un cheval.

« On commence par abattre le cheval sur quelque endroit mou, et on l'assujettit de façon qu'il ne puisse se mouvoir, après quoi on lui broye l'épaule avec un grès ou une brique, assez fort pour le meurtrir, en la mouillant de temps en temps avec de l'eau. On y fait ensuite deux ouvertures larges d'un pouce au bas, une à côté de l'endroit où touche le poitrail, et trois doigts loin de la jointe, l'autre contre le coude, derrière l'épaule, contre les côtes, prenant garde qu'elles ne soient point à l'endroit du mouvement où est la jointe, parce qu'on y attirerait de la matière, ce qu'il faut éviter. Il faut ensuite détacher la peau avec l'espatule et par ces deux trous, souffler entre cuir et chair pour détacher la peau de l'espatule jusqu'à la crinière, en broyant avec la main à mesure qu'on soufflera. Lorsqu'on trouve avec une grande spatule de bois que la peau est détachée tout au long et au large de l'épaule, on introduit par les ouvertures des plumes d'oie frottées de *basilicum* jusqu'au haut, en les posant de façon qu'elles ne puissent point sortir d'elles-mêmes.

« Il faut tirer les plumes tous les jours, faire écouler la matière, remettre les plumes frottées de vieux oing, de graisse blanche ou de *basilicum* et continuer le même traitement durant quinze ou vingt jours, selon la quantité de matière, puis ôter les plumes tout à fait, après quoi les plaies se fermeront d'elles-mêmes. » Voilà un pauvre animal bien accommodé !

V

CONSERVATION ET PRÉSERVATION DES OBJETS FABRIQUÉS

CHAPITRE PREMIER

PARASITES QUI ATTAQUENT LES PLUMES. MOYENS DE LES DÉTRUIRE

Les parasites qui s'attaquent aux Plumes sont des Coléoptères, des Teignes ou des Acares.

Coléoptères. — La plupart des Coléoptères qui attaquent les plumes *mortes* appartiennent à la famille des Dermestides. La multiplication de ces insectes peut causer de graves dommages dans les magasins.

Les Dermestes sont des animaux cosmopolites, vivant dans l'ombre, peu délicats sous le rapport de la nourriture. Passant facilement inaperçus, en tant qu'individus isolés, ils sont transportés au loin par les navires, au milieu des matières d'origine animale qu'ils affectionnent, et se reproduisent partout où le hasard les a fait échouer.

Bien que les matières animales desséchées forment leur principale nourriture, on en trouve quelquefois sous les charognes; dans les champs et les jardins, on en voit sur les fleurs; ils vivent aussi à l'intérieur des maisons et dans le bois pourri. Tout semble donc bon à l'insecte parfait qui n'est point très redoutable. La larve, au contraire, est le pire ennemi. La peau des animaux empaillés, les collections d'insectes, les fourrures, les plumes, sont ses aliments de prédilection. Dissimulée dans les peaux d'animaux ou dans les plumes en ballots qu'on transporte au loin, elle peut faire de longs voyages, et comme tous les climats lui conviennent, il n'est pas étonnant que l'insecte se soit reproduit dans tous les pays par voie d'importation.

D'une manière générale, on peut dire que les larves de Dermestides ont des antennes à quatre articles, des pattes courtes garnies d'une seule griffe. Leurs téguments sont couverts de poils. Ces poils forment souvent des touffes réparties sur tout le corps, mais plus serrées vers l'extrémité postérieure.

Lorsque la larve, ayant atteint tout son développement, se prépare à s'engourdir pour traverser la période nymphale, la peau se fend sur le dos et la nymphe reste enveloppée dans la dépouille.

La gloutonnerie de la larve n'a d'égale que la timidité de l'insecte parfait. Marchant, d'habitude, d'un pas lent et incertain, le Dermeste perçoit-il quelque bruit inquiétant, une vibration inattendue vient-elle l'impressionner; vite il renfonce sa tête sous son corselet, ramasse sous son corps ses pattes et ses antennes, et, dans cette position, immobile comme s'il était mort, il attend quelquefois, pendant longtemps, que le calme se soit rétabli ou que l'oubli lui rende la quiétude.

Parmi ces rongeurs insatiables, plusieurs qui habitent nos contrées sont à signaler, il importe de les connaître pour se garder de leurs larcins.

Caractérisons d'abord les insectes du genre Dermestes; ils

ont des antennes de onze articles dont les trois derniers forment massue ovale; leur corselet est bombé en avant, leurs élytres ne varient pas de largeur dans toute leur étendue, ce qui donne à l'insecte une forme cylindrique. Le dessous du corps est couvert d'un pelage très serré formant comme une nappe feutrée qui envelopperait l'abdomen.

Le *Dermeste du lard (Dermestes lardarius)* se distingue de tous les autres par la large bande d'un gris roussâtre qui traverse ses élytres, dont le fond est brun-foncé. Cette bande porte, sur chaque élytre, trois points de la couleur du fond. Sa taille est de 7 millimètres. C'est au printemps qu'ont lieu l'accouplement et la ponte. La larve qui naît au mois de mai change quatre fois de peau jusqu'au mois de septembre, époque de la nymphose, aussi n'est-il pas étonnant de trouver de nombreuses dépouilles de ces larves dans les endroits où elles ont élu domicile. La larve est allongée, elle est munie de six pattes. Brune sur le dos, blanche sous le ventre, sa peau est recouverte de poils qui forment des houppes vers l'extrémité postérieure. A l'approche de l'automne, la larve fait éclater la peau, la nymphe se forme, reste enfermée dans la dépouille qui la protège, ne trahissant sa vitalité que par les soubresauts qui agitent son corps lorsqu'on l'inquiète. Les derniers segments sont rayés de brun, tandis que la partie antérieure est blanche. L'insecte parfait est bientôt développé, mais, il reste engourdi pendant l'hiver et ne sort qu'au printemps suivant. C'est alors qu'on le rencontre dans les garde-manger, un peu partout dans les maisons et surtout dans les magasins où il propage son espèce.

Le *Dermeste renard (D. vulpinus)* est un coléoptère de 7 millimètres, d'un beau noir lisse en dessus, excepté sur les bords du corselet, qui sont cendrés, avec le dessous du corps d'un blanc mat et une petite épine à la suture des élytres. Les ravages de ce Dermeste sont si considérables que la Compagnie de la baie d'Hudson, qui possède à Londres d'importants magasins, a offert 20.000 livres sterling, à qui trouverait le moyen de le détruire.

Nous représentons le *Dermeste ondulé (D. undulatus)*, (fig. 92), long de 6 millimètres. Son corps est noir parsemé d'une fine pubescence qui dessine des marbrures rousses sur le corselet, grises sur les élytres.

A côté des *Dermestes* les entomologistes rangent les Attagènes, parmi les destructeurs les plus redoutables; l'un d'eux, l'*Attagène des pelleteries (Attagenus pellio)* est extrêmement commun dans les appartements.

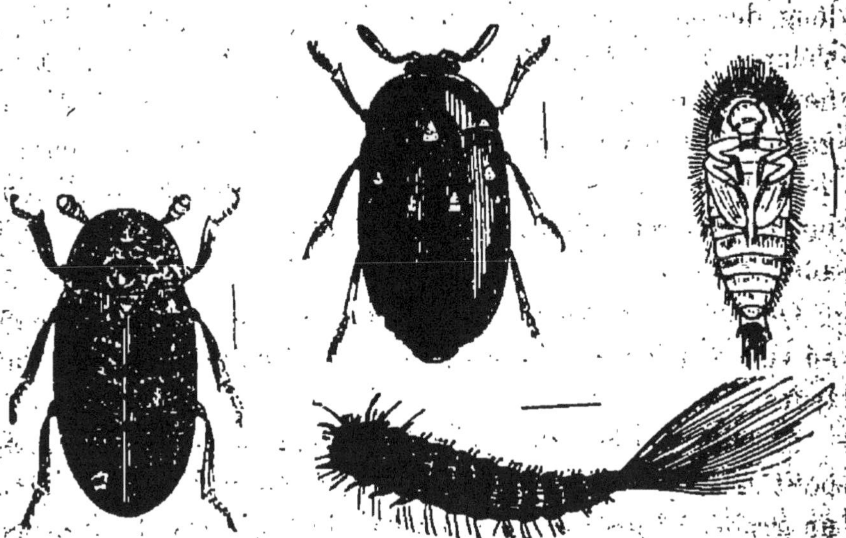

Fig. 92. — Le Dermeste ondulé.

Fig. 93. — L'Attagène des pelleteries. Nymphe, larve, insecte adulte.

Des détails anatomiques distinguent les Attagènes des Dermestes, mais, la conformation générale, la silhouette est à peu près la même.

L'Attagène des pelleteries (figure 93) est long de 5 millimètres. Son corps est noir ou brun-foncé. De chaque côté du corselet, près de l'angle postérieur, se trouve un point blanc, souvent peu visible, formé par une touffe de poils blancs. Sur les élytres, deux points semblables, l'un vers le milieu presque toujours plus accentué que celui qui est rapproché du bord externe.

La larve est allongée, couverte de poils d'un jaune roux dirigés en arrière et formant à l'extrémité caudale un long pinceau soyeux. Vers la fin d'août, elle se transforme en une nymphe poilue dont notre dessin montre la conformation.

Si la larve se complaît au milieu des fourrures, des plumes et du duvet, l'adulte aime le grand air. Au premier printemps il sort de la cachette qui a abrité la nymphe. Couvert encore de poussière, il se promène sur les parquets, le long des boiseries, puis, dès qu'il a trouvé une ouverture, il s'élance au dehors. Souvent attiré par la lumière, il se heurte contre les vitres et retombe sur le sol. Dès qu'il a pu gagner les jardins ou les champs, on le trouve, tout couvert de pollen, au milieu des fleurs; les ombellifères, l'épine blanche, la reine des prés sont les plantes et arbustes qu'il affectionne.

Quoique de taille plus petite, les *Anthrènes* ne le cèdent en rien aux insectes précédents, en tant qu'animaux destructeurs.

L'*Anthrène des musées (Anthrenus museorum)* est un petit coléoptère dont la livrée est fort élégante. Gros comme un grain de chenevis, il en a à peu près la forme lorsque, les pattes et les antennes ramassées sous le corps, il fait le mort. Les écailles grises et jaunâtres qui recouvrent son corps forment des bandes sinueuses et irrégulières du plus charmant effet.

On le trouve très fréquemment sur les fleurs en compagnie d'*Attagenus pellio*. La larve vit dans les maisons, dans les magasins, contenant des peaux et des plumes, dans les musées où les animaux empaillés sont l'objet de ses déprédations. Pour les entomologistes, c'est un ennemi redouté, et il leur faut les soins les plus minutieux pour en préserver leurs collections. Cette larve est molle, d'un blanc sale en dessous, brunâtre en dessus et couverte de poils bruns formant à l'extrêmité anale deux courts faisceaux tronqués.

Teignes. — Sous le nom de *Tinéides* on a réuni une série de jolis petits papillons qui pour la plupart habitent les maisons et les greniers où leur prodigieuse multiplication constitue un véritable fléau. Ce sont ces *microlépidoptères* qu'on désigne habituellement sous le nom de mites. Parmi ces insectes ravageurs, celui qui nous intéresse le plus est la *teigne bedeaude à tête blanche* de Geoffroy, la *tapissière*, la *teigne des tapisseries*, *Tinea tapezella* de Linné et des entomologistes. Il nous intéresse parce que ne se bornant pas, comme ses congénères à attaquer les fourrures ou les étoffes, il fait payer aux plumes un tribut onéreux. Maurice Girard décrit, comme il suit l'aspect et les mœurs de ce papillon.

« Envergure, 20 à 22 millimètres ; tête entièrement blanche, avec les antennes brunes ; thorax d'un brun noir ; ailes supérieures d'un brun noirâtre en-dessus, plus ou moins foncé depuis la base jusqu'au milieu, cette partie brune coupée obliquement à son extrêmité, puis d'un blanc terne ou jaunâtre dans le reste de leur longueur, cette portion blanche plus ou moins parsemée d'atomes gris, qui s'agglomèrent vers le sommet de l'aile, où ils forment souvent une tache surchargée de quelques petits points noirs. La frange est grise dans sa partie supérieure et blanchâtre dans sa partie inférieure. Les mêmes ailes sont d'un gris jaunâtre luisant en dessous avec leur base noirâtre. Les deux surfaces des ailes inférieures sont d'un gris cendré, y compris la frange. La femelle diffère du mâle, non seulement par une taille plus grande, mais parce que ses ailes supérieures sont plus surchargées d'atomes gris, en même temps que leur partie basilaire est d'un brun moins foncé. La chenille de cette espèce a absolument l'aspect d'un ver. Elle est d'un blanc gras et luisant, avec quelques poils clairsemés de la même couleur, une ligne dorsale grise, la tête en cœur d'un jaune brunâtre et l'écusson du prothorax jaunâtre. Sa peau est tellement transparente qu'on aperçoit, à travers, la couleur des aliments dont elle se nourrit. Elle ne vit pas comme d'autres *Tinea*, dans un fourreau portatif, mais dans un tuyau fixe ; aussi Réaumur l'a-t-il classée parmi les fausses-Teignes. En sortant de l'œuf, elle ronge le drap sur lequel elle se trouve, file ensuite au-dessus de son corps une espèce de berceau de soie, qu'elle recouvre d'une partie des flocons de laine qu'elle a arrachés, et mange l'autre. Elle creuse la place qu'elle occupe dans l'épaisseur du drap, et cette place, quoique assez grande, est très difficile à apercevoir, parce qu'elle est recouverte de débris, de manière à sembler un endroit défectueux de l'étoffe. Il faut savoir que celle-ci recèle des chenilles et la brosser rudement pour détruire leur logement et les en extirper. Cette chenille se trouve chez les drapiers, sur les laines en magasin ; elle n'attaque pas seulement les étoffes de laine, mais vit aussi aux dépens des fourrures, des plumes et des collections de papillons. [1] »

La *teigne des tapisseries* est répandue dans toute l'Europe. Sa chenille, après avoir passé l'hiver dans sa demeure y subit sa transformation en chrysalide au printemps suivant ; le papillon vole en mai et en juin.

Acares. — Plusieurs *acariens* attaquent la plume, les uns par caprice, les autres par besoin et par habitude. Parmi ces arachnides encore peu connues, en raison de leur petite taille, nous citerons, outre les *Cheylètes* et les *Tyroglyphes*, le *Glyciphage coureur* (*glyciphagus cursor*), dont nous donnons une image grossie (fig. 94).

Non seulement les plumes de literie sont exposées aux

[1] Maurice Girard, *Traité élémentaire d'entomologie*, t. III, p. 746. J.-B. Baillière et fils, éditeurs.

attaques des animaux dont nous venons de parler ; elles peuvent encore donner asile à une foule de microbes.

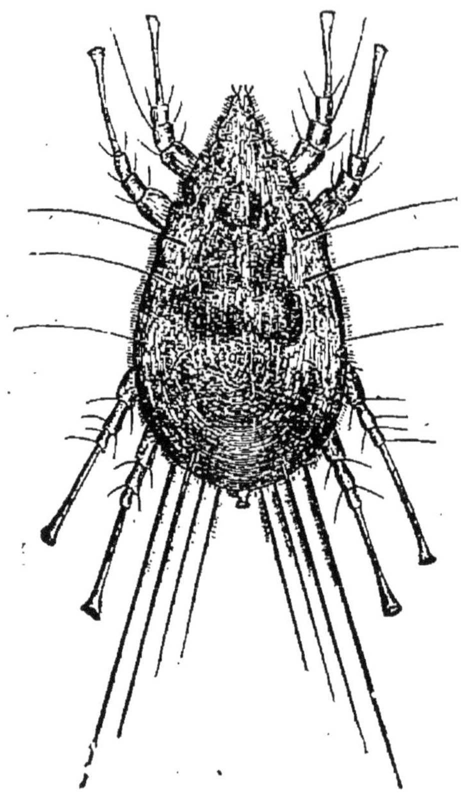

Fig. 94. — Glyciphage coureur.

Procédés de destruction. — Pour détruire ces différents parasites de la plume, il faut la battre, l'exposer à l'air et à la lumière ; on peut aussi la renfermer dans des boîtes bien closes, où l'on répandra du camphre, du pétrole, de la térébenthine, de la benzine ou du sulfure de carbone.

Procédés de conservation et de purification. — La plume de literie, la plume d'oie et de canard, en particulier, doit être tenue dans un endroit sec, planchéié ou carrelé ; il faut l'aérer et la secouer de temps en temps. « Quand, au lieu de la vendre, on veut en tirer soi-même parti, à ce que rapporte M. Victor Rendu, dans son très intéressant petit traité de *La Basse-cour*, il convient de la faire préalablement sécher. Pour cela, on la met dans un sac, sans la presser, et on l'expose, pendant quelque temps, à la chaleur d'un four dont on vient de retirer le pain ; par ce procédé, la plume perd une partie de son odeur nauséabonde, et se trouve purgée des mites qui l'infestaient ; on la débarrasse, du reste, efficacemnt de ses parasites, en faisant brûler, avec précaution, de la fleur de soufre dans un coin du local où elle a été emmagasinée. »

Chacun sait qu'après un long usage ou lorsque les maisons sont humides, la plume des oreillers et des traversins prend une odeur désagréable et malsaine. Il est donc bon de la faire purifier de temps à autre, plus particulièrement après que les oreillers, lits de plumes et couvre-pieds ont séjourné dans le lit d'un malade. Quelquefois, on se contente de laver ces plumes, comme s'il s'agissait de laine ou de coton. Ce procédé simple peut être employé à domicile. Ordinairement, on confie ce soin à des gens du métier qui, mieux outillés, peuvent procéder plus rapidement et avec plus d'efficacité. Les plumes sont alors déversées dans un grand cylindre métallique à double fond chauffé ; elles sont battues avec des baguettes et fortement agitées avant d'être employées de nouveau. Cette opération ne laisse pas que d'altérer sensiblement les plumes.

Un autre procédé, connu sous le nom de *procédé de purification Tafin*, consiste à tenir les plumes en mouvement continu de rotation pendant un certain temps, au moyen d'un volant, armé de bras. Ce volant placé dans un cylindre à double paroi, reçoit de la vapeur. Il est mis en mouvement par une manivelle. Au sortir du cylindre, les plumes sont exposées à l'action de la vapeur d'eau, puis séchées par simple exposition à l'air.

Plusieurs villes possèdent des stations de désinfection

dans lesquelles on pratique l'épuration des objets contaminés, appartenant aux particuliers. Certains asiles de nuit de Paris[1], ainsi que les monts-de-piété, sont pourvus d'appareils ou de locaux spéciaux, affectés à la même destination « Une station comprend deux parties nettement séparées, dit M. Ser l'une recevant les objets à purifier, l'autre les objets épurés. Ces deux parties ne comuniquent entre elles que par l'intérieur des étuves. La transmission des ordres pour le service, s'effectue par des sonneries... » « A Paris, deux d'entre eux (il s'agit des monts-de-piété) sont pouvus d'étuves de désinfection dans lesquelles on fait passer tous les matelas, lits de plumes, oreillers, etc., etc... avant de les ranger dans les magasins... L'opération s'effectue dans des étuves à vapeur sous pression, la durée du traitement pour les objets les plus volumineux ne dépasse pas une demi-heure, y compris le temps nécessaire au séchage. L'un des résultats de l'emploi des étuves dans les dépôts du Mont-de-Piété a été de faire disparaître la vermine qui infestait les magasins de cette Administration ».

[1] Du Mesnil, La désinfection par la vapeur sous pression et les étuves locomobiles *(Ann. d'hygiène publique et de médecine légale*, 1888, t. XIX, p. 481). — Les étuves de désinfection dans les refuges de nuit *(Ann. d'hygiène publique*, 1890, t. XXIV, p. 214).

VI

EXPORTATION ET IMPORTATION. — PRINCIPAUX MARCHÉS ET PRIX DE REVIENT

Dans un très remarquable rapport adressé à M. le Ministre de l'instruction publique, à l'occasion du Congrès ornithologique de Vienne (Autriche), en 1884, M. Oustalet, aide-naturaliste au Muséum de Paris, signale, avec l'autorité qui lui est propre, les vides qui se sont faits dans la Faune ornithologique de tous les pays. Il fait ressortir que la destruction en masse de certains oiseaux résulte de l'importance que n'a cessé de prendre, tant en France que dans les autres pays de l'Europe, l'industrie de la plume employée à la parure, ou aux usages domestiques. C'est pour donner satisfaction aux besoins d'un luxe toujours croissant que, ces années dernières encore, nos marchés furent inondés de milliers de dépouilles de Trochilidés, expédiées du Mexique, du Brésil, du Pérou, de l'Équateur et de la Colombie.

Quoique toujours considérables, ces envois ont un peu diminué depuis que les républiques du Sud de l'Amérique ont, sinon prohibé, du moins réglementé la chasse aux oiseaux-mouches sur l'étendue de leurs territoires respectifs. Cependant, chaque semaine, il s'en vend à Londres des quantités considérables aux enchères. On en a vu vendre 10.000 en une seule séance, pendant laquelle furent adjugés 25.000 Perroquets, 17.000 Martins-Pêcheurs et 10.000 Aigrettes. C'est l'Aigrette qui fournit les jolies plumes « en aigrettes » dont on orne les chapeaux des dames. On aura une idée des bénéfices que peut réaliser l'industrie de ce genre quand on saura que le kilogramme d'aigrettes revient, en moyenne, tous frais payés, à 400 ou 450 francs. Or, il vaut dans le commerce 2500 francs. En certaines années même où la mode porte les dames vers cette parure, il atteint 3000 et au delà. Aujourd'hui même la belle aigrette coûte 150 francs l'once, c'est-à-dire près de 5000 francs le kilogramme.

« Dans les mêmes envois, dit M. Oustalet, figurent également des centaines de Tangaras, des Sucriers, des Manakins, des Couroucous resplendissants, des Toucans au bec énorme, à la gorge jaune ou à la poitrine ornée d'une large ceinture, des Perruches multicolores, des Cassiques bronzés ou pourprés, des Hérons-aigrettes, des Colombes, des Tinamous, des Colins, et même des Engoulevents aux teintes modestes. »

Comme on le voit par cette énumération rapide et qui peut-être n'est plus complète aujourd'hui, l'Amérique est un des pays de production les plus riches, en ce qui concerne les oiseaux aux brillants plumages.

D'autres pays nous font des envois à peu près aussi nombreux et non moins remarquables. L'Asie méridionale et les îles avoisinantes nous fournissent « des Brèves au capuchon noir, aux ailes ornées d'une plaque d'émeraude, à la poitrine verte ou rouge, des Barbus aux couleurs tranchées, des Loriots jaunes, des Perruches à tête rose, des Paons, des Coucous, des Guêpiers, des Martins-Pêcheurs. »

De la Nouvelle-Guinée viennent les Paradisiers. Les marchands indiens leur arrachent les pattes, d'où est venu à ces oiseaux le nom de Paradisiers apodes. Les espèces les plus fréquemment utilisées sont le *grand* et le *petit Emeraude*, le Paradisier rouge, le Paradisier orangé, le Manucode, le Paradisier superbe, le grand Promerops, la Pie de paradis, le Multifil, le Promefil, le Sifilet à gorge dorée. La dépouille des Paradisiers est très recherchée ; une belle peau de mâle adulte, payée par la mode parisienne jusqu'à 100 francs, vaut, pour les naturalistes, quand il s'agit de certaines espèces, jusqu'à 400 et 500 francs.

Les navires apportent également les Rolliers, les Cotingas et quantité d'autres petits Passereaux.

On peut estimer, dit M. E. Dubois, à 1.500.000 individus, le nombre de petits oiseaux importés annuellement en France et en Angleterre, et, parmi eux, il y a plus de 250.000 Colibris. L'importation en a surtout augmenté en grande proportion, depuis que les chapeaux des femmes sont garnis d'oiseaux montés. Mais la branche la plus importante de ce commerce est la vente des plumes proprement dites.

L'Allemagne exporte annuellement pour 19 millions de marks de plumes de parure travaillées.

En Angleterre, à Londres, il se tient, chaque mois, des ventes publiques de plumes et de dépouilles d'oiseaux.

En 1883, les importations en Angleterre montaient à 54.179.000 francs se décomposant ainsi : plumes 50.298.000 francs. Dépouilles : 3.881.000 francs; sur lesquels 25.288.000 francs furent réexportés. L'Inde seule avait envoyé pour 30 millions de francs de plumes et de dépouilles.

De l'Afrique tropicale nous sont expédiés les Soui-Mangas, les Pintades, les Touracos, les Tisserins, les Merles bronzés ; des régions polaires, les Lagopèdes ou Perdrix de neige, les Chouettes blanches, les Goëlands, les Hirondelles de mer et les Sarcelles ; du plateau central de l'Asie et de la Chine, les Lophophores et diverses espèces de Faisans.

Chez nous-mêmes, on prend les Mouettes, les Perdrix, les

Pigeons, les Coqs, les Pies, les Geais, les Hibous et même de petits Passereaux.

« J'ai vu, dit M. Oustalet, chez quelques marchands parisiens, le plancher de vastes magasins littéralement jonché de Pigeons, appartenant à une ou deux espèces seulement, et je sais, de source certaine, qu'un négociant a reçu, en une seule année, plus de cent mille merles bronzés de l'Afrique occidentale. »

Quant aux Pies : « Ce n'est plus par individus ni par paires qu'on les vend, mais par cent, lisait-on, en 1874, dans le *Courrier de l'Ain*. Le cent d'Agasses vaut 40 francs, la plus grande partie de leurs plumes est expédiée aux modistes de Paris. »

Même guerre acharnée est faite aux Geais à cause des belles plumes bleu céleste qu'ils portent aux ailes, aux Rapaces nocturnes et aux Engoulevents à cause de leur livrée aux teintes harmonieusement fondues. Il n'est pas jusqu'aux Hirondelles, oiseaux autrefois respectés, dont on ne fasse des tueries tellement exagéréees, que, ces années dernières, des ballots entiers de ces malheureux oiseaux ont pourri dans les magasins avant d'avoir pu être employés à orner les chapeaux de nos mondaines.

Les oiseaux dont la dépouille est utilisée pour fabriquer des manchons ou pour border des manteaux ne sont pas moins maltraités partout où ils se rencontrent. Les Grèbes, particulièrement, sont l'objet de constantes poursuites, M. Buvry a estimé à 40.000 le nombre des dépouilles de Grèbes huppés et de Grèbes oreillards qui avaient, en 1857, été exportées de nos possessions africaines, pour être, en grande partie, expédiées en Russie. Pour le duvet des uns, pour les belles plumes des autres, on tuait des quantités de Hérons, de Cygnes, de Canards, d'Oies sauvages sur les bords marécageux du lac Fezzara.

Parmi les oiseaux de mer, les Goëlands, les Mouettes et les

Sternes sont d'autant moins épargnés qu'on peut les chasser, en tout temps, sur nos côtes. Même fureur de destruction à l'égard des Eiders, du moins dans plusieurs contrées de l'Europe boréale où la chasse n'est pas refrénée par des mesures de protection.

Aux observations qui précédent et dont nous avons tiré la substance du rapport très complet de M. Oustalet, nous joindrons quelques renseignements complémentaires au sujet des pays de provenance et des principaux marchés qui nous procurent les plumes employées à la parure ou au ménage.

Pays de provenance et principaux marchés. — Nous avons déjà parlé de l'Autruche d'Amérique qui nous fournit les plumes dites de Vautour. Elle est cantonnée dans les Pampas de l'Amérique méridionale, et principalement aux abords du fleuve du Parana, jusqu'à la Patagonie inclusivement. Le point central du commerce des plumes de cet oiseau est Buenos-Ayres.

Le Caucase et la Sibérie, l'Inde, le Sénégal et la Guyane nous fournissent les Aigrettes du commerce. La grande Aigrette se trouve, en plus ou moins grande quantité, presque partout dans le monde connu. La petite Aigrette, au contraire, est surtout répandue en Asie ; on la voit parfois dans le midi de la France.

Les Eiders nous viennent de Laponie, d'Islande de Norwège, du Spitzberg, du Groenland, du pays des Esquimaux, de Terre-Neuve, du Haut-Canada. Les trois principales espèces sont l'*Eider commun*, dont la femelle est roussâtre ; l'*Eider superbe*, plus petit, dont la femelle est brun rouge clair ; l'*Eider de Steller*, encore plus petit, qui est d'un brun roux. Les Eiders de Norwège et d'Islande sont protégés par les lois ; ceux de Laponie, du Spitzberg et de l'Amérique du Nord sont, au contraire, décimés sans mesure.

Aussi, le duvet du Spitzberg qui s'expédiait jadis par

quintaux, ne s'envoie plus maintenant que par livres. Du Groenland, on expédie encore, chaque année, plusieurs mille livres d'édredon. La plus grande quantité de duvet brut qu'on ait exportée, en un an, du sud du Groenland est de 5007 livres. Le nord du Groenland n'en produit environ que la moitié. On compte, en moyenne, douze nids pour faire une livre d'édredon. On a donc ainsi enlevé, en un an, à 104.520 oiseaux, leur duvet et à la plupart leurs œufs. Une livre d'édredon nettoyée coûte aujourd'hui, en Norwège, environ 22 fr. 50 de notre monnaie.

Les Argalas ou Cigognes à sac qui portent sur les côtés du croupion des plumes appelées marabouts, se tiennent à l'embouchure des fleuves de l'Inde et du Sénégal. L'Argala du Sénégal, dont les marabouts sont très estimés, porte un manteau noir bronzé uni. L'Argala de l'Inde a les couvertures des ailes bordées de blanc. Les marabouts de ces oiseaux sont composés de plumes de 10 à 30 centimètres de long, à barbes très soyeuses. Ils fournissent deux espèces de plumes, les blanches et les grises, qui nous viennent soit directement de leur pays d'origine, où on élève ces oiseaux en domesticité, soit par la voie de Londres.

Le Lophophore, en vogue depuis quelques années, nous vient des monts Himalaya où on le trouve jusqu'à 2 ou 3000 mètres d'altitude. C'est à Calcutta qu'est le centre principal du commerce des plumes de Lophophore. La peau arrive en Europe parfaitement préparée et bourrée de mousse. Ces peaux sont dirigées sur Londres où nous les achetons aux ventes mensuelles de Lilliter street.

Nous avons indiqué plus haut les pays de provenance des plumes de Nandou.

Quant aux plumes d'Autruche, elles sont expédiées en Europe de la Nubie, de la Barbarie, du Cap de Bonne-Espérance et de l'Afrique occidentale. Elles sont adressées directement à Paris par la voie de Marseille, ou bien elles y arrivent après y avoir pris la voie de Livourne et de Londres, où les plumassiers les classent avant de les livrer à la consommation en différentes catégories, dont voici la nomenclature : 1° les plumes d'Alep ; 2° les plumes de Benghazy ; 3° les plumes de Barbarie ; 4° les plumes du Cap ; 5° les plumes du Sénégal ; 6° les plumes de la Mecque ; 7° les plumes de l'Algérie.

La Haute-Égypte, le Kordofan, le Darfour et le Sennaar produisent les plumes dites d'Alep; elles sont fort rares et très recherchées, en raison de la douceur et de la légèreté de leurs barbes. Portées à Alep où elles sont vendues à des trafiquants juifs, elles nous parviennent, comme nous l'avons dit, par les voies de Livourne et de Marseille,

Alep et Livourne adressent aussi à Paris et à Londres les plumes de la Tripolitaine. Ce sont elles qui sont connues sous le nom de Benghazy, localité où elles sont apportées par les caravanes. Comme elles sont très belles et fort cher, et que leur valeur le cède à peine à celles dites d'Alep ; elles sont vendues à la pièce.

Les trafiquants Juifs centralisent en Afrique les plumes de Barbarie, provenant de la partie du Sahara contiguë aux États Barbaresques et au Soudan, notamment des environs de Wedinoon et du cap Bojador où sont recueillis les plus beaux spécimens. Toutes ces plumes sont portées par les caravanes à Mogador, d'où elles sont expédiées à destination de Livourne et de Marseille.

Les plumes les plus larges et les plus longues qui se trouvent dans le commerce sont les plumes du Cap ; elles ont l'inconvénient d'être les moins flexibles. Elles sont expédiées en Angleterre et nulle part ailleurs, par les Républiques d'Orange et du Transwaal. Il en vient aussi du sud du Zambèze, et de Nomagualand et Damaraland dans l'Afrique méridionale.

L'Afrique occidentale nous envoie les plumes du Sénégal,

d'un blanc pur et susceptibles, mieux que d'autres, de prendre certaines teintures brillantes.

Des déserts de l'Arabie, les caravanes et les pélerins rapportent à Alger les plumes de la Mecque, étroites et peu fournies. On les désigne dans le commerce sous le nom de Jamani. L'Algérie enfin nous fournit les plumes recueillies dans les différents parcs qui y sont installés. Elles ne jouissent pas d'une grande faveur. Nous ne savons si nos éleveurs algériens ont pu surmonter le découragement qu'ils accusaient dans leurs correspondances datant de 1886. Ce découragement était causé par la baisse sensible qui était survenue dans la valeur des plumes par suite de la grande production du Cap, et aussi par les nombreux insuccès dont la reproduction et l'élevage des jeunes oiseaux avaient été frappés.

Prix des plumes d'Autruches. — Le prix des plumes d'Autruche varie sensiblement suivant qu'il s'agit de premières, secondes, tierces et bouts de queue. Les plumes sont d'ailleurs vendues, ou avec la peau, ce qui constitue une dépouille entière, ou par lots séparés, ces lots étant formés par les plumes des ailes et de la queue.

Le prix d'une dépouille est de 60 francs à Sebdou. A Géryville, il est difficile de se procurer une dépouille entière à moins de 80 francs à 100 francs. A Tebessa une peau d'Autruche mâle va jusqu'à 200 francs, celle de la femelle ne vaut guère que 40 à 50 francs au plus. A Boghar, les Indigènes vendent aux Juifs, pour 60 à 90 francs, la dépouille entière du mâle et pour 15 à 20 francs celle de la femelle. A Laghouat, une belle peau de mâle vaut actuellement de 125 à 150 francs. Deux dépouilles de femelles valent tout au plus une dépouille de mâle.

Enfin à Tlemcen, on fait la remarque que la dépouille d'une Autruche qui vaut 10 francs au Sahara, coûte de 40 à 60 francs sur la limite du Tell et que les Juifs la revendent de 100 à 150 francs. Les plumes provenant des caravanes venant des Oasis du Nord à destination de Tombouctou, valent en première qualité, 100 francs la livre, en dernière qualité de 30 à 40 francs.

Au Cap, les prix de revient de la plume d'Autruche se sont augmentés dans des proportions considérables, depuis vingt ans. En 1874, il s'est vendu à Port-Elisabeth seulement, pour 2.912.000 francs de plumes d'Autruches domestiques. La mode s'étant portée, en Europe, vers cet article, il augmenta sensiblement de valeur. Ce qui valait environ 500 francs la livre anglaise (483 grammes), en 1873, vaut, en 1876, de 800 à 875 francs. La première qualité de plumes blanches choisies valait sur place à cette époque 1375 francs la livre, prix moyen; ce qui, rendu à Paris, la portait à 3800 francs le kilogramme, en tenant compte seulement des droits et du fret. La dernière qualité, le gris et noir court, rendu à Paris, valait de 120 à 200 francs le kilogramme. L'exportation des plumes d'Autruche du Cap prend, chaque année plus d'importance. D'après les notes adressées, en 1883, par M. Lavessère, consul de France au Cap, elle a atteint, en 1881, le chiffre de 87.706 kilogrammes, représentant une valeur de 22.356,025 francs. Autrefois, les produits de cette colonie étaient classés en sixième ordre; les plumes d'Alep, de Barbarie, de Saint-Louis (Sénégal), d'Egypte et de Mogador, se cotaient à des prix plus élevés sur les marchés de Londres, et elles se vendaient aussi plus facilement. Aujourd'hui, cette classification semble modifiée, et le Cap a pris un rang de beaucoup supérieur à celui qu'il occupait antérieurement. On peut dire actuellement que, sous le rapport de la valeur et de la qualité; les plumes du Cap ne le cèdent guère à aucun produit d'une autre provenance.

La valeur des plumes d'Autruche provenant de l'Afrique peut être fixée, en moyenne, en chiffres ronds, à 30 millions de francs par an, répartis comme il suit :

Le Cap.	20.330.000
L'Egypte.	6.260.000
La Tripolitaine.	2.560.000
Le Maroc.	564.000
La Syrie.	160.000
Le Sénégal.	95.500
L'Algérie.	30.500
Total.	30.000.000

Voici maintenant quelques chiffres plus précis se rapportant aux exportations d'un certain nombre de contrées, dans ces dernières années.

En 1885, Tripoli a exporté pour 5.287.000 francs de plumes d'Autruches, dites Benghazy.

En 1884, les exportations de plumes du Cap ont atteint le chiffre de 24.375.000 francs; celles de Natal, 300.000 francs. La même année, l'Afrique septentrionale exportait pour 21 millions de plumes.

L'industrie de la plume subit, en ce moment, une crise redoutable. Ainsi, en 1885, une année après une exportation de plus de 24 millions de francs, le Cap a exporté seulement pour 14.761.000 francs, soit une baisse de près de 10 millions, exactement 9.614.000 francs.

La quantité des plumes mises en vente et les changements de la mode ont fait baisser les prix, dans une énorme proportion. Vers 1883, la livre anglaise de belles plumes du Cap valait près de 1400 francs le kilogramme, et quelques années auparavant elles étaient cotées de 1600 à 2000 francs. Une autruche mâle de belle taille donne 200 à 250 grammes de plumes blanches et 1 kilogramme environ de plumes noires et grises.

En Algérie, les plumes d'autruches se vendent à la pièce, quand il s'agit de plumes blanches des ailes, et par lots assortis ou encore en peaux fraiches.

En 1885, le Paraguay a exporté 1106 livres de plumes de

Nandous, valant 1106 piastres, c'est-à-dire 5154 francs. La livre de ce pays équivaut à 494gr,32 de notre système de poids et mesures. Quant à l'Uruguay, il a exporté, la même année 21.696 kilogrammes valant 86.782 piastres; soit 465.151 francs.

Situation de l'industrie des plumes en France. — Lorsque, ces années dernières, les pouvoirs publics firent une enquête sur la situation de l'industrie, du commerce et de l'agriculture en France, sur lesquels régnait une crise qui n'est point encore terminée, MM. Delmart, Laloue et Viol, représentants du Comité des plumes pour parure, furent appelés à donner leur avis sur la situation de leur industrie. A la première question : quel est l'état de l'industrie des plumes pour parure ? M. Laloue répondit que, grâce à la mode qui apprécie beaucoup les plumes, l'industrie des marchands plumassiers était prospère pour le moment. Mais, il fit remarquer que cette prospérité ne devait pas faire perdre de vue que cette industrie française était menacée de voir son commerce d'exportation lui échapper, sinon pour l'article riche et bien soigné, au moins pour l'article courant.

Les Anglais, ajoutait-il, ont acquis une grande prépondérance dans la production et le commerce des plumes brutes, ce qui crée pour eux un énorme avantage. Grâce à l'appui de leur gouvernement, les colons du Cap ont pu donner à l'élevage des autruches une très grande extension, pendant que cette industrie restait presque abandonnée dans nos colonies.

De ce fait, il résulte que nous sommes tributaires des Anglais, et c'est à Londres que nous devons nous approvisionner dans les ventes publiques mensuelles qui s'élèvent chacune, pour la plume d'autruche seulement, à plusieurs millions de francs, et ce sans compter les ventes privées déjà très importantes.

L'Amérique, obligée autrefois, comme tous les autres

pays, de s'approvisionner de plumes en France, commence, surtout pour les plumes d'autruche, à se suffire à elle-même. Nos marchandises, à leur entrée dans ce pays, sont frappées d'un droit excessif et presque prohibitif de 50 pour 100. En raison de cette mesure, nos produits, malgré la supériorité de leur fabrication, ne peuvent rivaliser avec les produits américains.

Cependant nos *plumes de fantaisie* ont, jusqu'à ce jour, lutté victorieusement, et quoique augmentées de 50 pour 100 d'impôt; elles ont encore la préférence, malgré les progrès que fait chaque jour la fabrication américaine.

Nous espérons que le gouvernement français pourra, en temps opportun, obtenir pour nos produits un légitime dégrèvement qui permettra à notre industrie de continuer avec ce pays nos opérations commerciales très menacées si l'état de choses actuel se perpétue.

L'Allemagne, de son côté, commence à nous faire sentir sa lourde concurrence. Les prix par trop restreints de leur main-d'œuvre permettent aux Allemands d'établir des articles courants à des prix inférieurs aux nôtres. Ils ont des représentants à Paris et à Londres. Leurs voyageurs visitent, comme les nôtres, presque toute l'Europe et même l'Est de la France. Ils nous font déjà une sérieuse concurrence, le plus souvent avec nos propres modèles recopiés.

Quant aux autres pays, bien qu'ils commencent à fabriquer nos articles, ils sont encore, pour la plus grande part de leur consommation, obligés de s'approvisionner chez nous.

En résumé la situation de notre industrie, quoique menacée, est encore excellente.

S'il y a malaise, quelle est son étendue? En raison de la mode qui lui est si favorable, l'industrie des plumes n'a pas encore eu beaucoup à souffrir du malaise dont se ressentent d'autres industries. Cela tient surtout à ce que notre consommation est très importante, car, d'autre part, il est très évident que notre commerce d'exportation tend à nous échapper de plus en plus.

Causes principales de la diminution de notre commerce d'exportation. — Les causes principales de la diminution de notre commerce d'exportation, sont :

1° Les droits excessifs qui frappent nos articles à leur entrée en Amérique, lesquels droits sont de 50 pour 100;

2° L'avantage considérable qu'ont sur nous les Anglais, dont nous sommes tributaires pour nos achats de plumes brutes;

3° Le prix des salaires de nos ouvriers et ouvrières, comparativement à ceux que payent nos concurrents allemands.

En vue de remédier aux inconvénients que nous venons de signaler, le Comité des fabricants de plumes pour parures exprimait les vœux suivants :

1° Que les droits d'entrée de nos produits en Amérique soient, aussitôt que cela sera possible, ramenés à des proportions équitables;

2° Que par tous les moyens de propagande en notre pouvoir, les ouvriers allemands soient encouragés à demander des salaires plus rémunérateurs pour leur travail, ce qui, en leur facilitant l'existence, rétablirait un peu l'équilibre des prix de revient, et permettrait à notre industrie, sinon de regagner le terrain perdu, au moins de se maintenir dans une situation satisfaisante;

3° Que l'industrie de l'élevage des autruches soit favorisé dans nos colonies par tous les moyens possibles, et notamment par des concessions de terrain qui, sans créer des privilèges onéreux pour l'Etat, permettraient aux éleveurs de donner de l'extension à leur industrie, ce qui serait très favorable à notre commerce;

4° Qu'il soit fait tous les efforts possibles pour nous créer des débouchés vers l'intérieur de l'Afrique, et pour attirer dans nos centres français les produits en plume provenant du Soudan.

On peut ajouter, avec l'auteur d'un article très nourri publié dans la *Revue britannique*, qu'il appartient à notre gouvernement de développer l'industrie du fermage des autruches en Algérie, par tous les moyens qui sont à sa disposition, soit par des primes, soit par des attributions de terre, comme nous l'avons déjà dit plus haut, soit enfin en aidant au recrutement des autruches sauvages par l'auxiliaire des chefs arabes qui résident dans nos possessions de l'extrême Sud, et qui sont en relations constantes avec les caravanes.

En un mot, le gouvernement doit porter toute sa sollicitude sur cette importante question qui intéresse, à la fois, la prospérité de l'Algérie et celle de la France, aujourd'hui tributaire de l'Angleterre pour un commerce dont nous aurions pu, depuis si longtemps, nous assurer la meilleure part. En attendant, les plumassiers de Paris, et l'honorable M. Hiélard, membre de la chambre de Commerce, ont chaudement pris à cœur le développement de cette industrie nouvelle; ils se sont, à diverses reprises, fait rendre compte, dans leurs réunions, des progrès réalisés, et par des souscriptions et encouragements de tous genres, viennent sérieusement en aide à l'initiative privée.

Le tableau ci-après peut donner une idée, en ce qui concerne le trafic des plumes et des dépouilles d'oiseaux, du commerce de la France, avec les différents pays et avec nos colonies.

Commerce spécial de la France

— VALEUR EN MILLIONS DE FRANCS —

	PLUMES	IMPORTATIONS				EXPORTATIONS			
		1875	1880	1885	1886	1875	1880	1885	1886
FRANCE.	De parure.	12.1	29.8	25.0	24.5	23.0	38.3	48.9	48.4

Commerce spécial de la France avec les principaux pays

— VALEUR EN MILLIONS DE FRANCS —

	PLUMES	IMPORTATIONS EN FRANCE				EXPORTATIONS DE FRANCE			
		1875	1880	1885	1886	1875	1880	1885	1886
ANGLETERRE. . . .	A lit. . .	0.6	0.8	0.9	0.6	1.6	0.5	0.8	1.2
—	De parure.	4.4	16.5	14.6	13.9	7.8	18.6	26.4	28.0
ALLEMAGNE. . . .	A lit. . .	0.8	1.5	1.2	1.1	»	»	»	»
—	De parure.	0.5	1.3	4.2	3.5	0.5	1.3	6.1	9.1
AUTRICHE.	De parure.	0.1	0.2	0.2	0.3	0.1	0.4	0.4	0.2
BELGIQUE.	De parure.	»	»	1.2	1.0	2.7	1.7	0.5	0.4
ESPAGNE..	De parure.	»	»	»	»	1.1	»	»	»
ITALIE.	De parure.	0.9	0.2	»	»	0.4	1.1	0.6	0.5
PAYS-BAS.	»	»	»	»	»	»	»	»	»
PORTUGAL.	De parure.	»	»	»	»	0.1	»	»	0.1
RUSSIE.	De toutes sortes.	»	»	0.8	1.5	»	»	»	»
SUISSE.	»	»	»	»	»	»	»	»	»
TURQUIE.	»	»	»	»	»	»	»	»	»
ETATS-UNIS. . . .	De parure.	»	»	0.8	0.5	»	»	»	»
—	De toutes sortes.	»	»	»	»	8.6	11.1	14.1	5.6
SUÈDE.	A lit. . .	»	»	»	»	»	»	0.1	0.1
NORWÈGE.	»	»	»	»	»	»	»	»	»
DANEMARK.	»	»	»	»	»	»	»	»	»
ROUMANIE.	»	»	»	»	»	»	»	»	»
GRÈCE, ILES IONIENNES ET DE L'ARCHIPEL.	»	»	»	»	»	»	»	»	»
ÉGYPTE.	De parure.	»	0.8	»	»	»	»	»	»
RÉGENCE DE TRIPOLI.	De parure.	»	»	0.7	0.6	»	»	»	»
MAROC.	»	»	»	»	»	»	»	»	»
COTE OCCID. D'AFRIQUE	»	»	»	»	»	»	»	»	»
AUTRES PAYS D'AFR.	»	»	»	»	»	»	»	»	»
INDES ANGLAISES. . .	»	»	»	»	»	»	»	»	»

Commerce spécial de la France avec les principaux pays

— VALEUR EN MILLIONS DE FRANCS —

	PLUMES	IMPORTATIONS EN FRANCE				EXPORTATIONS DE FRANCE			
		1875	1880	1885	1886	1875	1880	1885	1886
COL. ANGL. D'AMÉRIQ.	»	»	»	»	»	»	»	»	»
CHINE.	»	»	»	»	»	»	»	»	»
JAPON.	»	»	»	»	»	»	»	»	»
AUSTRALIE.	»	»	»	»	»	»	»	»	»
NOUVELLE-GRENADE.	»	»	»	»	»	»	»	»	»
VÉNÉZUELA. . . .	»	»	»	»	»	»	»	»	»
BRÉSIL.	De parure.	»	»	0.1	0.1	»	»	»	»
RÉPUBL. ARGENTINE.	De parure.	»	2.4	0.6	0.4	»	»	»	»
URUGUAY.	De parure.	»	1.4	0.5	0.2	»	»	»	»
CHILI.	De parure.	»	»	»	0.2	»	»	»	»
MEXIQUE.	»	»	»	»	»	»	»	»	»
PÉROU.	»	»	»	»	»	»	»	»	»
COL. ESP. D'AMÉRIQUE	»	»	»	»	»	»	»	»	»

Commerce spécial de la France avec le Sénégal et la Tunisie

SÉNÉGAL.	De parure.	0.03	0.18	0.39	»	»	»	»	»
TUNISIE.	De parure	Année 1884 0.4		»	0.2	»	»	»	»

Commerce de l'Algérie avec les pays étrangers

	IMPORTATIONS EN ALGÉRIE				EXPORTATIONS D'ALGÉRIE			
Produits et dépouilles d'animaux.	2.3	3.9	2.8	3.1	0.5	0.4	0.4	0.8

Tableau comparatif d'évaluations de plumes de parure et de literie

	VALEURS A L'IMPORTATION				VALEURS A L'EXPORTATION			
	1875	1880	1885	1886	1875	1880	1885	1886
	kg.	kg.	kg.	kg.	kg.	kg,	kg.	kg.
PLUMES de parure — Coq et vautour	20 fr.	20 fr.	12 fr.	12 fr.	35 fr	35 fr.	22 fr.	20 fr.
PLUMES de parure, autres — Blanches..	500 »	450 »	285 »	250 »	750 »	600 »	400 »	300 »
PLUMES de parure, autres — Noires.	100 »	125 »	75 »	70 »	250 »	275 »	182,50	170 »
PLUMES de parure, autres — Couleur.	50 »	70 »	45 »	45 »	150 »	150 »	150 »	130 »
PLUMES — A lit, duvet compris.	10 »	10 »	8,25	8 »	5 »	3,25	3,30	3,50

Mouvement commercial des ports français pendant l'année 1886[1]

— ÉVALUATION EN MILLIONS DE FRANCS —

IMPORTATIONS EN FRANCE

MARCHANDISES	Marseille		Le Havre		Bordeaux		Dunkerque		Boulogne	
	c. g.	c. s.	c. g.	c. s.	c. g.	c. s.	c. g.	c. s.	c. g.	c. s.
Plumes de parure . .	»	»	2.1	2.0	»	»	»	»	»	»

MARCHANDISES	Cette		Rouen		Calais		Dieppe		Saint-Nazaire	
	c. g.	c. s.	c. g.	c. s.	c. g.	c. s.	c. g.	c. s.	c. g.	c. s.
Plumes de parure. . .	»	»	»	»	»	»	»	»	»	»

EXPORTATIONS DE FRANCE

MARCHANDISES	Marseille		Le Havre		Bordeaux		Dunkerque		Boulogne	
	c. g.	c. s.	c. g.	c. s.	c. g.	c. s.	c. g.	c. s.	c. g.	c. s.
Plumes de parure. . .	»	»	6.9	6.9	»	»	»	»	»	»
Plumes à lit et duvet. .	»	»	»	»	0.5	0.5	»	»	»	»

MARCHANDISES	Cette		Rouen		Calais		Dieppe		Saint-Nazaire	
	c. g.	c. s.	c. g.	c. s.	c. g.	c. s.	c. g.	c. s.	c. g.	c. s.
Plumes de parure. . .	»	»	»	»	»	»	7.3	7.3	»	»
Plumes à lit et duvet.	»	»	»	»	»	»	»	»	»	»

Régime douanier de France

DROITS D'ENTRÉE EN FRANCE D'APRÈS LE TARIF DES DOUANES PROMULGUÉ LE 8 MAI 1881

MARCHANDISES	BASES	TARIF GÉNÉRAL	TARIF CONVENTIONNEL D'AP. LES TRAITÉS
Plum. de parure brutes ou apprêtées. . . .	100 kg.	Exemptes	T. g.
Plumes à écrire. . .	100 —	—	T. g.
P. à lit (duvet et autres)	100 —	20.00	15.00

[1] Signes conventionnels : c. g. commerce général, c. s. commerce spécial, T. g. tarif général.

Régime douanier des pays d'Europe

DROITS D'ENTRÉE APPLICABLES AUX MARCHANDISES D'ORIGINE FRANÇAISE

DÉSIGNATION DES PAYS ET DES MARCHANDISES	UNITÉS ÉTRANGÈRES		UNITÉS FRANÇAISES	
	bases	droits	bases	droits
Allemagne.	kg.	marks pf.	kg.	fr.
Plumes de literie non épurées, non ébarbées.	»	exemptes	»	»
Plumes de literie épurées, ébarbées et apprêtées. . .	100	6 »	100	7,50
Plumes de parure brutes, même teintes.	100	3 »	100	3,75
Plumes de parure apprêtées.	100	300 »	100	375 »
— — artificielles en soie frisée.	100	900 »	100	1125 »
Tuyaux de plumes bruts. . .	100	3 »	100	3,75
— — même teints et taillés mais conservant la forme de la plume. . . .	100	6 »	100	7,50
Plumes taillées pour écrire. .	100	30 »	100	37,50
Angleterre.				
Plumes de toutes sortes. . .	»	exemptes	»	»
Autriche.		flor. kr.		
Plumes de literie, à écrire, à tous états.	»	exemptes	»	»
Plumes de parure non apprêt.	»	exemptes	»	»
Plumes de parure apprêtées.	100	170 »	100	425 »
Belgique.		fr. c.		
Plumes de toutes espèces à l'état brut.	»	exemptes	»	»
Plumes apprêtées p. la parure	*ad valor.*	10 0/0	»	»
— taillées.	—	10 0/0	»	»
Danemark.		rigsd. sk.		
Plumes et duvet pour parure.	livre	2 »	kg.	11,23
— — autres. . .	—	0.05	—	0,29
Espagne.		pes. c.		
Plumes de parure brutes et ouvrées.	kg.	9,15	kg.	9,15
Plumes autres et plumeaux.	—	1,85	—	1,85
Grèce.		dr. lept.		
Plumes de literie.	*ocque*	3 »	100	210,98
— de parure.	*ad valor.*	15 0/0	»	»
Norwège.		kr. ör.		
Plumes à lit.	100	20 »	kg.	28 »
— de parure.	100	250 »	—	347 »
— à écrire.	100	33 »	—	46 »

Régime douanier des pays d'Europe

DROITS D'ENTRÉE APPLICABLES AUX MARCHANDISES D'ORIGINE FRANÇAISE

DÉSIGNATION DES PAYS ET DES MARCHANDISES	UNITÉS ÉTRANGÈRES		UNITÉS FRANÇAISES	
	bases	droits	bases	droits
	kg.	kr. ör.	kg.	fr.
Pays-Bas.				
Plumes de parure non apprêt. de literie, à écrire. . . .	»	exemptes	»	»
Plumes de parure apprêtées.	*ad valor.*	5 0/0	»	»
Portugal.		reis.		
Plumes d'oiseaux brutes. . .	»	exemptes	»	»
— taillées et ouvrées non dénommées.	kg.	0,50	kg.	0,28
Plumes ouvrées p. ornements.	—	25 00	—	14 »
Russie.		roub. kop.		
Duvet et plumes de toute espèce hormis celles qui sont spécialement dénommées. . .	poud.	0,20	100	4,88
Plumes d'autruche, marabout, oiseau de paradis, peaux d'oiseaux avec pl. p. ornem., pl. à panache, plumages p. chap. d'hommes et de femmes le poids des cartons compr.	livre	6,60	100	64,47
Serbie.		dinars		
Animaux à plumes, vivants ou morts, non dépouillés. . .	»	exemptes	»	»
Pl. pour ornements (au choix de l'importateur).	100	300	100	300 »
Pl. autres (au choix de l'imp.).		100	—	100 »
	ad valor.	8 0/0		
Suède.		kr. öre.		
Plumes à lit non épurées. .	»	exemptes	»	»
— — épurées. . . .	kg.	0,20	kg.	0,28
— de parure.	—	2,50	—	3,47
— à écrire.	—	0,60	—	0,83
Suisse.		fr. c.		
Plumes à lit, édredon. . . .	100	7 »	100	7 »
— de parure.	—	30 »	—	30 »
— à écrire.	—	16 »	—	16 »
Turquie.				
Plumes de toute sorte. . . .	val. offic.	8 0/0	»	»

FIN

TABLE DES MATIÈRES

FIN DE LA TABLE DES MATIÈRES

LYON. — IMPRIMERIE PITRAT AINÉ, RUE GENTIL, 4

LES MATIÈRES COLORANTES

ET LA CHIMIE DE LA TEINTURE

Par L. TASSART

Ingénieur, répétiteur à l'École centrale des arts et manufactures
Chimiste de la Société des matières colorantes et produits chimiques
de Saint-Denis (Établissements Poirrier et Dalsace)

1 vol. in-16, de 320 pages, avec 30 figures, cartonné............... 4 fr.

L'INDUSTRIE DE LA TEINTURE

Par L. TASSART

1 vol. in-16, de 360 pages, avec 50 figures, cartonné............... 4 fr.

Grâce aux progrès incessants de la chimie, depuis cinquante ans, l'industrie de la teinture a considérablement perfectionné ses procédés. L'introduction des matières colorantes artificielles a complètement transformé cette grande industrie chimique et nécessite désormais, de la part des industriels, une connaissance exacte des propriétés des substances dont ils font usage.

M. L. Tassart, ingénieur, attaché à la fois à l'École centrale des arts et manufactures et à la Société des matières colorantes et produits chimiques de Saint-Denis (établissements Poirrier et Dalsace), a exposé en 2 volumes cette intéressante question des Matières colorantes et de la Teinture.

Dans un premier volume se trouve groupé tout ce qui est spécialement chimique. Le second volume est plus particulièrement consacré à l'industrie.

Le premier volume débute par une étude des *matières textiles*, fibres d'origine végétale ou animale.

Vient ensuite l'étude des matières colorantes.

Le premier groupe comprend les matières colorantes naturelles, d'origine minérale, d'origine végétale et d'origine animale.

Les *matières colorantes végétales* sont les plus importantes parmi les matières colorantes naturelles. L'indigo, le pastel, la garance, le campêche, le santal, le safran, l'orseille etc., sont l'objet d'une étude détaillée. A la suite des matières colorantes végétales viennent les *matières tannantes* qui tantôt jouent le rôle de matières tinctoriales, soit seules, soit associées à des sels métalliques, et tantôt jouent le rôle de mordants servant aussi à fixer d'autres matières colorantes dont elles modifient plus ou moins l'aspect.

Les *matières colorantes artificielles*, employées seulement depuis une trentaine d'années, ont pris une importance et une extension toujours croissantes.

Viennent d'abord les *matières dérivées du triphénylméthane*, avec la fuchsine, la phosphine, la xanthine, les bleus de rosaniline et de diphénylamine, etc. — Puis le groupe des *phtaléines*, phénolphtaléine, fluorescéine, auréosine, rubéosine, etc., et les *matières colorantes nitrées* acide picrique et dinitropaphtol.

Les *matières colorantes azoïques* sont de beaucoup les plus nombreuses et tendent à remplacer toutes les autres. Ce groupe important comprend l'étude de soixante-dix-neuf matières distinctes. Viennent ensuite les *indophénols* et les *azines*, puis les *safranines*, très employées pour la teinture des cotons ; les *indulines*, les *matières colorantes nitrosées*, les *matières colorantes dérivées de l'anthracène* parmi lesquelles l'alizarine prend une importance toujours croissante.

Il est fort intéressant pour le chimiste et l'industriel de pouvoir déterminer si une matière colorante est bien un produit homogène et non pas un mélange plus ou moins complexe. De plus, pour reproduire un échantillon, il est indispensable d'analyser les matières colorantes déjà fixées sur le tissu. Cette double question, analyse des matières colorantes fixées ou non sur les textiles, fait l'objet d'une étude détaillée.

Il existe un certain nombre de matières colorantes qui ne possèdent aucune affinité pour les fibres. De là la nécessité d'avoir recours, pour la teinture à l'aide de ces matières, à l'intervention des *mordants* qui fixés sur la substance à teindre et ayant une affinité propre pour la substance tinctoriale, la tirent et la retiennent. Ils sont répartis en huit groupes : mordants d'alumine, de fer, de chrome, d'étain, de cuivre, de plomb, mordants gras et mordants à base de tannin.

Avant de subir les opérations mécaniques qui doivent les amener à leur forme définitive, les tissus de coton reçoivent, pour la plupart, un enduit nommé *apprêt*. Un chapitre est consacré à l'étude des matières diverses employées pour cet apprêt des tissus.

Le volume se termine par la question du choix des *eaux* à employer pour l'alimentation d'une teinturerie et sur l'épuration, avant leur emploi, de celles dont la composition laisse à désirer.

Ce premier volume embrasse donc l'ensemble des questions se rattachant à la chimie de la teinture.

Le second volume est consacré à l'industrie.

La première partie traite du *blanchiment* du coton, du lin, de la laine et de la soie, soit à l'état brut, soit filé, soit en tissus. Toutes les opérations de traitement à la barque ou à la cuve, de grillage, de lessivage, de dégraissage, de fixage, de dégorgeage, de décreusage, etc., sont soigneusement décrites.

La deuxième partie est consacrée au *mordançage*.

La troisième partie comprend les opérations de *teinture* proprement dite. L'auteur y étudie successivement la teinture à l'aide des diverses matières colorantes, naturelles ou artificielles, qui ont été passées en revue dans le premier volume. Vient ensuite *l'échantillonnage*, puis les *manipulations et le matériel de la teinture*, différents suivant qu'il s'agit de coton ou de laine de matières brutes ou de tissus.

Le volume se termine par l'exposé des opérations à faire après la teinture, rinçage, lavage, tordage, chevillage, essorage, séchage, apprêt, cylindrage, gaufrage, glaçage, etc.

LA SOIE

AU POINT DE VUE SCIENTIFIQUE ET INDUSTRIEL

Par Léo VIGNON

Maître de conférences à la Faculté des sciences
Sous-directeur de l'École de chimie industrielle de Lyon

1 vol. in-16, de 370 pages, avec 81 figures, cartonné............. 4 fr.

La Bibliothèque des connaissances utiles publie une série de monographies dont elle confie la rédaction aux représentants les plus distingués de chaque branche des sciences. Voulant faire paraître une étude sérieuse et complète sur *la Soie*, elle s'est adressée à M. Léo Vignon, maître de conférences à la Faculté des sciences et sous-directeur de l'Ecole de chimie industrielle de Lyon. Elle ne pouvait faire un meilleur choix. Il fallait en effet, pour bien répondre au programme de cette publication, être tout aussi bien au courant des problèmes scientifiques que des questions industrielles relatives à la soie. M. L. Vignon, docteur ès sciences, connu depuis longtemps dans le monde savant par des recherches personnelles de grande valeur, avait une compétence exceptionnelle comme savant. Mais en outre, appelé à tout instant à titre d'expert ou de conseil par les grands fabricants de soieries, associé aux recherches que poursuit la condition des soies, il était merveilleusement préparé à traiter son sujet au point de vue industriel.

Après une introduction consacrée à la sériciculture, M. L. Vignon traite de la filature des cocons et du moulinage ; il étudie l'importante industrie des déchets de soie ; il donne des détails fort intéressants sur les diverses espèces de soies sauvages, et précise la question nouvelle des soies artificielles. La première partie de l'ouvrage se termine par l'étude des propriétés physiques et chimiques de la soie.

La deuxième partie traite des *soieries*. L'essai des soies, la fabrication des soieries, la teinture, le tissage, l'apprêt en forment les divisions principales. D'instructifs développements initient le lecteur aux secrets de l'industrie des matières colorantes artificielles. Puis vient l'étude des différents genres de tissus, et enfin l'ouvrage se termine par des considérations du plus haut intérêt sur l'art dans l'industrie des soies.

Des documents statistiques, relatifs à la sériciculture, à la production des soies et des soieries dans les divers pays achèvent le volume. Groupés méthodiquement, reliés entre eux par des observations concises, ils mettent en lumière d'une façon très saisissante l'importance économique de cette admirable industrie des soieries dont la production annuelle dépasse un milliard de francs.

DE LA TUBERCULOSE CHEZ LES OUVRIERS EN SOIE

ÉTUDE D'HYGIÈNE PROFESSIONNELLE

Par le Dr P. GIVRE

Ex-interne lauréat des hôpitaux de Lyon

1 vol. gr. in-8 de 180 pages.. 3 fr. 50

ENVOI FRANCO CONTRE UN MANDAT SUR LA POSTE

NOUVEAU DICTIONNAIRE DE CHIMIE

COMPRENANT LES APPLICATIONS AUX SCIENCES, AUX ARTS,
A L'AGRICULTURE ET A L'INDUSTRIE,
A L'USAGE DES INDUSTRIELS, DES FABRICANTS DE PRODUITS CHIMIQUES,
DES AGRICULTEURS, DES MÉDECINS, DES PHARMACIENS
DES LABORATOIRES MUNICIPAUX,
DE L'ÉCOLE CENTRALE, DE L'ÉCOLE DES MINES, DES ÉCOLES DE CHIMIE, ETC.

Par E. BOUANT

Agrégé des sciences physiques

Préface par M. TROOST, de l'Institut

1 vol. gr. in-8 de 1,200 pages à 2 colonnes, avec 750 fig.......... 25 fr.

La difficulté était grande de condenser tous les faits chimiques en un seul volume. Il fallait, en outre, *tout en restant rigoureusement scientifique*, dégager ces faits de l'effrayant cortège des termes trop spéciaux et des théories purement hypothétiques. L'auteur a surmonté ces deux difficultés. *Le style est d'une élégante précision, et tous les développements* sont rigoureusement proportionnés à l'importance pratique du sujet traité. On trouvera là, à chaque page, sur les applications des divers corps, des renseignements *qu'il faudrait chercher dans cent traités spéciaux qu'on* a rarement sous la main.

BRUCKE. **Des couleurs**, au point de vue physique, physiologique, artistique et industriel, par Ernest Brucke, professeur à l'Université de Vienne, traduit par Paul Schutzenberger, membre de l'Institut. 1 vol. in-18 jésus, de 344 p., avec 46 fig.............................. 3 fr. 50

CHEVREUL. **Des couleurs** et de leurs applications aux arts industriels, à l'aide des cercles chromatiques, par E. Chevreul, directeur des teintures à la manufacture des Gobelins, professeur au Muséum d'histoire naturelle de Paris, membre de l'Institut. 2e *édition*, 1888, 1 vol. in-folio, avec 27 pl. col., cart.................................... 40 fr.

Table des planches — Spectre (1). Gamme de tons bleus (1). Zones circulaires des couleurs (2). Cercles chromatiques (10). Gammes chromatiques (13).

— **Leçons de chimie appliquée à la teinture**. 2 tomes en 3 vol. in-8, avec pl.. 50 fr.

RONDOT (N.). **Notice du Vert de Chine** et de la teinture en vert chez les Chinois. 1 vol gr. in-8, 206 p., avec pl.................. 30 fr.

DUMAS. **Traité de chimie appliquée aux arts**. 8 vol. in-8, avec atlas in-4.. 60 fr.

PELOUZE et FREMY. **Traité de chimie générale**, analytique, industrielle et agricole. 3e *édition*, 6 vol. gr in-8 (120 fr.).......... 75 fr.

JUNGFLEISCH (E.). **Manipulations de chimie**. Guide pour les travaux pratiques de chimie, par E. Jungfleisch, professeur à l'École de pharmacie de Paris, membre de l'Académie de médecine. 1886, 1 vol. gr. in-8, 1240 p., avec 372 fig., cart.......................... 27 fr.

SAPORTA (A. de). **Les théories et les notations de la chimie moderne**, introduction par Friedel, membre de l'Institut. 1888, 1 vol. in-16 de 335 p., avec fig. (*Bibliothèque scientifique contemporaine*).. 3 fr. 50

ENVOI FRANCO CONTRE UN MANDAT SUR LA POSTE

PETITE BIBLIOTHÈQUE MÉDICALE

A 2 FR. LE VOLUME

Nouvelle collection de volumes in-16 comprenant 200 pages et illustré de figures

BALL. **La folie érotique**, par B. BALL, professeur à la Faculté de médecine de Paris, membre de l'Académie de médecine. 160 p. 2 fr.

BASTIDE. **Les vins sophistiqués**, procédés simples pour reconnaître les sophistications les plus usuelles. 160 p. 2 fr.

BOERY. **Les plantes oléagineuses** et leurs produits (huiles et tourteaux) et les plantes alimentaires des pays chauds (cacao, café, canne à sucre, etc.). 160 p., 22 fig. 2 fr.

BOURGEOIS. **Les passions** dans leurs rapports avec la santé et les maladies. L'amour et le libertinage. 4e *édition*, 214 p. 2 fr.

BRAMSEN. **Les dents de nos enfants**. Conseils aux mères de familles. 144 p., 50 fig. 2 fr.

CAUVET. **Procédés pratiques pour l'essai des farines**. Caractères. altérations, falsifications, par D. CAUVET, professeur à la Faculté de médecine de Lyon. 100 p., 74 fig. 2 fr.

CORFIELD. **Les maisons d'habitation**, leur construction et leur aménagement selon les règles de l'hygiène par W.-H. CORFIELD, professeur au Collège de l'Université de Londres. 160 p., 54 fig. 2 fr.

CORLIEU. **La prostitution à Paris**. 128 p. 2 fr.

DECHAUX. **La femme stérile**. 2e *édition*. 214 p. 2 fr.

GAUTIER (J.). **La fécondation artificielle** et son emploi contre la stérilité chez la femme. 142 p. 2 fr.

GOURRIER. **Les lois de la génération**, sexualité et conception. 200 p. 2 fr.

GIRARD et de BREVANS. **La Margarine et le beurre artificiel**, par Ch. GIRARD, directeur du Laboratoire municipal de la préfecture de police et J. de BREVANS. 172 p. 2 fr.

GROS. **Mémoires d'un estomac**. 4e *édition*, 186 p. 2 fr.

JOLLY. **Le tabac et l'absinthe**, leur influence sur la santé, par P. JOLLY, membre de l'Académie de médecine. 2e *édition*, 228 p. 2 fr.

— **Hygiène morale**. L'homme, la vie, l'instinct, la curiosité, l'imitation, l'habitude, la mémoire, l'imagination, la volonté. 276 p. 2 fr.

MAGNE (A.). **Hygiène de la vue**. 4e *édition*, 300 p. 2 fr.

MAYER (A.). **L'âge de retour**. Conseils aux femmes. 256 p. 2 fr.

MONAVON. **La coloration artificielle des vins**. 164 p. 2 fr.

MONTEUUIS. **Les enfants aux bains de mer**, avec fig. 150 p. 2 fr.

MURRELL. **La pratique du massage**, action physiologique, emploi thérapeutique. Introduction par le Dr DUJARDIN-BEAUMETZ, membre de l'Académie de médecine. 168 p., avec fig. 2 fr.

PÉRIER. **La première enfance**, guide hygiénique des mères et des nourrices. 3e *édition*, 200 p., avec fig. 2 fr.

— **La seconde enfance**, guide hygiénique des mères et des personnes appelées à diriger l'éducation de la jeunesse. 236 p. 2 fr.

RECLU. **Manuel de l'herboriste**. Culture, récolte, conservation, propriétés médicinales des plantes du commerce. 160 p., 52 fig. 2 fr.

SAPORTA (A. de). **La chimie des vins**. Les vins naturels, les vins manipulés et falsifiés. 160 p., avec fig. 2 fr.

ZABOROWSKI. **Les boissons hygiéniques**. 160 p., 24 fig. 2 fr.

ENVOI FRANCO CONTRE UN MANDAT SUR LA POSTE

BIBLIOTHÈQUE MÉDICALE VARIÉE

A 3 FR. 50 LE VOLUME

ARTHÉLEMY (T.). **Syphilis et santé publique.** Etude d'hygiène publique, par T. Barthélemy, médecin de Saint-Lazare, ancien chef de clinique de la Faculté de médecine. 1890, 1 vol. in-16 de 350 p. 3 fr. 50

)RIVEAUD. **Le lendemain du mariage.** Etude d'hygiène. 2ᵉ *édition*, 1889, 1 vol. in-16 .... 3 fr. 50

Hygiène de la jeune fille. 1 vol. in-16 .... 3 fr. 50

La santé de nos enfants. 1890, 1 vol. in-16 de 320 p... 3 fr. 50

Hygiène des familles. 1890, 1 vol. in-16 de 320 p........ 3 fr. 50

)UVREUR. **Les exercices du corps,** le développement de la force et de l'adresse, étude scientifique. 1 vol. in-16 de 351 p., avec 59 fig. 3 fr. 50

ILLERE. **Nervosime et névroses.** Hygiène des énervés et des névropathes. 1 vol. in-16 de 352 p.......... 3 fr. 50

Magnétisme et hypnotisme. Exposé des phénomènes observés pendant le sommeil nerveux provoqué, au point de vue psychologique, thérapeuthique et médico-légal. 1 vol. in-16 de 358 pages, avec 28 figures.......... 3 fr. 50

Les frontières de la folie. 1 vol. in-16 de 360 p.......... 3 fr. 50

'R. **Scènes de la vie médicale.** 1 vol. in-16 de 300 p..... 3 fr. 50

)NNÉ (A.). **Hygiène des gens du monde,** par A. Donné, inspecteur général de Ecoles de médecine. 2ᵉ *édition*, 1 vol. in-16 de 448 p. 3 fr. 50

LEZOWSKI et KOPFF. **Hygiène de la vue,** par les docteurs Galezowski et Kopff. 1 vol. in-16 de 328 p., avec 44 fig........... 3 fr. 50

:VEILLÉ-PARISE et CARRIÈRE. **Hygiène de l'Esprit.** Physiologie et hygiène des hommes livrés aux travaux intellectuels, gens de lettres, artistes, savants, hommes d'État, jurisconsultes, administrateurs, par J.-H. Réveillé-Parise, membre de l'Académie de médecine, et Ed. Carrière, lauréat de l'Institut. 1 vol. in-16 de 435 p........... 3 fr. 50

La goutte et les rhumatismes. 1 vol. in-16 de 306 p.. 3 fr. 50

ANT. **Les Irresponsables devant la justice,** par le Dʳ A. Riant. 1 vol. in-16 de 306 p.......... 3 fr 50

Hygiène des orateurs, hommes poliques, magistrats, avocats, prédicateurs, professeurs, artistes et de tous ceux qui sont appelés à parler en public. 1 vol. in-16 de 500 p.......... 3 fr. 50

Le Surmenage intellectuel et les exercices physiques. 1 vol. in-16 de 312 p.......... 3 fr. 50

CHARD (Dʳ David). **Histoire de la génération** chez l'homme et chez la femme, 2ᵉ *édition*. 1883, 1 volume in-18 jésus de 360 p., avec fig. 3 fr. 50

CHARD (E.). **La prostitution à Paris,** par E. Richard, conseiller municipal. 1890. 1 vol. in-18 de 320 pages.......... 3 fr. 50

ION. **Le monde des rêves.** Le rêve, l'hallucination, le somnambulisme et l'hypnotisme, l'illusion, les paradis artificiels, etc. 2ᵉ *édition*. 1 vol. in-16 de 325 p.......... 3 fr. 50

ENVOI FRANCO CONTRE UN MANDAT SUR LA POSTE

Tours. — Imprimerie DESLIS FRÈRES

HYGIÈNE

L'hygiène à Paris, l'habitation du pauvre, par le Dr O. du Mesnil. 1 vol. in-16 ... 3 fr. 50

Hygiène de l'alimentation, par le Dr Paul Chéron. 1 vol. in-16, avec figures ... 3 fr. 50

Les exercices du corps, par E. Couvreur. 1 v. in-16. 3 fr. 50

Le surmenage intellectuel et les exercices physiques, par le Dr A. Riant. 1 vol. in-16 de 320 pages ... 3 fr. 50

L'hygiène à l'école, pédagogie scientifique, par le Dr A. Collineau. 1 vol. in-16, avec 50 figures ... 3 fr. 50.

La vie du soldat, par le Dr Ravenez, médecin de l'école de Saumur. 1 vol. in-16 de 320 pages, avec 40 figures. 3 fr. 50

Nervosisme et névroses. Hygiène des énervés et des névropathes, par le Dr Cullerre. 1 vol. in-16 ... 3 fr. 50

Les nouvelles institutions de bienfaisance, par le Dr A. Foville. 1 vol. in-16, avec 10 pl ... 3 fr. 50

L'alcoolisme, moyens de modérer les ravages de l'ivrognerie, par le Dr Bergeret. 1 vol. in-16 ... 3 fr. 50

Le cuivre et le plomb, dans l'alimentation et l'industrie, par A. Gautier (de l'Institut). 1 vol. in-16 ... 3 fr. 50

L'examen de la vision, par le Dr Barthélemy. 1 vol. in-16, avec fig. et pl. col ... 3 fr. 50

Hygiène de l'esprit. Physiologie et hygiène des hommes livrés aux travaux intellectuels, par les Drs J.-H. Réveillé-Parise et Ed. Carrière. 1 vol. in-16 ... 3 fr. 50

Hygiène des gens du monde, par Al. Donné, inspecteur général des Écoles de médecine. 2e *édition*. 1 vol. in-16 3 fr. 50

Hygiène des orateurs, hommes politiques, magistrats, avocats, prédicateurs, professeurs, artistes, par le Dr Riant. 1 vol. in-16 ... 3 fr. 50

Hygiène de la vue, par les Drs Galezowski et Kopff. 1 vol. in-16, avec fig ... 3 fr. 50

MÉDECINE

L'eau et les maladies par P. Brouardel, doyen de la Faculté de Paris, 1 vol. in-16 ... 3 fr. 50

Le secret médical, par P. Brouardel, 1 vol. in-16. 3 fr. 50

La folie à Paris, par Paul Garnier. 1 vol. in-16 ... 3 fr. 50

Les frontières de la folie, par le Dr Cullerre. 1 vol. in-16 de 360 pages ... 3 fr. 50

Les irresponsables devant la justice, par le Dr A. Riant. 1 vol, in-16 ... 3 fr. 50

Microbes et maladies, par le Dr J. Schmidt, agrégé à la Faculté de Nancy. 1 vol. in-16, avec 24 figures ... 3 fr. 50

La folie chez les enfants, par le Dr Paul Moreau (de Tours). 1 vol. in-16 ... 3 fr. 50

La goutte et les rhumatismes, par les Drs J.-H. Réveillé-Parise et Ed. Carrière. 1 vol. in-16 ... 3 fr. 50

Les pansements modernes, par le Dr Alph. Guérin. 1 vol. in-16 de 392 pages, avec fig ... 3 fr. 50

BIBLIOTHÈQUE DES CONNAISSANCES UTILES

4 FR. NOUVELLE COLLECTION DE VOLUMES IN-18 **4 FR.**

COMPRENANT 400 PAGES, ILLUSTRÉS DE FIGURES ET CARTONNÉS

La Bibliothèque des connaissances utiles a pour but de vulgariser les notions usuelles que fournit la science, et les applications sans cesse plus nombreuses qui en découlent pour les arts, l'industrie, l'économie rurale et l'économie domestique.

Son cadre comprend donc l'universalité des sciences, en tant qu'elles présentent une utilité pratique, au point de vue soit du bien-être, soit de la santé. C'est ainsi qu'elle abordera les sujets les plus variés : *industrie manufacturière, art de l'ingénieur, chimie pratique, agriculture, horticulture, médecine populaire, hygiène usuelle*, etc.

Ceux qui voudront bien recourir à cette *Bibliothèque* recueilleront nombre de renseignements pratiques, d'une utilité générale et d'une application journalière.

ARTS ET MÉTIERS

INDUSTRIE MANUFACTURIÈRE, ART DE L'INGENIEUR CHIMIE, ÉLECTRICITÉ

La fabrication des liqueurs et des conserves, par DE BREVANS, chimiste au Laboratoire municipal. 1 vol. in-18, avec fig. Cart. . . . . 4 fr.

La soie, au point de vue scientifique et industriel, par L. VIGNON. 1 vol. in-18 de 370 p., avec 81 fig. Cart. . . . . . 4 fr.

Histoire des parfums et hygiène de la toilette, par S. PIESSE. 1 vol. in-18 de 372 p., avec 70 fig. Cart. . . 4 fr.

Chimie des parfums et fabrication des savons, par S. PIESSE. 1 vol. in-18 de 360 p., avec 80 fig. Cart. . . . . . 4 fr.

Les matières colorantes et la chimie de la teinture, par C.-L. TASSART, 1 vol. in-18, avec fig. Cart. . . . . 4 fr.

L'industrie de la teinture, par C.-L. TASSART. 1 vol. in-18 de 320 p., avec 55 fig. Cart. . . . . 4 fr.

Les industries d'amateurs, le papier et la toile, — la terre, la cire, le verre et la porcelaine, — le bois, — les métaux, par H. DE GRAFFIGNY. 1 vol. in-18, avec 395 fig. Cart. . . . . 4 fr.

Les secrets de la science et de l'industrie, recettes formules et procédés d'une utilité générale et d'une application journalière, par le professeur A. HÉRAUD. 1 vol. in-18, avec 163 fig. Cart. . . . . 4 fr.

L'électricité à la maison, par Julien LEFÈVRE. 1 vol. in-18, avec 209 fig. Cart. . . . . 4 fr.

L'art de l'essayeur, par A. RICHE, directeur des essais à la Monnaie de Paris. 1 vol. in-18, avec 94 fig. Cart. . . . . . 4 fr.

Monnaie, médailles et bijoux, essai et contrôle des ouvrages d'or et d'argent, par A. RICHE. 1 vol. in-18, avec 200 fig. Cart. . . . . 4 fr.

ÉCONOMIE RURALE

AGRICULTURE, HORTICULTURE, ÉLEVAGE

Le petit jardin, par D. Bois, aide-naturaliste au Muséum. 1 vol. in-18 jésus de 350 p., avec 150 fig. Cart..... 4 fr.

Les arbres fruitiers, par G. Bellair. 1 vol. in-18 de 360 p., avec 100 fig. Cart.................................... 4 fr.

Les maladies de la vigne et les meilleurs cépages français et américains, par Jules Bel 1 vol. in-18 jésus, 350 p., avec 100 fig. Cart......................... 4 fr.

L'amateur d'insectes, par L. Montillot. 1 vol. in-18 de 350 p., avec 150 fig. Cart......................... 4 fr.

Les insectes nuisibles, par L. Montillot. 1 vol. in-18, avec fig. Cart... 4 fr.

Constructions agricoles et architecture rurale, par J. Buchard. 1 vol. in-18, avec 143 fig. Cart......... 4 fr.

Le matériel agricole, par Buchard, 1 vol. in-18. Cart. 4 fr.

La pisciculture en eaux douces, par A. Gobin, professeur d'agriculture. 1 vol. in-18. avec 100 fig. Cart.......... 4 fr.

La pisciculture en eaux salées, par A. Gobin. 1 vol. in-18, avec fig. cart.. 4 fr.

L'industrie laitière, le lait, le beurre et le fromage, par Ferville, chimiste agronome. 1 v. in-18, avec 87 fig. Cart. 4 fr.

Guide pratique de l'élevage du cheval, par L. Relier. 1 vol. in-18 de 382 p., avec 128 fig. Cart........... 4 fr.

Les animaux de la ferme, par E. Guyot. 1 vol. in-18, avec 180 fig. Cart.. 4 fr.

Les engrais, par A. Larbaletrier. 1 vol. in-18. Cart.. 4 fr.

ÉCONOMIE DOMESTIQUE

HYGIÈNE ET MÉDECINE USUELLES

Les secrets de l'économie domestique, par le professeur A. Héraud. 1 vol. in-18, avec 281 fig. Cart............ 4 fr.

Les secrets de l'alimentation, par le professeur A. Héraud. 1 vol. in-18, avec fig. Cart.................. 4 fr

Nouvelle médecine des familles, à la ville et à la campagne, par le Dr A.-C. de Saint-Vincent. *Neuvième édition*. 1 vol. in-18, avec 142 fig. Cart..................... 4 fr.

La gymnastique et les exercices physiques, par les Drs Leblond et Bouvier. 1 vol. in-18, avec 80 fig. Cart. 4 fr.

Physiologie et hygiène des écoles, par J.-C. Dalton. 1 vol. in-18 jésus, avec 68 fig. Cart................... 4 fr.

Conseils aux mères sur la manière d'élever les enfants, par le Dr A. Donné. *Septième édition*. 1 vol. in-18. Cart... 4 fr.

Premiers secours en cas d'accidents et d'indispositions subites, par E. Ferrand et A. Delpech. *Quatrième édition*. 1 vol. in-18, avec fig. Cart................ 4 fr.

La pratique de l'homéopathie simplifiée, par A. Espanet. *Troisième édition*. 1 vol in-18. Cart.......... 4 fr.

ENVOI FRANCO CONTRE UN MANDAT POSTAL

.t.com/pod-product-compliance
Group UK Ltd.
Keynes, MK11 3LW, UK
4260726
.WH00006B/215